中国社会科学院
经济研究所

经济所人文库

朱玲集

中国社会科学院经济研究所学术委员会 **组编**

中国社会科学出版社

图书在版编目（CIP）数据

朱玲集/中国社会科学院经济研究所学术委员会组编.
—北京：中国社会科学出版社，2019.1
（经济所人文库）
ISBN 978 - 7 - 5203 - 3497 - 6

Ⅰ.①朱… Ⅱ.①中… Ⅲ.①经济学—文集
Ⅳ.①F0 - 53

中国版本图书馆 CIP 数据核字（2018）第 254388 号

出 版 人	赵剑英
责任编辑	王　曦
责任校对	王洪强
责任印制	戴　宽
出　　版	中国社会科学出版社
社　　址	北京鼓楼西大街甲 158 号
邮　　编	100720
网　　址	http://www.csspw.cn
发 行 部	010 - 84083685
门 市 部	010 - 84029450
经　　销	新华书店及其他书店
印刷装订	北京君升印刷有限公司
版　　次	2019 年 1 月第 1 版
印　　次	2019 年 1 月第 1 次印刷
开　　本	710×1000　1/16
印　　张	21.5
字　　数	292 千字
定　　价	99.00 元

凡购买中国社会科学出版社图书，如有质量问题请与本社营销中心联系调换
电话：010 - 84083683
版权所有　侵权必究

中国社会科学院经济研究所学术委员会

主 任 高培勇

委 员 （按姓氏笔画排序）
 龙登高 朱 玲 刘树成 刘霞辉
 杨春学 张 平 张晓晶 陈彦斌
 赵学军 胡乐明 胡家勇 徐建生
 高培勇 常 欣 裴长洪 魏 众

总　序

作为中国近代以来最早成立的国家级经济研究机构，中国社会科学院经济研究所的历史，至少可上溯至1929年于北平组建的社会调查所。1934年，社会调查所与中央研究院社会科学研究所合并，称社会科学研究所，所址分居南京、北平两地。1937年，随着抗战全面爆发，社会科学研究所辗转于广西桂林、四川李庄等地，抗战胜利后返回南京。1950年，社会科学研究所由中国科学院接收，更名为中国科学院社会研究所。1952年，所址迁往北京。1953年，更名为中国科学院经济研究所，简称"经济所"。1977年，作为中国社会科学院成立之初的14家研究单位之一，更名为中国社会科学院经济研究所，仍沿用"经济所"简称。

从1929年算起，迄今经济所已经走过了90年的风雨历程，先后跨越了中央研究院、中国科学院、中国社会科学院三个发展时期。经过90年的探索和实践，今天的经济所，已经发展成为以重大经济理论和现实问题为主攻方向、以"两学—两史"（理论经济学、应用经济学和经济史、经济思想史）为主要研究领域的综合性经济学研究机构。

90年来，我们一直最为看重并引为自豪的一点是，几代经济所人孜孜以求、薪火相传，在为国家经济建设和经济理论发展作出了杰出贡献的同时，也涌现出一大批富有重要影响力的著名学者。他们始终坚持为人民做学问的坚定立场，始终坚持求真务实、脚踏实地的优良学风，始终坚持慎独自励、言必有据的学术品格。他们是经济所人的突出代表，他们的学术成就和治学经验是经济所最宝贵的财富。

抚今怀昔，述往思来，在经济所迎来建所90周年之际，我们编选出版《经济所人文库》（以下简称《文库》），既是对历代经济所人的纪念和致敬，也是对当代经济所人的鞭策和勉励。

《文库》的编选，由中国社会科学院经济研究所学术委员会负总责，在多方征求意见、反复讨论的基础上，最终确定入选作者和编选方案。

《文库》第一辑凡40种，所选作者包括历史上的中央研究院院士、中华人民共和国成立后的中国科学院学部委员、中国社会科学院学部委员、中国社会科学院荣誉学部委员、历任经济所所长以及其他学界公认的学术泰斗和资深学者。在坚持学术标准的前提下，同时考虑他们与经济所的关联。入选作者中的绝大部分，都在经济所度过了其学术生涯最重要的阶段。

《文库》所选文章，皆为入选作者最具代表性的论著。选文以论文为主，适当兼顾个人专著中的重要篇章。选文尽量侧重作者在经济所工作期间发表的学术成果，对于少数在中华人民共和国成立之前已成名的学者，以及调离经济所后又有大量论著发表的学者，选择范围适度放宽。为好中选优，每部文集控制在30万字以内。此外，考虑到编选体例的统一和阅读的便利，所选文章皆为中文著述，未收入以外文发表的作品。

《文库》每部文集的编选者，大部分为经济所各学科领域的中青年学者，其中很多都是作者的学生或再传弟子，也有部分系作者本人。这样的安排，有助于确保所选文章更准确地体现作者的理论贡献和学术观点。对编选者而言，这既是一次重温经济所所史、领略前辈学人风范的宝贵机会，也是激励自己踵武先贤、在学术研究道路上砥砺前行的强大动力。

《文库》选文涉及多个历史时期，时间跨度较大，因而立意、观点、视野等难免具有时代烙印和历史局限性。以现在的眼光来看，某些文章的理论观点或许已经过时，研究范式和研究方法或许已经陈旧，但为尊重作者、尊重历史起见，选入《文库》时仍保持原貌而未加改动。

《文库》的编选工作还将继续。随着时间的推移，我们还会将更多经济所人的优秀成果呈现给读者。

尽管我们为《文库》的编选付出了巨大努力，但由于时间紧迫，工作量浩繁，加之编选者个人的学术旨趣、偏好各不相同，《文库》在选文取舍上难免存在不妥之处，敬祈读者见谅。

入选《文库》的作者，有不少都曾出版过个人文集、选集甚至全集，这为我们此次编选提供了重要的选文来源和参考资料。《文库》能够顺利出版，离不开中国社会科学出版社领导和编辑人员的鼎力襄助。在此一并致谢！

一部经济所史，就是一部经济所人以自己的研究成果报效祖国和人民的历史，也是一部中国经济学人和中国经济学成长与发展历史的缩影。《文库》标示着经济所90年来曾经达到的学术高度。站在巨人的肩膀上，才能看得更远，走得更稳。借此机会，希望每一位经济所人在感受经济所90年荣光的同时，将《文库》作为继续前行的新起点和铺路石，为新时代的中国经济建设和中国经济学发展作出新的更大的贡献！

是为序。

于2019年元月

编者说明

《经济所人文库》所选文章时间跨度较大，其间，由于我国的语言文字发展变化较大，致使不同历史时期作者发表的文章，在语言文字规范方面存在较大差异。为了尽可能地保持作者个人的语言习惯、尊重历史，因此有必要声明以下几点编辑原则：

一、除对明显的错别字加以改正外，异形字、通假字等尽量保持原貌。

二、引文与原文不完全相符者，保持作者引文原貌。

三、原文引用的参考文献版本、年份等不详者，除能够明确考证的版本、年份予以补全外，其他文献保持原貌。

四、对外文译名与今译名不同者，保持原文用法。

五、对原文中数据可能有误的，除明显的错误且能够考证或重新计算者予以改正外，一律保持原貌。

六、对个别文字因原书刊印刷原因，无法辨认者，以方围号□表示。

作者小传

朱玲,女,1951年生于安徽寿县。1981年进入中国社会科学院经济研究所工作至今。

朱玲出生于教师之家。父母在陕西煤矿学校分别教授数学、语文和财会,给了子女良好的家庭熏陶。1966年夏"文化大革命"开始时,正上初中二年级的朱玲失学。1968年11月,她到陕西省蒲城县东党公社尧山生产大队当了农民。两年后,蒲城和白水煤矿纳入"大三线建设"项目,朱玲经招工进入陕西蒲白矿务局机修厂。1970—1977年,先后当该厂机修钳工以及该厂职工子弟中学的地理和历史教师。此间,她和矿工报的编辑一起,利用业余时间自学中外历史、哲学和马克思主义的经典著作,特别是精读了《资本论》,合作撰写了近23万字的书稿《〈资本论〉第一卷纲要》(1990年出版)。

1977年年底,朱玲参加了"文化大革命"结束后的首次高考,被西北大学历史系历史专业录取。1978年,朱玲以《资本论》科目满分的成绩考入武汉大学经济系研究生班,从此实现了专门从事经济学研究的梦想。1981年,朱玲通过政治经济学专业的论文答辩,获得硕士学位;从武汉大学毕业后,进入心仪已久的中国社会科学院经济研究所工作。

1983年10月,经巫宝三先生、董辅礽先生和唐宗焜先生力荐,朱玲由教育部派往联邦德国留学。为紧贴中国现实,她选择在Stuttgart市的Hohenheim大学农经系学习。1985年通过博士生资格考试,师从农业企业管理教授Erwin Reisch先生。留学期间,朱玲结识了先后访德的中国农经界前辈杜润生先生和安希伋先生,并在选择学位论文主题和调研方法时,得到了他们的指点。在 Reisch 教授的支持下,博士学位论文以《中国乡村改革和农民收入》为题,并回国在河南省做农户抽样调查。1988 年 8 月,朱玲在 Hohenheim 大学农经系获得博士学位,博士论文于 1991 年由英国麦克米伦出版公司出版。

1988 年 9 月朱玲完成学业后回国,研究领域一直集中在发展经济学,聚焦于收入分配、减少贫困、社会保障和乡村发展问题,注重对农村贫困群体、农民工、妇女和少数民族的生存和发展状况进行追踪调查。其中采用的主要方法为,在搜集和研读已有的文献和史料的基础上,展开实地访谈和抽样调查,借助专题理论和统计工具,重点分析第一手数据和案例,对社会经济转型与发展中出现的新问题给予理论阐释,并据此得出具有政策含义的结论。

1992 年,朱玲破格晋升为研究员。此后主持了中国社科院院级课题 8 个,国家社会科学基金课题 1 个,国家发展改革委、社保部、卫生部、农业部等部委和世界银行、亚洲开发银行以及德国、加拿大、美国和澳大利亚等国的机构的双边合作课题 10 多个。为此,她每年都要带课题组到贫困边远地区进行数十天的实地考察。其间,她保持与政府机构、国内外大学和国际组织的研究人员及时交流,不但将研究成果提供给决策机构参考,而且能以其具有的中国特色,扩大中国的发展经验在国际社会的影响。

2000 年后,朱玲曾任国际农经学会(IAAE)执委和中国农经学会副会长,还曾参加联合国千年发展目标减少贫穷研究小组。2010 年当选中国社会科学院学部委员。目前仍被聘为国务院扶贫领导小组专家咨询委员会委员、联合国大学世界经济发展研究所理事会委员。

截至目前,朱玲作为第一作者,已发表英文专著 4 部;作为第一作者和第二主笔(或主编),已发表中文专著 10 部,中文论文 100 余篇,英文论文 20 余篇。据中国社会科学院文献中心检索,

1995—2009年，近40篇论文和研究报告被国内文摘类刊物转载或摘编。

因减贫研究，获1993年中国社会科学院优秀科研成果奖和1996年孙冶方经济科学奖；因性别分析，获全国妇联和中国妇女研究会妇女研究优秀成果一等奖；因藏区发展研究，获2008年和2016年中国农村发展研究奖；因农业发展和贫困人口食品保障研究，获2013年尤斯图斯·冯·李比希世界营养奖（Justus von Liebig Award for World Nutrition）；因包容性发展理论及政策研究，获2014年张培刚发展经济学研究优秀成果奖和2015年孙冶方经济科学奖。

相关主要著作包括：

论文《公共工程对乡村贫困地区经济增长、就业和社会服务的影响——关于80年代以工代赈政策实施情况的典型调查》（《经济研究》1990年第10期，1993年获中国社会科学院首届优秀科研成果奖）；

专著（合著）《以工代赈与缓解贫困》（上海人民出版社1994年版，1996年获第七届孙冶方经济科学奖，该书的英文缩写版发表于英国《发展政策评论》（Development Policy Review）1995年第4期）；

论文《农地分配中的性别平等问题》（《经济研究》2000年第9期，获中国农村发展研究奖、全国妇联和中国妇女研究会妇女研究优秀成果一等奖、中国社会科学院优秀科研成果二等奖）；

专著（合著）《包容性发展与社会公平政策的选择》（经济管理出版社2013年版，2015年获第十六届孙冶方经济科学奖）。

目　录

"发展"的度量 …………………………………………… 1
青、甘、滇藏区农牧妇女健康问题的调查 ……………… 15
后发地区的发展路径和治理结构选择
　　——云南藏区案例研究 ………………………………… 56
转移支付的效率与公平 …………………………………… 74
包容性发展与社会公平政策选择 ………………………… 86
中国农业现代化中的制度尝试：国有农场的变迁 ……… 100
贫困地区农户的营养和食品保障 ………………………… 114
转向适应市场经济运行的社保体系 ……………………… 128
农村迁移工人的劳动时间和职业健康 …………………… 150
改革与发展中的乡村社区公共服务筹资制度：国有农场
　　案例研究 ………………………………………………… 182
公共工程对乡村贫困地区经济增长、就业和社会服务的影响
　　——关于20世纪80年代以工代赈政策实施情况的
　　　　典型调查 …………………………………………… 214
中国政府反贫困计划的宏观经济限制 …………………… 236
制度安排在扶贫计划实施中的作用
　　——云南少数民族地区扶贫攻坚战考察 ……………… 251
工业化城市化进程中的乡村减贫四十年 ………………… 263
经验研究中的关键细节 …………………………………… 300
文献研究的途径 …………………………………………… 316
编选者手记 ………………………………………………… 325

"发展"的度量[*]

"发展"的度量指的是采用一套可观察、可测度和可比较的指标,衡量特定社会的发展进程。发展指标既是发展理念的体现,又是勾连理念和政策的桥梁,因而也就关系到发展政策的指向。20世纪60—70年代,发展的理念还局限在经济增长和经济结构变化领域,度量发展的指标随之以国民生产总值和不同产业所占的份额及就业结构指标为主,发展政策也几近于经济政策的同义语。随着发展理念所含维度的增加,发展指标扩展到环境、社会和公平等多个层面,发展政策也变得多维而综合,并延伸到更为广泛的领域。用以度量发展的指标必须反映社会最关切的问题,否则测量指标就失去了意义(Marlier等,2010)。如何把"发展"的理念用指标表达出来?怎样因时、因地制宜地选择和构建指标体系?如何针对特定发展政策的实施,选择监测和评估指标?为了回答这些问题,本文将从评介 Amartya Sen(阿马蒂亚·森,2002)提出的发展理念入手,探讨连接这一理念与人类发展指数之间的思想通道;解析联合国千年发展目标及相应的指标体系,揭示其中蕴含的制度化的社会偏好;阐述中国社会经济转型中度量包容性发展的关键指标。

---

[*] 在本文的写作过程中,赵人伟、杨春学、蒋中一、韩朝华、张平和魏众曾参与讨论,在此一并致谢。

一 以自由看待发展的理念及其量化表达

在有关发展问题的讨论中,Sen 关于"作为自由的发展"的论述,把发展理念推到了前沿。他把"发展"定义为扩展人类自由的一个过程,认为能够扩展人类自由的政治经济社会文化活动,才是发展。"人类享有的自由"用可观察、可测度、可比较的指标表达出来,才有可能在发展理念和发展现状之间架设一条"逻辑通道"。20 世纪 90 年代,Sen 提出人类的功能性活动和特定社会成员实现其选择的功能性活动的能力两个概念。这两个概念便可作为修筑上述逻辑通道的主要思想阶石,即人类享有的自由体现在特定社会成员多种功能性活动之中。

对于上述逻辑,可以用中国的事例来说明。中国改革开放前,在计划经济制度下,劳动者不能自由迁移和择业。改革开放转向市场经济后,农村劳动者得以进城就业,但现有制度对农村人口享有城市公共服务和社会保护的排斥,不仅限制了他们对迁移方式的选择,而且阻碍了他们拥有尊严地融入城市社群生活。农村流动人口中只有少数在知识、健康和机会把握方面占优势的人,才有可能逐渐在城市立足,并实现社会流动。

就社会成员的个人能力而言,既包括认知能力,也包括非认知能力(如专注、自律、自尊、自信、坚毅、大度、同情心、好奇心和参与社会活动的能力),还包括健康的体能(Cunha 等,2006)。单个人的这种多维能力的形成、拓展和强化,从母体孕育生命之时就已开始,并取决于父母家庭的养育、学校的教育及此后的技能培训,依赖于居住、饮水、营养、卫生、娱乐和健身等家庭生活条件、社区基础设施和服务,还与整个生态和社会环境相关联。在生命周期中,先天因素和后天投资对个人成长和发展的影响,已为医学、生理学、心理学和诸多自然科学和社会科学的交叉研究(如行为科学)所证实。科学界对此展开的讨论,引导了各国公众和国际组织对人类发展的偏好。联合国发展计划署（UNDP）发布的人类发展指数，就是这类偏好的一种量化表达。

决定每一种指标水平的因素都可以用次级指标来衡量，从而使指标体系具有多层递进的金字塔式结构。例如，婴幼儿死亡率和孕产妇死亡率、儿童营养状况、获得安全饮水的人口比率、贫民窟卫厕拥有率、卫生服务供给和获得状况等，既是决定国家和地区人均预期寿命的因素，又是衡量特定群体卫生条件或健康水平的尺度。这些数量指标既可衡量宏观层面的国家发展程度，又能反映微观层面的群体和个人生活状态，还可量化地表达人类在特定领域中享有自由的程度。

二 制度化偏好与指标选择

联合国发展计划署基于国别统计数据，每年发布人类发展指数及次级指标值，在世界范围内分享测度结果的同时，持续推广其认同的发展理念。世界银行、国际劳工组织、世界卫生组织、联合国妇女发展基金会和联合国儿童基金会等国际组织也做着同样的努力。从这个角度看，人类发展指数这样的度量标准可谓一种数字化了的社会偏好。相形之下，联合国千年发展目标，则可归结为"制度化的社会偏好"（杨春学，2006）。一些构成人类发展指数的次级指标，虽然与千年发展目标中的某些指标相同，但只有经过联合国磋商程序选择和认定，才具有公认的国际约束力。

2000年，世界各国领导人在联合国千年首脑会议上商定了一套时限为15年的目标和相应的指标值。其中消灭极端贫穷和饥饿；普及初等教育；促进男女平等并赋予妇女权利；降低儿童死亡率；改善产妇保健；与艾滋病毒或艾滋病、疟疾和其他疾病做斗争；确保环境的可持续能力；全球合作促进发展[①]为核心目标。为了实现

[①] 联合国千年发展目标网：《千年发展目标》（http://www.un.org/chinese/millenniumgoals/）。

千年发展目标,一方面,需要发达国家和国际组织对发展援助力度及援助方式做相应调整;另一方面,需要发展中国家采取制度性的和政策性的变革。例如,采取"有利于穷人的经济增长"的方式、实施"包容性发展"的政策,以及增加人类发展投资等。"千年宣言"的通过,也意味着联合国成员国及其国民对此做出了共同的承诺。

不同国家的社会群体及个人能够通过联合国政治程序,选择和确认相同的发展目标及度量指标,从而表达相同的社会偏好,其原因如下。

第一,目标及指标的选择基于人类对现代文明社会基本价值观的认同。千年宣言的开篇便申明"价值和原则",强调自由、平等、共济、宽容、尊重大自然和共同承担责任。这其中,对"自由"的解释与 Sen 看待发展的视角别无二致:"人们不分男女,有权在享有尊严、免于饥饿和不担心暴力、压迫或不公正对待的情况下过自己的生活,养育自己的儿女。以民心为本的参与性民主施政是这些权利的最佳保障。"不同的社会群体和个人认同这一基本价值观,是由于人类天生有着对美好生活的向往,上述"自由"可谓当代人类正常生活的底线。而单个人的未来却有种种不确定性,或者说具有落入底线之下的风险。因此,人们会对处于困境的他人产生设身处地的同情(斯密,2009);还会在面临"无知之幕"的情况下,设想自己可以忍受的最差状态,并乐意帮助那些处在最差状态甚至更糟境况的同类(罗尔斯,2001)。事实上,这也是人类认同自由、平等、公正和共济等社会价值的心理基础。

"健康长寿的生命""教育和知识"及"体面的生活水平"这些偏好,在不同国家迟早会借助法律演化为国民权利。尤其是 20 世纪 80 年代以来,全球化进程中人类的相互联系和影响更加密切。国际社会为了应对共同的挑战,多次组织以发展为主题的联合国大会和国家首脑会议,对各国公众表达出来的某些优先偏好达成共识,从而为《联合国千年宣言》的顺利通过奠定了良好的民意基础。可以说，经过这些政治程序确认的优先偏好，隐含着个人选择和社会选择的统一。

第二，千年发展目标的选定，既要顾及联合国成员国的财政可行性，又要考虑所有国家和地区广泛的参与性。因此，它必然是作为"最小公约数"的目标，涵盖那些已被科学发现证明的、对于人类发展不可或缺的因素。只有这样，才有可能使最不发达的国家在国际社会帮助下，通过努力实现相应的指标值。据此观察，千年发展目标中的核心目标及指标，特别是普及初等教育、降低儿童死亡率和改善产妇保健所涉及的生命阶段，正是人类能力形成的关键时期和敏感时期。自然科学和社会科学的研究成果也表明，儿童早期发展阶段的人力资本投资（如卫生、教育和照护），对于人类发展既是不可或缺的，也是收益最高的。

一项长达40年的对非裔美国儿童的跟踪研究结果显示，培养学龄前儿童（营养、健康、照护和教育）的投资，年度回报率达6%—10%，不但高于其在校教育和毕业后在职培训的年度回报率，而且高于同期证券市场的年度回报率（Heckman等，2010）。贫困对儿童大脑发育、健康、认知能力和个性形成都有长期的负面影响。那么，针对低收入阶层的学龄前儿童投资，在他们成长过程中，将会缓解不利的初始条件对其获得发展机会的负面影响。在他们初进就业市场之时，这类投资仍将发挥促进起点公平的作用，因而有助于切断贫穷的代际传递。鉴于此，儿童早期发展投资被视为提高社会经济流动性的"预分配"，而非事后补救性的收入再分配（Cunha等，2010）。

第三，为了实现千年发展目标，需要政策干预的领域主要是公共产品或社会增益产品的供给与消费，尤其强调脆弱群体（如贫困妇女儿童）对这些产品和服务的获得，凸显对社会公平和社会包容的关注，从而也符合社会期望。公共产品和服务的典型特征在于，一个人的消费并不会减少其他人的消费。它一旦生产就不能拒绝其他人使用，因而对私人供给者缺少市场激励。例如，扭转艾滋病毒或艾滋病的蔓延、消除疟疾等重大传染性疾病对人类的危害，即属于公共产品和服务。为此而投入的公共资源和采取的公共行动，将不仅使患者直接受益，而且还防止非患者受害。社会增益产品的特性在于，一个人对这类产品的消费多半会减少其他人的消费，但对个人产生的益处符合社会的期望。例如，母婴保健、安全饮水和普及初等教育。因此，社会增益产品的消费，取决于公共选择，而非消费者个人的支付能力和支付意愿。通常由国家财政对需方或供方予以补助，并采取强制性措施，保证生产和消费达到社会预期的水平。在发展中国家，由于财政资源极为有限，往往仅针对包括贫困人口在内的低收入群体，设立社会增益产品需方资助项目，从而把社会救助和社会增益措施连接在一起。如贫困妇女住院分娩费用减免和贫困儿童入学免费寄宿等。

第四，与联合国千年发展目标相对应的指标体系，简明扼要，易于获得所有国家特别是欠发达国家的认可。每项指标值的获得，都需要成员国承担大量信息收集成本。建立"简约版"的度量体系，既可以节省成本，又便于提高基础数据的准确性，还能保证定期监测和评估千年计划执行情况。统计信息和评估结果的透明和公开，有助于全球合作促进发展，这也正是人类的一种超越国界的互助共济偏好。

2015年年底，是千年发展计划的终点。2012年，全球已提前实现贫困人口和饮水不安全人口占总人口比重减半，以及改善贫民窟居住环境的目标（United Nations，2011、2012），但距离产妇死亡率降低3/4和5岁以下儿童死亡率减少2/3等目标依然遥远。因此，联合国秘书长呼吁，进一步强化全球合作，把千年计划的投资焦点置于尚未达到目标的领域。中国已经提前实现了贫困人口减半[1]、普及小学教育，以及降低产妇和婴幼儿死亡率

---

[1] 《政府扶贫十年投两千亿农村贫困人口减少超6700万》，http：//www.chinanews.com/gn/2011/11－17/3466833.shtml；《中国贫困人口减半实现联合国千年发展目标》，http：//www.chinanews.com/gn/2012/06－21/3979520.shtml。

的目标①；撒哈拉以南的非洲国家在千年目标的进展上仍然困难重重。尤其是全球处于经济阶梯底层的群体并未获得显著的生活改善。例如，1995—2009 年，在南亚地区位于收入底层的 1/5 人口中，儿童营养不足率仅下降 5%；而处在收入顶层的 1/5 人口中，儿童营养不足率下降了 30 个百分点（Vandemoortele，2012）。可以预见，如何改善底层群体生存和发展状况的问题，将会成为 2015 年前后国际社会优先关注的议题；一些在多层面和多维度上表达不平等程度的指标，也将引入对发展状况的度量。

三 和谐社会构建进程的监测与评估指标

在联合国各成员国实现千年发展目标的进程中，不同经济体实现经济增长分享、社会融合凝聚，以及生态平衡和资源节约的过程，构成了包容性发展的各种具体形式。所谓包容性，按照联合国 1995 年哥本哈根社会发展峰会的说法，指的是在一个社会中，每一个人都有平等的权利和责任发挥积极作用。包容性社会的特征在于，超越种族、性别、阶层、代际和地理区位等差别，保证社会成员机会平等（Marlier 等，2010）。那么，社会包容的反面便是社会排斥，促进包容性发展也就意味着减少发展进程中的社会排斥。

2000 年，欧盟早已超越了联合国千年发展目标中设定的发展阶段。当时它面临的挑战，主要是欧洲一体化进程中成员国之间的政策协调与合作，以及全球竞争和高福利压力下的增长与就业难题。因此，基于"里斯本议程"的欧盟社会融合进程，把社会融入与经济增长和就业目标紧密地联系在一起。为了保证这些目标相互兼容并得以实现，欧盟采用了社会开放式协调方法（Open Method of Coordination，OMC）。在尽可能充分公布欧盟机构和成员国政

---

① 《2012 年全国妇幼卫生工作会议在京召开》，http：//www.moh.gov.cn/public-files/business/htmlfiles/liuq/ptpjj/201202/54191.htm。

务信息的基础上，通过会议研讨、公开辩论和互联网交流，为成员国政府、社会群体和个人等社会行为者，搭建了一个广阔的磋商平台。

此平台上主要商讨以下内容：（1）设定实现政策目标的指导性原则；（2）选择最佳实施标准和相应的衡量指标；（3）将指导性原则转化为成员国政策；（4）定期监督和评估（Kohler－Koch，2008）。欧盟27个成员方5亿左右的公民，在实践开放式协调方法的同时，引入了一种被称为"标准化"的社会治理机制。即多种利益群体通过自下而上的广泛磋商求同存异，商定共同的目标和标准，遵守同样的规则，调动各自的资源，为实现共同的目标而努力。在此机制下，欧盟从经济增长、就业、创新、环境可持续、经济改革与社会融入6个方面为其社会融合进程设置了14个指标，为监测和评估提供了量化的政策工具，将成员国政府置于公众的政策监督及欧盟的质量和技术监督之下（Atkinson，2009）。

欧盟案例显示，在联合国千年发展目标及相应的指标体系提供的基准之上，不同国家和地区有必要根据各自的发展状况及面临的重点难题，添加地方性的目标和指标。在民主参与和社会协商机制运行良好的基础上，发展目标和相应指标本身，即可成为政策制定和执行工具。此外，计量指标统一、统计程序一致和信息公开透明，也为公民有效参与决策过程提供了必要条件。这些政策运行的基础和条件，既可促成不同社会群体之间的利益均衡，又能激励和监督包括政府在内的多边社会行为者，坚持不懈地按照商定的目标稳步促进发展。在社会融合进程的指标体系设计上，秉承了欧盟缔造者和建设者的一以贯之的社会价值观。60多年来，从最初实行欧洲煤钢联营计划的欧共体，到此后推进欧洲一体化的欧盟，一直强调市场有效竞争、参与者机会平等，以及社会公正、共济和包容，使社会融合指标具有鲜明的延续性，既承接了以往，又延伸至未来，还赋予所有社会行为者相对稳定的政策预期和安全感。

20世纪80年代以来，中国与其他国家和地区相比的突出特征在于转型与发展。在此过程中，既有观念的转变，也有制度的重构，还有新旧观念和制度并存的空间。因此，中国的发展目标和指标及其发展实践，虽然并未脱离联合国千年发展计划奠定的基准，却也不似欧盟那般，在目标、指标和实际发展进程之间保持内在的一致性和可操作性。

第一，用以表达中国发展目标的概念往往欠缺明晰的界定。例如，不同时段的高层决策者分别提出过建设"现代化""小康社会"与"和谐社会"的命题。每一种概念最初都通过纲领性的文件表达，此后便有研究机构对其内涵加以阐释，并尝试赋予其学理基础。此外，统计部门也会设计相应的指标体系，试图用数据刻画那些与特定概念相联系的未来社会形态。然而，在实践中恰恰缺少必要的社会机制，一方面勾连指标与概念之间的内在联系；另一方面促成不同利益相关者通过充分交流达成共识；同时，辅之以有效的监测、评估和问责制度。结果，这些概念及指标与具体的发展规划和实际的社会经济活动之间，或有隔膜，或近乎脱节。

第二，在正式制度运行中占据主导地位的社会价值观对公平正义强调不足，整个中国社会缺少达成不同群体之间利益均衡的社会结构。从计划经济时代延续至今的行政性特权和城乡分割，便是一个鲜明的例证。在制度性和政策性的不平等业已存在的情况下，不同的社会行为者之间，如政府与民间社会之间、农民与厂商之间、不同所有制的企业和机构之间、雇主和雇员之间缺少有效的权力制衡。这也是与发达经济体（如欧盟）迥然不同的社会情境。在此背景下，来自不同经济体的学者即使采用同样的术语，探讨同一国度的发展目标、战略和政策的指导性原则，如效率与公平的权衡，得出的结论也可能大相径庭。

欧美经济学人对中国转型与发展中的效率和公平的研究，通常是聚焦于转变经济增长方式、促进有效率的城市发展、壮大中产阶级、强化人力资本投资，以及改善社会保障和收入再分配等专题领域（林重庚等，2011）。然而，仅有这些是不够的，因为不公平并不仅仅存在于财富和收入分配领域。在社会均衡机制缺失的条件下，再分配和社会保障措施在实践中还是向强势群体倾斜，反而加剧了不公平（朱玲，2010）。

在当今中国讨论效率和公平的权衡，需要着重强调的是，创造一个确保所有社会成员平等实现其基本权利的制度环境，以促成市场经济自由（效率）与社会均衡（公平）的兼容（杨春学，2009）。进一步讲，社会均衡，意味着任何一个社会群体都不可能利益独大；市场效率，主要来自公平竞争对参与者的主动性和创造性的激励。从这个角度观察，无论是2004年"和谐社会"命题的提出，还是2012年党的十八大对"科学发展观"和"权利公平、机会公平、规则公平"的强调，都是对曾经盛行的"效率优先、兼顾公平"的提法的纠正。鉴于此，"构建和谐社会"也可以说是包容性发展的中国式表达。

第三，对于监测与评估和谐社会构建（包容性发展）进程，缺少足够多维的量化指标。首先，在经济指标体系中，经济增长曾经近乎独占鳌头，乃至成为评估地方政府业绩的一个主要依据。其后果是增长的质量不高，资源消耗过度，生态环境恶化，社会发展滞后。在"科学发展观"提出后，劳动生产率、研发投资、能源消耗和环境保护等指标，才逐渐与国内生产总值（GDP）的地位相平衡。其次，社会包容层面的测度指标不足。和谐社会构建（包容性发展）的特征，在于减少和消除社会排斥，它既表现为个人和家庭基本生存与发展条件的获得，也体现为每个社会成员基本权利的实现。正是在基本权利保障方面，中国至今欠缺系统的量化指标和有效的可操作性措施。

为了弥补上述缺陷，我们引入联合国千年发展目标研究小组对人类基本需求的界定，来表达个人及家庭应至少享有的物质和权利：为了保持具有创造力的生活，需要清洁且可持续的生态环境；足够的食物营养；附有租约保障或财产权保障的住所；安全饮水和卫生设施；安全的生活能源；安全的道路和可靠的交通服务；卫生和计划生育服务；基础教育和工作技能培训；现代信息和通信技术服务；资产所有权和租用权保障；包括性别平等、就业与创业机会平等在内的基本权利平等（UN Millennium Project, 2005）。这一定义，突出阐明了全球化时代下，维持人类的生存和发展潜力所必需的人力资本、基础设施和服务，以及社会经济和政治权利。如同千年发展目标及其指标体系所示，该定义包含的每一个方面，都可以用量化的指标来表达，指标则进一步显示其对应的制度和政策领域。这不但将发展目标落实到微观分析和政策操作层面，而且还使发展目标不至于陷入空洞。以此为标准即可判断，那些不能满足基本需求的个人或家庭，处在被剥夺、被排斥的状态，因而也正是需要通过发展计划和政策重点援助的对象。

以基本需求定义下的指标群对中国当前的包容性发展（和谐社会构建）略加衡量，不难发现以下现象：在国家职能范围内需要重点投资的领域，例如人力资本、基础设施和公共服务的改进，皆成绩斐然。这一点，在联合国机构有关千年发展目标实现状况的评估中已得到确认①。可是在权利实现方面，例如性别平等、机会平等、资产所有权和租用权保障则进展迟缓。究其原因，在于前者需要较强的国家执行力（福山，2007），后者还需民间社会的积极参与。然而，社会组织欠发达及制度性和政策性的决策过程中社会参与不足，正是中国发展进程中的一个"软肋"。

如果采用人力资本水平、基础设施和服务享有，以及权利实现方面的指标，对不同社会群体排序，偏僻地区的农村人口、处于农业生产第一线的农民，以及进城谋生的农村迁移劳动者（农民工），通常处于序列的底部。而这些与农村相关联的群体，在总人口中依然占据大多数。这就提醒研究者和决策者，在包容性发展的监测和评估中，仅看平均值是远远不够的。分组统计和反映不平等

---

① 联合国开发计划署：《千年发展目标在中国》，http://ch.undp.org.cn/modules.php?op=modload&name=News&file=article&catid=29&sid=6。

状况的指标，对于确切地了解发展状况至关重要。

倘若采用上述指标对农村人口、农民和农村迁移工人进行排序，处于序列底部的，往往是穷人、妇女、老人、残疾人和少数族群等群体。如果一个人同时具有以上多种特征，那就更可能生活在社会边缘，或者说由于受到现有社会政治经济文化条件的限制，不能获得与其他社会群体平等的权利。消除这种状态就意味着，任何一个社会成员都不至于因为其个人特征（种族、性别、年龄、财富、身体、职业和宗教信仰等），得不到为了实现某种最低限度的自由而必需的产品、服务和机会。譬如，一个农村户籍的人不必变成"城里人"，就能享受城市的社会保障和公共服务；一个穷人不必变成富人，就能享受基本健康服务；等等。这在当今中国显然属于尚未实现的理想状态。因此，需要推行发展计划、扶贫项目、社会保障制度等措施，促进社会组织的发育、社会交流与协作的强化，以及经济增长中的社会和解。如果不能有效减少和消除社会排斥，一个国家或地区即使在某个时段实现快速经济增长或经济发展，却也难以保证其可持续性。在经济高速增长或社会变动中被甩出原有生活轨道的人们，倘若未能拥有尊严地融入新的环境，即使没有陷入贫穷，也很可能难以耐受相对处境的恶化并采取极端行动。例如，20世纪70年代伊朗的"伊斯兰革命"的主力，便是从农村涌向城市的大批劳动者及青年知识分子；2011年英国骚乱的参与者多为就业前景不佳的年轻人。因此，在设计和实施发展计划和政策的过程中，需促使受援者处于主体地位，而不是被动地接受和参与这些发展项目。

四 结论

度量"发展"，是将发展理念与发展政策，用可观察、可测度和可比较的指标勾连起来的过程。不同社会群体在权力相互制衡的条件下，经过广泛的社会协商而确立的发展理念和目标，筛选的测度指标和制定的相关政策，表达的是制度化的社会偏好。当前中国尚缺少必要的社会机制，一方面勾连发展指标与发展理念之间的内在联系；另一方面促成不同利益相关者通过充分交流达成共识；同时，辅之以有效的监测、评估和问责制度。弥补这一缺憾的办法，一是根据中国转型与发展的特点，对联合国千年发展目标及相关指标体系加以适应性调整；二是把改善社会经济政治文化制度的措施纳入发展计划和政策，以促进社会组织的创新和以社会包容为显著特征的发展。

参考文献

阿马蒂亚·森（Amartya Sen）：《以自由看待发展》，任赜、于真译，中国人民大学出版社2002年版。

福山：《国家构建：21世纪的国家治理与世界》，黄胜强、许铭原译，中国社会科学出版社2007年版。

Beate Kohler - Koch：《对欧盟治理的批判性评价》，《欧洲研究》2008年第2期。

联合国发展计划署：《2004年人类发展报告：当今多样化世界中的文化自由》，中国财政经济出版社2005年版。

林重庚等：《综合报告》，载林重庚、迈克尔·斯宾塞编著《中国经济中长期发展和转型：国际视角的思考与建议》，余江等译，中信出版社2011年版。

罗尔斯（John Rawls）：《正义论》，何怀宏等译，中国社会科学出版社2001年版。

斯密（Adam Smith）：《道德情操论》，谢宗林译，中央编译出版社2009年版。

杨春学：《对"效率优先，兼顾公平"命题的重新反思》，《经济学动态》2006年第4期。

杨春学：《和谐社会的政治经济学基础》，《经济研究》2009年第1期。

朱玲：《中国社会保障体系的公平性与可持续性研究》，《中国人口科学》2010年第5期。

Atkinson, A. B. (2009), Issues in the Reform of Social Policy in China (http://www.nuffield.ox.ac.uk/users/atkinson/).

Cunha, F., J. J. Heckman, L. Lochner and D. V. Masterov (2006), Interpreting the Evidence on Life Cycle Skill Formation, in *Handbook of the Economics of Educa-*

tion. Vol. 1, pp. 698 – 812, Edited by Eric A. Hanushek and Finis Welch, Elsevier B. V.

Cunha, F., J. J. Heckman, and S. M. Schennach (2010), Estimating the Technology of Cognitive and Noncogni – tive Skill Formation, *Econometrica*, Vol. 78, No. 3, pp. 883 – 931.

Marlier, E. and A. B. Atkinson (2010), Indicators of Poverty and Social Exclusion in a Global Context, in *Journal of Policy Analysis and Management*. Vol. 29, No. 2, Hoboken: pp. 285 – 304.

UN Millennium Project (2005), *Investing in Development: A Practical Plan to Achieve the Millennium Devel – opment Goals*. pp. 8, 281 – 293, (First Published by Earthscan in the UK and USA), New York.

United Nations (2011), The Millennium Development Goals Report 2011 (http://www.un.org/millenniumgoals/MDG2011_ PRa_ EN. pdf).

United Nations (2012), The Millennium Development Goals Report 2012 (http://www.un.org/apps/news/story.asp? NewsID = 42372&Cr = mdg&Cr1 =).

Vandemoortele, J. (2012), On Inequality and Development: Why Widening Gaps Should be Everyone's Con – cern, A Paper Prepared for the UN Country Team in China, Presented on 7 July 2012, Beijing.

（原载《中国人口科学》2013 年第 1 期）

青、甘、滇藏区农牧妇女健康问题的调查*

对于贫穷和疾病的关系，近年来，国内的文献多半强调"因病致贫和因病返贫"的现象。世界卫生组织（WHO）欧洲地区办事处组织的卫生体系案例研究表明，贫穷本身就是疾病的一个原因[①]。"贫病交加"，也可以说是从动态的角度，描述个人或人群陷入"贫穷"和"疾病"恶性循环的过程。正因为如此，某些与贫穷相联系的疾病，需要医疗手段和社会经济干预措施相配合，才可能有效防治。"因病致贫和因病返贫"的现象反映的是，穷人和社会保障不足的人群（即脆弱人群）在利用卫生服务时，由于支付能力所限而陷入困境。在这种情况下，卫生体系本身实质上就成为贫穷的一个原因。那么，改革卫生筹资和服务供给制度，减少和排除穷人和脆弱人群利用卫生服务的障碍，将具有"一石二鸟"的功效：既有助于改善穷人和脆弱人群的健康，又有助于缓解贫困。

以往对藏族聚居区农牧妇女健康的研究，或从医学角度侧重于妇科疾病分布状况的阐述，或从人类学和社会学角度揭示劳动分工与妇女社会地位的影响，但极少探讨与贫穷相联系的疾病对藏区农牧妇女健康的威胁，以及对其家庭贫困程度的加深和对贫穷代际传

---

* 本项研究得到福特基金会北京办事处资助，课题组在甘肃、云南和青海调查期间，各省社会科学院和调研地区各级政府曾给予大力支持，课题组成员得到受访公立服务机构、非政府组织、牧业委员会和牧民的热情接待和配合。笔者的写作，受益于课题组同事的讨论和郑真真研究员的评论。谨在此一并致谢。

① 参见"The Regional Office for Europe of the World Health Organization", 2003, *Health Systems Confront Poverty*, Printed in Denmark, pp. 1 – 18。

递的作用（王志远等，2008；扎呷、卢梅，1998）。鉴于此，本报告将藏区农牧家庭的中青年已婚农牧妇女作为重点考察对象，扼要说明那些与贫穷密切相关的疾病对她们的健康威胁，确认她们特有的卫生服务需求以及面临的服务获得障碍，探寻排除这些障碍的途径，并由此引申出政策性的结论。为了实现这一研究目的，2006—2007年，笔者在藏族聚居的甘肃农牧区、青海牧区和云南农区调研中，集中访问如下机构和个人：第一，县妇联、卫生局、计生委、县医院、妇幼保健院和疾病控制中心（防疫站）；第二，乡镇卫生院、个体诊所和药店；第三，村卫生员和50岁以下的农牧家庭主妇。此间，还收集了调研县政府的年度工作报告，以及卫生局和防疫站的工作简报。本报告所涉及的调研地区信息主要来源于这些访谈和工作文件。全文的重点参考文献可大致分为三类：一是国际卫生组织和中国卫生部发布的报告及会议文件；二是20世纪40年代出版的一些著名社会学家和历史地理学家的藏区调研著作；三是20世纪50年代以来有关藏区卫生状况的调查报告和藏族妇女口述史。

一 妇女健康状况与贫穷代际传递的关联

"贫穷的代际传递"，指的是处在不同生命周期的穷人的困境会在世代交替中延续。通俗地说，穷人的下一代可能依然贫穷。农牧家庭的主妇，既是农牧业生产的主要劳动力，又是家务劳动的主要承担者，而且还照料着全家人的营养和健康。她们的健康状况既影响全家的生计，又关系到家庭的生活环境和卫生习惯，同时还直接影响下一代的体质和智力发展。贫困母亲往往由于营养不足和健康不佳而生育先天发育不良的儿童。此后即便对发育不良的儿童施加健康干预，"预后"效果也会大打折扣。儿童健康不佳，必然影响其知识和技能的学习效果。这样的儿童成人之后极可能工作能力低下，并因此而收入微薄，甚至难以保证其家庭获得充分而又全面的食品营养,从而难以维护所有家庭成员的健康。如此这般,又把类似的循环传递给下一代。鉴于此,提高贫困妇女的健康水平,对于贫困地区乃至整个国家而言,将不仅有助于缓解现时的贫穷,而且还有助于防范和减少未来的贫穷。对于单个贫困家庭而言,无疑也有助于阻断贫穷的代际传递。

问题是,贫穷对男性和女性获得良好的健康都是一个重要障碍,这里为什么没有强调男性健康?一是因为,妇女因其特有的生育功能而对下一代的健康产生的影响更大;二是因为,女性在现实社会文化生活中所处的不利地位,使得她们为获得良好健康而遭遇的困难更多。2006年和2007年,WHO在将性别视角引入公共卫生的两个决议中先后指出,在许多社会中,妇女较少获得卫生信息、保健服务和资源,这就增大了她们的健康风险。因此,需要调整现有的卫生规划和政策,注重扭转妇女由于性别歧视所处的特殊劣势,促使卫生服务供给系统回应她们特有的保健需求,以便在显著改善妇女健康的同时,促进性别平等[①]。

与传统的汉族乡土社会不同,妇女在藏族社会享有财产权。在婚姻关系中,男子入赘女家和女子嫁入男家同样普遍。因此,藏族妇女在家庭资源分配和使用方面的权利远高于一般汉族农村妇女(杨恩洪,2006)。不过,藏族农牧妇女在接受学校教育、获得卫生信息和保健服务等方面,相对于本族男性却处于不利地位。在20世纪60年代之前的传统藏族社会,除了少数特例,平民的正规教育多在寺院进行。对于绝大多数妇女和女童而言,只有女尼才有接受这类教育的机会。也就是说,平民的正规教育与藏传佛教经典的学习联系在一起。然而在藏区,尼庵远非僧寺那般多,女尼的数

[①] 参见世界卫生组织执行委员会 EB120/6,第一二〇届会议 2006 年 11 月 30 日,临时议程项目 4.8:"性别、妇女和卫生:战略草案",http://apps.who.int/gb1 ebwha 1 pdf - files/EB120/b120_ 6 - ch. pdf;第六十届世界卫生大会 A60/19,临时议程项目 12.12,2007年 3 月 29 日,"把性别分析和行动纳入世卫组织的工作:战略草案",http://apps.who.int/gb/ebwha/pdf_ files/WHA60/A60_ 19 - ch. pdf,2009 年 10 月 8 日下载。

量与男僧相比自然也是少数（房建昌，1998）。此外，女性信众的地位低于男性。20世纪40年代末期的一项甘南藏区调查表明，"拉卜楞寺平常禁止女子进去"，"许多宗教的仪式，女子是禁止参加的"（俞湘文，1947）。宗教文化中的性别地位差异反映了现实中对女性生命的估量低于男性。例如，若发生命案，一般按照藏族民间法中的"赔命价"方式来了结。在甘南藏区，一个平民的"命价"是40头牛马，而一个同阶层的女子的"命价"则减半。在青海藏区部落的习惯法中，也有相似的规定（张济民，1993）。

这种社会文化中实际存在的性别歧视，至今仍留有遗迹。1990年的全国人口普查结果显示，藏族女性受教育人数和比重都远远低于男性：女性识字率为17.6%，男性识字率为44.3%；女性每千人具有小学及以上受教育程度的人数为169人，尚不及男性的一半（孙怀阳、程贤敏，1999）。2003年，西藏自治区的成人（16—65岁）女性文盲/半文盲率达62.6%，比男性大约高出17个百分点（联合国开发署，2005）。最近10年，笔者在其他藏区的农牧村庄调研中，不仅屡屡碰见不识字的家庭主妇，而且也常常看到没有上学的适龄女童，即使在开放程度相对较高的甘南牧业藏区也不例外。例如，2006年，笔者在夏河县牙利吉乡阿纳行政村访问村民斗格扎西（音），得知他有4个孙子1个孙女，孙子全部上学，孙女在家劳动。问及为何不送孙女上学，他奇怪地反问："那谁去放牛呢？"在此，受教育机会上的性别不平等可谓一目了然。

文盲和半文盲即意味着被排除在阅读和文字交流世界之外，因而极有可能在社会政治经济活动中陷入边缘化状态。藏族农牧家庭内部的劳动分工，则又加剧了妇女在社会经济交往和信息获得方面的劣势。笔者曾多次询问农牧民有关劳动分工的问题，频率最高的回答是："妇女在家干活，男人出外找钱。"即使男女一起从事农牧业生产或采集药材及野生食物，出售产品也多半是男人的事务。例如在青海生长虫草的牧区，每到虫草采挖季节，几乎都是全家出动，但是在虫草交易市场上却不见妇女的踪影。在一些儿女尚幼的单身母亲家庭，出售产品和购买用品时会求助娘家兄弟代劳或陪伴。

"外出"意味着信息交流的机会，可是农牧妇女忙碌的家务和生产活动本身即对她们外出形成约束。20世纪初问世的《玉树调查记》曾有这样的描述："西番女子多而男子少，故一切劳苦操作之役，皆女子职之。"（周希武，1986）此后，有关其他藏区农牧社会的调研著作亦有类似记录。从中不难了解到，从养育子女、料理家务，到打柴背水修墙造屋，及至农田管理放牧牛羊，妇女皆为主力①。到现在，交通条件的改善和一些农业机械的采用，部分地减轻了农区妇女的劳动强度。但牧区的生产和生活状态却变化不大，妇女的劳动依然繁重。进一步讲，在高寒、偏僻、基础设施和社会服务薄弱的环境下，农牧藏区的劳动生产率和家务劳动效率不高，家庭主妇从早忙到晚。因此，她们通过外出获得现代健康知识、寻求卫生服务信息和利用卫生服务的机会也少于男性。

需要说明的是，决定健康和寿命的除了职业因素，还有性别生理、家庭遗传和个人行为等多种因素。尽管女性面临上述种种不利条件，她们的平均预期寿命依然高于男性。例如，2000年，西藏农牧人口的平均预期寿命为男性62.8岁、女性65.7岁（同年全国的平均预期寿命为男性73.1岁，女性77.5岁）。不过，正因为社会文化中存在着对女性的实际歧视，农牧妇女在获得卫生服务方面比男性遭遇的障碍更多，她们的生活质量较低。对于处在同一社会群体而性别不同的人群来说，寿命的长短与生活质量的高低并不能完全画等号。

藏区农牧居民日常面临的传染病风险，同样威胁着妇女的健康、结核、肝炎、菌痢、肺炎（流感并发症）、包虫病和性病，都是当地的多发病。此外，高原慢性病如心脏病和高血压等，也是当

---

① 李安宅先生于20世纪30年代在甘南夏河和40年代在四川德格的调查中，以及任乃强先生于20世纪20年代末到40年代在金沙江一带的康藏地区调查中，都注意到藏族妇女特有的艰苦劳作细节。

地的常见病。妇科疾病以及妊娠和分娩期间的危险因素，则是农牧妇女特有的健康风险。有效预防和控制这些疾病，无疑有助于降低农牧妇女的健康风险和提高她们的健康水平。要做到这一点，在很大程度上有赖于公共卫生服务的供给，而公共卫生领域恰恰是政策可以直接发挥作用的空间。在这一领域，针对农牧妇女的需求改善卫生服务，帮助她们克服不利社会文化因素造成的信息获得和服务利用障碍，有效促进自身健康，即可作为阻断贫穷代际传递的一个切入点。

二 阻碍穷人有效防治传染病的因素

传染病的流行与传播不仅有流行病学的原因，而且有社会文化因素的影响。虽然非贫困人口也可能罹患传染性疾病，但是贫困群体被传染的风险高于非贫困群体。居住环境、安全饮水、卫生习惯和卫生服务的可及性，都是决定个人患病风险（传染和非传染性疾病均包括在内）的因素。居住条件不良，缺少安全饮水、卫生习惯差和卫生服务获得不易，恰恰是贫困人口面临的问题。或者说，这也正是贫穷的特征。这些特征在藏族农牧人口当中，尤其是在游牧群体当中，都不同程度地存在。因此，他们的患病风险之高，超出全国平均水平。这一点，从藏族农牧人口的平均预期寿命低于全国人口10多岁的现象中可以得到印证。

60多年前，社会学家李安宅在分析边远地区传染病流行的现象时，曾引用当时的教育部部长朱家骅的讲话作为解释："边疆同胞都生活在大自然里，空气好，阳光足，身体原该是很好的，为什么沙眼病特别多，花柳病和其他传染病也很普遍呢？这是因为没有医药卫生的习惯，弄得犯了病就只得拖延下去，以致一天一天地传染起来，强者竟成羼弱。"① 虽然当前流行的传染病种类与那个时代有所不同，但这段解释点出的社会因素对疾病流行的影响，仍或多或少地存在。

20世纪50—70年代，农牧藏区三级卫生网的建立，以及通过人民公社集体生产组织推行的"爱国卫生运动"，使一些烈性传染病如天花、霍乱和鼠疫被控制甚至消除。自80年代始，改革开放和经济全球化导致的社会经济转型，给疾病预防带来了新的挑战。农牧藏区开放程度提高，居民生活方式发生变化，人口流动频率增加，加之草原过度放牧导致生态环境恶化以及气候变暖的因素，一些曾经被控制的传染病卷土重来甚至严重蔓延，例如肺结核、肝炎和性病。可是直到2003年春天SARS疫病在北京暴发，此前的全国疾病预防系统非但没有强化，反而由于公共投资严重不足而大为削弱。农村基层卫生服务机构赖以依托的集体生产组织解体，与市场经济相适应的公共卫生运行机制尚未健全，疾病预防体系的社会动员和组织能力随之下降（饶克勤、刘立远，2004）。这些问题，在SARS防治过程中充分暴露出来。此期间尽管农牧藏区并未遭到SARS"入侵"，但在疫病阻击过程中，当地疾病预防机构左支右绌，整个系统能力之薄弱俱显露无遗。

对于中国社会经济转型时期的卫生政策，2002年10月中共中央、国务院发布的《关于进一步加强农村卫生工作的决定》可谓一个历史的转折点。2003年的SARS事件，则在事实上成了转折的催化剂。自那以后，公共卫生投资大幅度增加（见表1），农村新型合作医疗制度（以下简称新农合）迅速推向全国，一系列卫生扶贫和重大公共卫生项目开始实施。仅从2009年始，就有6个项

---

① 这里用"边远地区"取代了李安宅先生原著中的术语"边疆"。原因在于，他基于川甘青康藏区的调研所论述的，实际上就是相对于中心城市和发达地区而言的边缘地带："边疆乃对内地而言。边疆所以不与内地相同的缘故，就自然条件而论，不在方位，而在地形；就人为条件而论，不在部族，而在文化。"（参见李安宅《边疆社会工作》，中华书局1944年版，第1—9页）

目在全国范围内启动：农村妇女乳腺癌、宫颈癌检查项目和增补叶酸预防神经管缺陷项目，15 岁以下人群补种乙肝疫苗项目，百万贫困白内障患者复明工程，以及农村改水改厕项目（耿兴敏，2009）。

表 1　　　　2000—2006 年青海卫生资源总量和结构的变化

	2000 年	2006 年
卫生总费用	11 亿元 = 100%	27 亿元 = 100%
其中：政府卫生支出	27%	36%
社会卫生支出	13%	24%
个人卫生支出	60%	40%
卫生总费用与 GDP 的比率	4.18%	5.1%
城市卫生资源占有量	80%	64%
农牧区卫生资源占有量	20%	36%

资料来源：李增浩、李晓东（2007）。

在卫生政策调整过程中，农牧藏区公立卫生系统受益明显。以青海藏区为例，首先，2003—2007 年，省政府对藏区卫生系统硬件投资达 4.2 亿元。其中包括 134 所州县医疗卫生机构、213 个乡镇卫生院和 980 个村卫生室的房屋建设以及 1.3 万件基本诊疗设备，还有 30 辆县级巡回医疗车和 110 辆乡镇卫生院流动卫生服务车。其次，2003—2004 年，全省 30 个藏区县（市）全部被纳入新农合试点范围。2008 年，农牧民参合率达到 96%。再次，从 2003 年起，省卫生厅每年组织两支医学专家服务团和城市百名医师支援牧区医疗队到藏区巡回医疗，并安排 13 个省级医疗卫生单位对口帮扶玉树、果洛、黄南藏族自治州医院和藏区 10 个国家级贫困县医院。最后，藏区防治鼠疫、结核病、乙肝、性病等重点传染病的力度得以强化，免费治愈的结核病患者累计 1.2 万人，免费接种乙肝疫苗的适龄儿童累计 28 万①。

---

①　李增浩、李晓东：《青海藏区卫生水平大幅提高》，2008 年 4 月 2 日，http://health.gansudaily.com.cn/system/2008/04/02/010639295.shtml，2009 年 10 月 8 日下载。

这里需要强调的是，疾病控制的有效性，不仅有赖于卫生服务网络，而且还取决于社区（居住点）、住户和个人的参与。无论是从卫生服务的供给方还是从需求方来看，在市镇和乡村之间、农区和牧区之间，居住区位相对便利与相对困难的住户之间、不同性别和年龄的人群之间，疾病控制的力度和有效性都有明显的区别。在这些方面，现有的文献和统计资料极少涉及，因而也就成为我们课题组调研的一个着力点。为了便于说明藏区农牧妇女面临的传染病预防、治疗和照料问题，本节将围绕结核病控制展开讨论。

结核病的重新蔓延和流行是一个世界性的难题。世界银行最新发布的预测数据表明，在联合国提出的千年发展目标中，关于2015年结核病发病率在1990年的基础上降低一半的目标不太可能实现①。近20年来，结核病的控制业已成为一项全球性的公共卫生行动。据WHO的《2009年全球结核病控制报告》，全球的结核病发病病例从1990年的660万例增加到2007年的927万例。此间中国每年的结核病发病病例仅次于印度而居世界第二位。尤其值得注意的是，2007年，中国的耐多药结核病例为11.2万例，约占全球同类病例总量的22.4%②。2009年，全国的活动性肺结核病人共计450万人，其中80%的病人在农村地区③。为了实施2001—2010年全国结核病防治规划，中央财政从2001年起每年投入4000万元，并于2004年增加到近3亿元，用于肺结核免费药品的提供，以及提高病人发现率、加强健康教育、改善培训和诊断条件等活动。同时，地方政府也加大了对结核病防治经费的投入。中国的结

---

① 世界银行：《2010年世界发展指标》，http：//web.worldbank.org/WBSITE/EXTERNA-LEXTCHINESEHOME/EXTNEWSCHINESE/0, contentMDK：22547660 ~ noSURL：Y ~ pagePK：64257043 ~ piPK：437376 ~ theSitePK：3196538, 00. html? EAP_ ChinaNewslet – terZH_ M_ EXT, 2010年4月22日下载。

② WHO, 2009, *Global Tuberculosis Control* 2009, 第1—4页, www.who.in/tb/publica-tions/global_ report/2009/pdf/report without_ annexes.pdf, 2009年10月18日下载。

③ 《卫生部"世界防治结核病日"主题宣传活动在粤举行》，2009年3月24日，www.chinatb.org/upload/NewSecurylnfolmages/6333861040721718750内文%203.pdf, 2009年9月10日下载。

核病防治行动还得到了广泛的国际支持①。笔者在藏区调研中注意到，所有调研县都得到了国际组织的帮助。有的获得了日本政府的药品援助，有的获得了全球艾滋病结核病和疟疾基金提供的设备，有的得到了加拿大国际发展部或比利时达米恩基金会的结核病控制项目，等等。正是由于国际援助，有些项目县才开始了结核病免费治疗的先例。尽管如此，农牧藏区的结核病控制状况仍不容乐观。

首先，西部欠发达地区大多数地方政府的财政状况不佳，在结核病控制项目执行过程中，地方配套经费往往不到位，以至于难以深入推行防治活动。例如青海的玉树县，截至笔者走访县疾控中心之时（2007年7月1日），当年的配套经费尚无一文，项目运行主要靠外援支撑：比利时达米恩基金会提供的经费用于病人管理，全球基金提供的经费用于培训县乡医生和村卫生员。2002—2006年，免费药品由日本援助项目提供。自2007年开始，药品费用转由中央财政承担。至于健康教育，只是限于在学校办讲座或是趁节庆日散发省里分来的宣传资料。

其次，在目前国家推荐的5种一线抗结核药物中，3种需要通过肝脏代谢，造成的肝损害率在10%左右②。据青海省兴海县的防疫人员介绍，有的药品还会对患者造成胃损害。在病人服用抗结核药物期间，如果未根据其身体反应状况添加保肝保胃药品，那么治好了肺结核的人就会因为肝和胃的损害而丧失劳动能力。这种情况，使得一些肺结核患者对于是否就医而犹疑不定。进一步讲，虽然抗结核药免费，但肝功能检测和保肝保胃药品则要付费。甘南藏族自治州卓尼县防疫站站长介绍，做一次肝功化验收费30元，多数患者为此不愿意做化验，肺结核治疗期间的肝功能检测就无从谈起。这就需要国家对结核病防治投入更多的资金，以便将免费制度延伸到必要的辅助预防和治疗项目。

---

① 《中国结核病控制进展》，中国疾病预防控制中心，2005年10月25日。
② 《[焦点访谈] 免费药的困惑》，中国肺结核防治网，2009年10月14日，http://www.chi-natb.org/NewsDetail.aspx? id=1819，2010年7月2日下载。

再次，即使有足够的公共投入，农牧藏区现有的疾病控制系统也由于其运行效率不高，达不到有效组织和动员卫生服务机构、乡村社会组织和农牧民主动采取措施来预防结核病的要求。与沿海农村相比，藏区的新农合起步较晚，管理粗放，定期体检尚未纳入免费服务项目。笔者在调研中得到的结核病统计依据的只是病人就医的记录，已发病但尚未就医的患者实际上并未进入疫情监测。与建立定期体检制度的地方相比，农牧藏区的病例漏报率必然较高。而且，调研县疾控中心能够提供的数据还缺少性别统计。在这种情况下，显然难以尽早发现患者并予以治疗，也谈不上及时针对相关高危人群采取预防措施，更不可能对女性患者尤其是育龄妇女予以特别照料，因而难以有效遏制结核病的蔓延。据卓尼县防疫站站长2006年8月的估计，肺结核和肝炎病例的漏报率为30%—40%。1993—2003年，卓尼县被纳入世界银行第五批卫生贷款项目（通称"卫Ⅴ"项目），内容就是结核病防治。项目执行期间，全县的人包括牧区居民都知道，可以免费检查和治疗肺结核，结核病防治有了起色。项目一结束，肺结核的流行还是遏制不住。依这位站长所见，当地患者中，男性比女性多，因为男性外出和社交频率高于女性，感染的可能性较高（同时他也承认，男性患者的就诊率可能高于女性，才会造成这种印象）；青壮年患者比其他年龄组多，这还是因为他们流动性较强；老年患者多为肺结核复发病人。此外，越穷的人家肺结核患者越多。

复次，国内外有效防治结核病流行的一个经验，是以初级卫生保健为基础。在我们调查过的地区，卫生系统最薄弱的环节正是初级保健。尤其是青海高寒牧区，初级保健服务远远不能满足疾病预防需求：一是缺少足够的激励机制，促使乡镇卫生院定期为牧民提供上门服务。二是乡镇政府和村委会也欠缺足够的动力，组织公共预防活动并动员牧民参与。例如，牧民夏季草场居住点的生活垃圾随处可见，即使是在冬季定居点，也无粪便和其他垃圾处理措施，在移民新村，居民的院子多半未设厕所，村口虽有公厕，但因居民尚未养成如厕习惯而未加使用。因此，牧民居住环境普遍卫生状况不良。三是多数牧业村的卫生员受教育程度低，培训时间短，而且自身尚未养成有助于预防传染病的卫生习惯，实际上不足以胜任促进基层健康的职能。还值得注意的是，村卫生员当中绝大多数都是男性。例如，玉树自治州称多县共有57个村级卫生与计划生育站，每站1名卫生员，女性只有3名。即使男性卫生员传播一些卫生知识，也由于社交方便而优先告知男性村民，这使得妇女在获得卫生知识和信息方面处于更加不利的地位。

最后，结核病的有效预防和治疗，还需要住户的参与和患者的配合。其中的一个关键环节，是健康行为的改善。这需要长期而细致的健康教育和督导，以及住户生活水平的实质性提高和居住区公共服务设施的改善。可是，这些必要条件在藏族聚居的农区村庄和住户中极少存在，在高寒牧区则更为稀有。尤其值得注意的是，第一，在工业化的餐饮器具引入藏区之前，藏族家庭成员各有自己专用的木碗，无形中有助于预防肺结核传染。而今随着食物结构的变化，搪瓷、塑料和玻璃等材质的器皿成套进入住户的餐桌，可家庭主妇对保留专用个人餐具的传统未加注意，结果这一生活习惯逐渐消失，肺结核患者家庭成员的健康风险相应增大。第二，虽然一些患者家庭的主妇已经知道，餐具消毒可以预防其他成员感染。但缺少管道供水的居住点，家庭用水主要靠妇女背运，难以满足清洁用具的需求，加之燃料缺乏，消毒措施很难长期落实。第三，与生活用水不便和燃料不足有关，在多数农牧家庭中尚未形成必要的卫生习惯，结核病患者的家庭成员相继感染的案例实属常见。笔者走访的患者也许对此司空见惯，谈论起来近乎漠然（参见案例1）。其中，只有少数患者明了家庭内部应当采取预防措施，但对于改善社区卫生环境的必要性则不甚了了。

案例1. "干部没人得肺结核，因为他们知道怎么预防。"

河源新村是青海省果洛藏族自治州的一个移民村，居住着150户从玛多县扎陵湖乡（黄河源头）搬迁到玛沁县的居民。新村共有村民637人，其中女性227人。村落距离果洛州政府和玛沁县政府所在地大武镇大约2公里，交通很方便。移民村的行政隶属关系未变，玛多县扎陵湖乡卫生院派来一位名叫胡彦平的女医生在移民村卫生室工作。小胡的父亲原为玛多县医院院长，退休后定居西宁。2000年，她从青海医学院妇科获得大专毕业文凭后进入玛多县疾控中心工作。2004年，小胡转到扎陵湖乡卫生院后，就脱产到西宁进修成人本科的妇科临床课程，2006年学业结束便到河源新村来了。她会藏语，认识村里所有居民，所以和扎陵湖乡派来的妇联主任尕藏卓玛一起，为笔者的访谈兼做向导和翻译。

村里的住户多为受灾或因病致贫的无畜户或少畜户，2007年7月笔者到访时，村里统计的总劳力为287人。男性劳力有的返回故乡放牧，有的到玛沁县城及周围牧场做工。所以，笔者见到的居民多为妇女、老人和儿童。据小胡介绍，肺结核在搬迁以前的居住点就严重流行。迁来的住户中有一户孤儿，父母皆因肺结核亡故，3个孩子全被传染，现在在果洛州医院住院治疗。最近新发现的结核病人又有五六个，这些患者都在玛沁县疾控中心取药治疗。

笔者走访的第一位村民名叫索南宽卓，41岁，丈夫于2006年因肝癌去世。她有一个女儿，自己还为3名孤儿做了"假日妈妈"，那几个孩子放假后会到她家来。索南宽卓家原有10多头牛、60多只羊，搬迁之前早就卖掉了。出售牛羊所得共2万多元，在丈夫去世前后全部花光。政府为她在县城安排了一份环卫工的工作，每月工资460元。索南宽卓愿意搬到新村来，因为生活比以前方便，还知道了很多事儿。关于身体健康的知识就听说了不少，例如不要随地吐痰，厨具应当洗干净，妇女平时应当清洗下身，经期要使用卫生巾，等等。

我们访问的第二家女主人名叫屯错，43岁，家里有7口人。她和丈夫（42岁）育有5个儿女，最大的18岁，在乐都县上初中；最小的10岁，在玛沁县城上学前班。搬迁以前，她家把40多头牛和100多只羊都卖给了留下的放牧户，共得1万多元。这些钱用于看病、买家具和孩子上学。家里的长期病人是她丈夫,曾患脑膜炎,如今依然虚弱。笔者到访那天,他又看病去了。眼下,这个家庭主要依靠政府每年发放的 6000 元搬迁补助款为生。

第三位访谈对象名叫旦增阿毛,她与丈夫离异,前夫已经再婚走了,她自己带了一双上小学的儿女住在新村。大儿子已经 20 岁,在乐都县上高中,那里的学校质量比果洛的好。旦增阿毛 10 多年前得过肺结核,在玛多县时就治好了,治病花了 3000 多元。现在说不上有什么病,就是虚弱,干不动活儿,所以整天在家待着。她淡淡地说,前夫也得过这个病,乡里的干部没人得肺结核,因为他们知道怎么预防。

肺结核流行的严峻状况,在全国卫生统计中也得到反映[①]:2003 年,肺结核发病率为 52.36/10 万;2008 年,发病率增加到 88.52/10 万。从社会性别视角考察,这些指标并未反映出妇女感染结核病导致的隐性负担。世界卫生组织强调:"由于结核病主要影响从事经济活动和生育期的妇女,因而疾病也对其子女和家庭造成极大影响。"[②] 上述农牧藏区案例,既显示出这种影响如何深重,也更加清楚地表明,结核病的流行不但与贫穷相联系,而且也与防治行动中地方政府、社区和住户的参与不足以及卫生系统的功能薄弱相关。这就需要将卫生防疫、医疗手段和扶贫措施相结合,动员全民采取行动。

(1) 中央和省级政府继续增加对农牧藏区公共卫生的投入,取消对州、县政府提供项目匹配资金的要求。

(2) 在西部大开发计划中设立专项资金,继续投资于农牧区的基础设施和公共服务,改善农牧民居住环境,修建安全饮水设

---

① 《中国卫生统计摘要》(2004 年)和《中国卫生统计摘要》(2009 年),www.moh.gov.cn/publicfiles/business/htmlfiles/zwgkzt/ptjty/digest2004/s74.htm 和 www.moh.gov.cn/publiefiles/business/htmlfiles/zwgkxtptiy/digest2009/T4/sheet003.htm,2009 年 9 月 7 日下载。

② 参见世界卫生组织专栏《结核病与性别》,http://www.who.int/tb/challenges/gender/page_l/zh/index.html,2010 年 7 月 14 日下载。

施，探索可行的垃圾处理方式。

（3）改善卫生系统的激励机制和管理制度，增强卫生服务供给能力。

（4）通过广泛的社会动员，以农牧民喜闻乐见的方式，持久地开展健康知识和信息传播行动。

（5）探索可行的节水卫生办法，以农牧妇女作为主要推广对象。

（6）从儿童学前班开始，培育农牧藏区居民的卫生习惯。

三 有助于贫困妇女获得妇科病防治的制度安排

妇科病在藏区农牧妇女中普遍存在。2003年，笔者在西藏江孜县调查时从计划生育办公室得知，在采取节育措施的农牧妇女中，罹患生殖器官疾病的占一半以上。不过，这个统计并非从普查得来，根据当地医务人员的估计，实际情况只会更严重（王洛林、朱玲，2005）。事实上，在1998—2007年，包括城镇妇女在内的全国妇科病检查率一直未超过40%，我们的调研省也是如此（见表2）。倒是甘南藏区的卓尼县妇幼保健站，由于获得爱德基金会（中国基督徒民间团体）的妇女病防治项目，于2006年在全县17个乡镇卫生院开展普查，因此能够提供准确度更高的数据[①]。当年1—5月，妇科普查4940人，患病率达64%。妇科疾病直接影响妇女的生存质量和生殖健康，无疑不利于下一代的孕育。这类疾病的控制，不仅有赖于运行良好的卫生服务网络，而且还需要政府和全社会的支持，以及组织起来的基层妇女的参与。从这个角度来看，笔者在调研中注意到，一些有助于贫困农牧妇女获得妇科病防治的制度安排已经出现。

[①] 数据来源：卓尼县妇幼保健站：《卓尼县"爱德"项目实施中期评估工作汇报》，2006年6月12日。

表 2　　　　　　　　2007 年西南西北地区妇女病检查情况

年份/地区	应查人数（人）	检查率（%）	查出妇女病率（%）
1998 年/全国	123783003	38.6	27.1
2007 年/全国	180101171	38.5	28.4
重庆	4084880	34.0	24.1
四川	16228760	36.4	20.7
贵州	4100050	56.8	37.7
云南	4843703	12.3	30.0
西藏	304585	21.7	17.0
陕西	6013709	44.9	28.7
甘肃	3637600	39.9	40.4
青海	780840	40.0	37.8
宁夏	289267	48.9	36.2
新疆	2352402	29.2	42.3

资料来源：《中国卫生统计摘要》（2009 年）表 7－5，http：//www.moh.gov.cn/publicfiles/business/htmlfiles/zwgkzUptjnj/year2008/7.htm，2009 年 9 月 8 日下载。

第一，云南迪庆藏族自治州在强化三级卫生服务网的同时，通过村级妇女组织网络，促进了妇女保健知识的传播（见案例 2 和案例 3）。2000 年，本课题组曾对迪庆农牧村庄的卫生服务和需求做过专题调查，那时候，当地已经建立了乡镇卫生院与村委会共建行政村（中心村）卫生室的制度，但驻村的医务人员与农家卫生员的联系还没有制度化（黄平，2002）。现在，乡镇卫生院通过驻村医生对农家卫生员的指导，提高了村级卫生服务水平；农家卫生员在不同居民点的分布，则拓展了卫生服务网络的覆盖面。尤其是，在村级卫生服务网络中配备了女性农家卫生员，还在每个村民小组设置了妇女小组长。这种制度安排，对于农牧妇女获得健康知识和信息，以及主动参与疾病防治，产生了明显的促进作用。

第二，爱德基金会以购买服务的方式，与卓尼县妇幼保健站签订妇女病防治合同，通过精细的项目管理，改善了公立卫生机构的激励机制。首先，促使妇幼保健站站长和工作人员都明确地理解项目的目标要求：检查率为全县已婚妇女的60%—70%，妇科疾病患者的就医率达到80%；宫颈糜烂患者的就医率达90%，治愈率达80%；同时开展妇女健康知识宣传，使人群知晓率达70%。其次，县乡妇幼保健骨干通过项目资助，到甘肃省妇幼保健院参加培训，并将所学用于培训乡镇和村级妇幼保健人员，从而提高了整个系统的业务能力。再次，借助项目配备的小型器械，把普查服务送到乡镇。复次，根据服务获得者的签字，以及目标管理考核结果，获得项目拨款。最后，县保健站定期派人下乡督导，爱德基金会还根据项目计划派员作阶段性评估。项目执行期间，妇幼保健站既增添了设备和运行经费，又得到省和县卫生行政部门的重视，业务量也显著增加。与冷清的县医院妇科门诊相比，妇幼保健站充满了活力。

第三，爱德基金会项目中包括对贫困妇女的医疗救助。有相当一部分贫困妇女即使查出病症，也会因家庭资源分配对儿子和丈夫优先而放弃治疗（见附录案例2）。这类案例，在笔者近10年的藏区调研中毫不鲜见。2006年，甘南藏区乡镇卫生院和县医院的次均门诊费用为50—100元（见表3）。卓尼妇保站对查出妇科病的患者收费如下：阴道炎患者药品费用20元；附件炎患者若要达到好转，需要医疗费200—300元；对宫颈糜烂患者微波治疗一次收费30元，病情最严重的Ⅲ度糜烂患者需要治疗2—3次，余者治疗次数递减，Ⅰ度糜烂患者至少需治疗1次。据保健站长介绍，接受妇科病普查的妇女当中，大约10%的来自贫困家庭。为了促使她们接受治疗，爱德基金会要求实行医疗救助。妇幼保健站在开展普查工作的头5个月救助了45名宫颈糜烂严重的患者，对她们实施一次微波治疗酌情收取5元钱或干脆免费。

表3　2005年甘肃省甘南藏族自治州夏河县抽样农牧户平均就医费用

就医机构	门诊次均费用（元）	住院次均费用（元）
阿木去乎中心卫生院	51	734
王格尔塘中心卫生院	50.7	711
甘加乡卫生院	55	658
县医院	97.3	1921
县藏医院	65.2	1134
州医院	125.1	2259

资料来源：夏河县卫生局，2005，《关于新型农村合作医疗基线调查工作的汇报》，10月15日。该项调查的总样本为270户（1539人），选自3个乡（每乡9个村，每村10户）。在样本户中，人均收入不足800元的贫困户占10%。

值得一提的是，在妇幼保健项目的实施过程中，还有一个被忽视甚至被遗忘的女性人群，那就是丧偶离婚妇女。在每个调研县，笔者都遇到一些丧偶的妇女，她们的丈夫或因病去世，或因车祸丧生。此外，还有少许单亲家庭的主妇是离婚妇女。这些单身母亲虽有娘家兄弟或父母支持，但多数还是落入生活贫穷的境地，而且处于社区事务的边缘。卓尼县一位丧偶的中年妇女说到，她想供养自己的儿子上大学，所以想找经济条件好的男性再婚。可是这样的男性并不愿意娶她这样带着两个小孩又有特殊要求的女子，所以她只能自己想办法供孩子念书。虽然丈夫在世的时候她就查出宫颈糜烂并治疗过，但没有治好。现在她还受着妇女病的折磨，只是既没有心思也没有钱去治疗。可见，公共卫生项目的设计必须顾及不同类型的群体，以便采取有针对性的措施，惠及边缘人群。

在藏族聚居区中，农区与牧区相比，人口居住相对集中，交通较为便利，开放程度较高，卫生系统的妇幼保健服务能力较强。本节陈述的制度安排，只是在部分农区实现，至今还不具有代表性，但至少提供了改善农区妇幼保健政策的备选方案。或者说，这些制度创新可以作为提高这些地区妇幼保健系统服务效果的先导。至于适宜牧区的妇幼保健服务模式，还需要地方政府、卫生服务机构以及非政府组织的项目设计者进一步探索。

案例 2. 村妇女主任。

拉姆央宗是云南迪庆藏族自治州香格里拉县建塘镇吉迪行政村的妇女主任，47 岁，1967 年从中甸（香格里拉县原名）一中初中毕业。像她这样的受教育程度，在相同年龄的藏区农村妇女中并不多见。拉姆央宗说，这是因为父亲的支持，他曾经担任村长，比一般村民见多识广。这个决定使拉姆央宗至今受益，她在担任妇女主任的同时，还兼任村里的计划生育宣教员，承担人口和计划生育统计工作，负责督促适龄儿童上学，以及为住户内部和住户之间调解纠纷。拉姆央宗做了 7 年村妇女主任，2006 年，政府将她的误工补贴从每年 1000 元提高到 3000 元。吉迪行政村共有村民 2700 人，其中成年妇女总共 660 人。村里有 17 个村民小组，每个小组都有妇女小组长。拉姆央宗的宣传和统计工作都是与妇女小组长一起做的，这些妇女干部也都带头计划生育。她自己只有一双儿女，因家里劳力不足，一直没让女儿上学，前两年招了个女婿也是文盲。全家的现金收入大部分都用在儿子身上，儿子在云南经济管理学校上学，还准备上大专。拉姆央宗说，只要儿子能考上，全家将继续供养他。

近几年，拉姆央宗的宣传工作重点一是动员孕妇住院分娩，二是对妇女宣传经期卫生知识。村里妇女的常见病是腹痛、胃疼和腰疼，她不清楚具体原因，猜想那可能是生小孩落下的病，或是背水累的，或许还是妇科病。以前妇女生小孩都在家里，经过这么多年宣传，加上有两个妇女在家分娩后婴儿死亡，现在越来越多的临产妇女都去镇卫生院分娩。拉姆央宗的外甥媳妇难产，还是在县医院生产的，3 天花费 2000 元。县城正是建塘镇政府所在地，距离吉迪村 30 多公里，拉姆央宗和丈夫（42 岁）经常轮流去城里办事，顺便买些盐巴和砖茶回来，往返一次车费 16 元。

（根据笔者 2007 年 6 月 26 日的访谈记录整理）

案例 3. 香格里拉的村级卫生服务网。

香格里拉县吉迪村的村委会大院里有间卫生室，村医名叫和卫东。他是纳西族人，老家在本县上江乡，父母都是农民，供他上了迪庆卫校，1994 年毕业到东旺卫生院工作了 10 多年。夫人杨先菊也是纳西族人，是建塘镇卫生院的妇幼保健专干。2006 年年初，和卫东调到建塘镇卫生院，随即被派到吉迪村卫生室工作。吉迪村分成 3 个"居住片"，每片配备 1 名农家卫生员，由和卫东负责联系和指导。3 名农家卫生员年龄都在 50 岁以上，其中有 1 位女性。每个农家卫生员每月可以从县民政局得到 160 元基本生活补贴，从州卫生局得到 200 元卫生服务补贴。此外，还可以在村里挣到少许服务费。2006 年 2—5 月，每个农家卫生员每月净得服务费 30 元左右，加上政府补贴，月收入不足 400 元。这与金沙江边的农家卫生员相比，收入低得多。那里门诊量较大，每个农家卫生员每月光是服务费就净得 500 元。和卫东的工资每月 1800 元，由建塘镇卫生院发放。吉迪村卫生室的日门诊量最多十来个人，少则 2—3 人。这里一般村民的常见病是胃炎和胆囊炎；年轻妇女的妇科常见病是盆腔炎和附件炎；中老年妇女的常见病是阴道炎和宫颈炎。和卫东他们的任务是提供妇幼保健服务和治疗常见病。遇上难以诊断和治疗的病人，他就开转院单介绍到建塘镇去。

笔者循着和卫东提供的线索，在建塘镇卫生院找到他夫人杨先菊。杨先菊介绍，建塘镇辖 84 个自然村，共 19630 人。其中 15—35 岁的女性有 5000 多人，35 岁以上做绝育手术的妇女共 600 多人。她负责指导卫生院下派到村里去的 5 名村医（和卫东是其中之一）筛查高危孕妇，每月 1—10 日筛查一次，发现之后就动员她们到县医院分娩。县里得到国家的"降消项目"，对高危孕产妇住院分娩有补贴。她们如果在县医院分娩，顺产只需支付 150 元，剖腹产需支付 500 元。建塘镇还有两个村得到爱德基金会的项目资金，建立了村卫生室。杨先菊每日还出半天门诊，就诊者每日最多 20 人，最少不到 10 人。据她所见，香格里拉农村妇女的常见病一是缺铁性贫血,二是宫颈炎和附件炎。镇卫生院还没有做过妇女病普查工作,妇科检查一次收费30—80元。她在门诊只要发现宫颈炎患者,就介绍她们去县妇幼保健院治疗。镇卫生院还负责儿童发育状况检测,每年对1—3岁的儿童检测两次,对4—7岁的儿童检测一次。至于镇上流动人口的防疫防病问题,卫生院不管,他们归县里的"流动人口办公室"管理。

(根据笔者2007年6月26日的访谈记录整理)

四 贫困孕产妇的保健服务利用率缘何不高

近30年来,包括中国在内的发展中国家政府和公众越来越重视贫困儿童的营养、健康和教育,并把这类人力资本投入作为切断贫穷代际传递的主要干预手段[①]。不过,对于贫困家庭中那些先天发育不良的儿童而言,这些措施虽然有"预后"作用,但毕竟属于迟到的干预,其效果终究会由于一些难以校正的先天不足因素而大打折扣。若要保证儿童有一个良好的生命开端,必须妥善照料孕妇及胎儿的健康。同理,减贫战线也必须依照人类的生命周期,"前移"到胎儿发育阶段,即生命形成、孕育和新生之际。更具体地说,减贫行动应从"产前照料"开始。

世界卫生组织把"产前照料"定义为:在妇女受孕、妊娠和生产期间,为保障孕妇、胎儿乃至新生儿的健康而提供的包括教育、咨询、筛查、治疗和监测等的一系列卫生服务[②]。为了保障每一位孕妇都能获得必要的产前卫生服务,欧洲国家一方面实行产前

---

① 参见 Michelle Adato and John Hoddinott, 2007, Conditional Cash Transfer Programs: A "Magic Bullet" for Reducing Poverty? 2020 Focus Brief on the World's Poor and Hungry People, Washington, DC: IFPRI. http:/www.ifpri.org/2020China.conference/pdf/beijingbrief_adato.pdf, 2007年12月20日下载。

② 参见世界卫生组织欧洲地区办事处健康支持网(Health Evidence Network, HEN), 2005, "What is the effectiveness of an. tenatal care?", http://www.euro.who.int/HEN/Syntheses/antenatalsupp/20051219_11, 2008年1月1日下载。

照料免费制；另一方面，通过正规医学教育建立基层接生员队伍，将产前服务网络延伸到最为贴近孕妇生活的社区。这些国家现有的医学证据显示，通过产前照料程序尽早发现危险因素，针对孕妇和胎儿的个体需要，补充营养素或予以药物治疗，并对服务的供需双方进行教育和咨询，对于促进母婴健康效果显著①。相形之下，发展中国家财力薄弱，只能根据本地特有的流行病、卫生目标的优先顺序、现有的资源以及服务需求者的偏好，来确定例行的"产前照料服务包"，并建立相应的组织系统。为此，世界卫生组织还专门设计了简便易行的服务模式以供参考。

我国的"孕产妇保健"和"优生优育"的理念就包含着类似产前照料的思想。当前，在城市居民，尤其是在非贫困群体那里，国家卫生部推行的孕产妇保健服务包已经成为家庭的自觉需求。它不仅属于住户支出中的优先项目，而且也是城市卫生机构竞相争取供给许可的一种业务。然而在农村贫困地区，卫生服务质量和便捷程度都远远不及城市。贫困妇女中，既有自幼发育不良者，又有成年营养不足的人，加之贫困家庭普遍欠缺健康知识，且支付能力低下，除非万不得已，否则绝不利用卫生机构的服务。因此，贫困家庭的母婴健康均无保障。与此相关，农村孕产妇和新生儿死亡率都高于城市。也许正是出于这个原因，卫生部并未在贫困地区设定较高的母婴健康标准，而是明确地以降低孕产妇死亡率和消除新生儿破伤风为目标，自 2000 年起，组织实施孕产妇系统管理项目（简称"降消项目"）②。项目包括的主要服务内容是：在妇女妊娠至产后 28 天期间，进行早孕检查、不少于 5 次的产前检查、消毒接生以及产后访视。显然，贫困孕产妇能否从这一项目受益，直接取决

---

① Banta D. (2003), What is the fficacy/effectiveness of amtenatal care and the financial and organizational implications? Copenhagen, WHO Regional Office for Europe (Health Evidence Network Report: http:/www.euro.who.int/Document/E82996.pdf), 2008 年 1 月 1 日下载。

② 参见《关于认真做好"降消"项目工作的通知》，卫妇社发〔2005〕9 号，www.law-lib.com/law/law_view.asp?id=88744, 2008 年 1 月 3 日下载。

于她们对这些服务的利用程度。这也正是笔者在青海果洛和玉树两个藏族自治州调研的一个焦点。本节的讨论，即以青海调研中获得的信息为基础。

玉树和果洛地区皆在"降消项目"覆盖范围之内。通过项目的实施，当地妇幼保健服务设施得到明显改善，但牧区妇女并未充分利用这些服务。例如，据果洛州玛沁县卫生局的统计[1]，2006年孕产妇系统管理率为49%。依笔者调查所见的情况判断，即使是这样一个统计，也有高估的可能。一方面，果洛州府坐落在玛沁县城，与周边县城相比，该县的卫生服务水平要高一些；另一方面，牧民居住分散，但基层卫生服务网络薄弱，监测和统计功能也相应低下。反映在妇幼保健统计上，报告的指标只有百分比而无绝对数。笔者在对玛沁、达日、玉树和称多4个县调研时，都曾多方搜寻妇科病普查和孕产妇保健服务的原始统计而不得。不过，无论上述统计准确与否，都反映出一个事实，那就是有相当一部分孕产妇没有利用全程保健服务。个中原因何在？这就是笔者在调查中反复探索的一个问题。

首先，从服务供给来看，当地在孕产妇保健网络的组织建设、激励机制设置和服务质量保障方面，都存在一些亟待解决的问题。首先，孕产妇保健网未延伸到村，服务远离住户。虽然大多数行政村都有卫生员，但受性别和业务能力所限，很难针对孕产妇的需求提供教育、咨询和访视等服务。以果洛州的达日县为例，全县33个村卫生员中无一女性。按规定，村卫生员承担儿童计划免疫、疫情上报、计划生育宣传和村民日常保健的任务。为此，每人每年可从财政领取1200—1400元的报酬。尽管数额不多，在贫穷的牧区中也是一笔稳定的现金收入。女性牧民几乎得不到这个机会，除了识字率低这个因素以外，在村落公共事务上缺少发言权也是一个不

---

[1] 统计数据引自：玛沁县卫生和计划生育局《玛沁县2006年卫生工作总结及2007年工作安排》〔沁卫和计生（2006）87号文件〕，2006年11月28日。

可忽视的原因。现在的问题是，由当地社会风俗和妇女的社会心理决定，孕产妇若非遭遇危难，仅仅出于对身体隐私的顾忌，才不情愿接受丈夫之外的本村男性提供保健服务。至于走村串户的民间大夫，由于多为男性，加之缺少必要的卫生设施，很少提供孕产妇保健服务。进一步讲，牧区教育发展滞后，越是偏僻的村庄，卫生员受教育程度越低，其卫生知识和医术也就越难满足孕产妇保健需求。笔者注意到，即使是卫生员的妻子怀孕和分娩，也未完全利用孕产妇系统管理服务（见案例4）。

案例4. 卫生员夫妇如何选择孕产妇保健服务？

玉树州称多县珍秦乡二村距县城100公里左右，笔者在村里走访过一位产后不足4个月的妇女。她名叫斡毹（音），丈夫江永才让就是本村的卫生员。31岁的江永才让没有上过学，但曾在寺院做僧人，认识藏文。还俗后，村委会派他去州人民医院学西医3年，又去囊谦县学过4个月藏医。这番经历，使他对产前检查的认知水平高于一般村民。在夫妇俩的3个女儿出生前（斡毹是带着1个女儿嫁给江永才让的），江永才让都曾带妻子去县里的妇幼保健站做过一次检查，然后根据检查结果决定分娩地点。斡毹说，住处离乡镇和县城都很远，家里经济条件又差，生小孩只有难产才会去医院。大女儿出生时，夫妇俩因事先知道胎位不正，因而选择在州医院分娩。老二和老三则都在自家帐篷降生，接生的是从邻村请来的一位老年妇女。在妻子分娩时，江永才让曾在一边用药消毒。然而他对妻子平时的腰背痛和头疼的毛病却束手无策。每到斡毹痛苦得实在不能忍受的时候，就去县里看一次大夫，因为她认为乡卫生院的医疗条件不如县里。

（根据笔者2007年7月16日的访谈记录整理）

其次，在孕产妇保健服务网中，乡镇卫生院尚未有效发挥枢纽功能。牧区地广人稀，交通不便；牧民居住分散，出行不易。从村委会驻地的牧民"冬窝子"（冬季居住点）到乡镇卫生院，少则20公里，多则50公里以上。多数情况下，牧民的夏季牧场至少距离卫生院 40 多公里。公社时期，卫生院的医务人员或来自乡间，或以"马背医生"的形式送医上门，既容易了解服务对象的健康状况，也容易建立医患之间的信任。现在，年青一代的医务人员多来自县城干部家庭，或者是自己把家安在了县城。平日以坐堂候诊为主，有空就往县城跑，与牧民极少有社会交往。这样，乡镇卫生院既无村卫生员贴近村民的特点，又无县卫生机构的技术优势，旁边还有个体医生和寺院诊所的竞争，倘若没有服务特色，就难免被牧民冷落。笔者走访玉树县下拉秀乡卫生院时，只见七八位工作人员在打扫庭院，座谈将近 40 分钟，还不见一人来就诊。转而去百米之外的龙西寺诊所，便看到 20 多位患者挤在诊室求医。在达日县建设乡二大队（此地沿用公社时期的称谓），卸任的老支书介绍说，村民若在本乡看病，多半都会找个体藏医扎坚。笔者从寺院的僧医、个体藏医扎坚和私人诊所的医护人员那里得知，他们既无儿童计划免疫的任务，也不做妇科业务。可见，这正是乡镇卫生院的"用武之地"。问题是，公立卫生机构最为欠缺的，正是促使医务人员积极服务于牧民的激励机制。这从值班制度的执行状态中即可看出来。笔者去玉树州称多县歇武镇调研时恰逢周日，事先获知卫生院共有 14 名员工，但在院内呼唤探寻良久却无人接应。相形之下，即使在午餐时间，个体医生噶玛江措的诊所里也有一男一女两名工作人员轮流值班。

最后，县一级妇科技术力量薄弱，欠缺应急反应能力。20 世纪 60—70 年代，玉树、果洛地区的卫生机构虽然房屋设备简陋，却因有北京、西安和青海医学院分来的毕业生行医，在牧民中享有医术优良的美名。特别是妇科、儿科和内科，还能吸引周边县里的居民来就医。1984—1985 年，科技人员流动渠道逐渐放开，这些外来医生全部奔向大城市或东南沿海地区。用达日县人民医院前院长耿尼大夫（藏族）的话来说："县医院的技术力量一下子降到乡镇卫生院水平，这个损失到现在还没有恢复。"他认为，虽然省里的医疗队每年在文化、科技、卫生"三下乡"活动中会来巡回医疗一次，但满足不了当地日常的医疗需求。培养能够长期服务于本县居民的当地人才，提高县里的卫生服务能力才是根本。为此，他主张通过派人外出接受培训和开展对外合作项目，逐渐壮大县级卫生机构的服务能力。

在笔者看来，耿尼大夫的判断对于称多县也适用。该县共有4.7万人口，人民医院的妇产科兼具计划生育服务、孕产妇保健和妇科病治疗职能，可是妇产科仅有一位医生，只有接生时才有护士相助。这位大夫是汉族，玉树州卫校1996年毕业生，曾在青海省二院妇产科培训一年，现在独自应对这许多业务实属不易。笔者到医院调研时偶遇一对年轻牧民，从50公里之外前来询问如何采用节育措施，却见这位妇科医生不能用藏语与他们沟通。还是笔者从走廊找人做翻译，才帮助这对小夫妻听懂了医嘱。可见，在牧区行医还需要具备医疗业务之外的藏语交流技能。其实，玉树、果洛一些罹患疑难杂症的牧民，早有远行去相邻藏区求医的惯例。笔者在玛沁县走访过的一位女性牧民，2003年患腰椎结核，就是去四川阿坝州府马尔康医院做的手术。她之所以舍近求远，是因为此前听一位懂藏医的居士说过，那里的医疗条件比本州医院强，而且大夫能用藏语和病人交流。

称多县医院妇产科的情况虽然在藏区属于少数，然而在大多数拥有县级妇科保健队伍的地方，队伍的"战斗力"却因保健机构分散而削弱。例如，玛沁县总人口仅4万人，达日县不过2.3万人，可是政府部门和公立服务机构的建制总是在向人口大县看齐。县医院妇产科与妇幼保健站"分家"，就是一个明显的例子。分家之后，每边都只剩4—5人，原本就力量薄弱的队伍连规模效益也丧失了（见案例5）。虽然省政府给各县都配备了计划生育服务车和医疗服务车，可由此而来的流动服务一个乡一年只得到一次。至于针对孕产妇的需求构建机动反应能力，在这些县就更谈不上了。笔者走访过的中青年牧业妇女，在身体严重不适的情况下，都是经家人设法运送到州、县医院求治的。

案例5. 玛沁县医院妇产科主要服务项目及价格。

玛沁县医院的医护和技术人员共计38人，妇产科现有4人，年龄29—39岁。以前，妇保站与妇产科是"一套人马，两块牌子"，共有医务人员12名。2003年SARS疫情之后，妇保站与防疫站合并在一起，组建了疾控中心。县医院妇产科因之瘫痪，不得不用3—4年时间培训人员重建。笔者从妇科医生王桂花和德央（藏族）那里获知，她俩都是1996年的果洛卫校毕业生，曾在乡镇卫生院工作，调到县医院后，两人分别被派到青海省二院和红十字医院进修半年。她们科里的业务主要是计划生育服务、接生和治疗妇科疾病。经常诊治的疾病是附件炎、盆腔炎和宫颈炎，能做B超，但做不了刮片化验。至于产前检查，主要是用B超看胎位是否正常，做一次收费25元；此外还要听胎心，检查一次收费5元。输卵管结扎手术加麻醉共收费200元。产妇住院分娩若为顺产，收费大约200元，住院床位每日收取15元。产妇倘若难产，即转送州医院。

（根据笔者2007年7月3日的访谈记录整理）

进一步讲，牧民家庭对孕产妇保健服务的需求受到如下限制：第一，家庭成员普遍欠缺健康知识，尤其不了解通过预防医学对孕产妇实施照料的作用。20世纪40年代，任乃强先生对游牧妇女产子之后的行为就有过形象的描述："人与风露雨雪烈日相习久，体极顽健。妇人产子即自抱往水边浴之……无所谓'月母子'也。"（任乃强，1932）如今的牧区产妇和新生儿得到的照料已相对改善，但孕妇也只是在觉察妊娠发生危险后才去检查，往往错过最佳干预时机。例如住在达日县满掌乡卫生院附近的银措（39岁），生育子女5个都未做产前检查。不想第4个小儿出生后才发现先天性听力失聪，如今这位10岁的儿童成了聋哑人。

第二，若按服务包设计去卫生院或医院接受孕产妇保健服务，牧民夫妇必须至少离家5—6次，每次耗费大半天甚至更长时间。家中若无老人，只能请人照管牛羊及其他家务。对于散居的牧民，如此获得保健服务的机会成本太高。

第三，家庭现金支付能力的限制。就产前检查而言，即使服务免费，多次检查需要支出的交通费，也会使贫困孕妇放弃利用这些服务。至于住院分娩，即便有合作医疗基金报销和"降消项目"补助，必须自付的费用依然会显著影响贫困家庭的决策（见案例5）。笔者从达日县满掌乡布东村的根桑措（27岁）家，获知当地牧业妇女住院分娩的花费。根桑措的家离乡卫生院50多公里，距县城吉迈镇105公里。她的第3个小孩是两年前在县医院出生的，家里为此花费1000多元，从合作医疗基金得到500元的补偿。与此相对照，在2006年玛沁县的"降消项目"中，对30名住院分娩的贫困产妇共补偿医药费2500元，平均每人不足84元。假定她们此前的花费和报销的部分与根桑措的相似，自家还是要支付400多元，相当于本地贫困标准（年人均纯收入800元）的1/2。可是，调研地区一般牧民家庭的人均现金收入还低于这个标准。

适当的产前照料，指的是对维护孕产妇及其胎儿乃至新生儿的健康必需的卫生服务。虽然降低孕产妇死亡率和消除新生儿破伤风对于保证个人享有一个健康的生命开端至关重要，但以此为目标的保健项目毕竟强调的是生命的"存活"而非生命的健康。在青藏高原地区普及现代医学之前，藏族牧民的生命繁衍过程并无任何人为干预，一直以高出生率和高死亡率为特征。尽管能够存活的新生儿一般生命力较强，但这样的生育模式无疑对妇女儿童和家庭福利造成严重损害。当前的生殖健康干预已经取得了降低孕产妇和新生儿死亡率的成果。然而，在存活的新生儿当中，先天发育不足或因分娩留下缺陷的情况并不鲜见。这些儿童不仅会由于疾病风险高于平均水平而导致家庭经济脆弱性增大，而且在成人后更容易落入贫困陷阱。这种现象的规避，如今显然不能听凭生命形成过程中的自然淘汰，而必须依靠产前照料程序保护胎儿健康。

保障贫困家庭的孕妇和胎儿及时获得这样的服务，有助于出生在这些家庭的个人获得健康的生命起点，从而也就意味着把减贫战线前移到生命形成之时。如此可见,保证每个生命都享有适当的产前照料,符合消除贫穷的社会目标。在经济全球化时代,农牧家庭出生的孩童成人后,将与生长在城里的同龄人,乃至其他国家的同龄人"同场竞技"。缩小不同个人之间在产前照料方面的差距,将有助于降低先天的健康不均等,从而减少不同个人在人生起跑线上的差距。在这个意义上,保证每个生命都享有适当的产前照料,同时也符合社会正义原则。正因为如此,适当的产前照料可以视为一种社会价值产品(merit good),它对个人产生的益处符合社会的期望。或者说,这种产品(服务)的消费所包含的社会价值,并不以消费者本身的愿望和偏好为转移①。为此,有必要由政府采取行动,如同实施强制性义务教育一样来推行适当的产前照料。

五 政策性结论

本报告针对严重影响藏区农牧妇女健康的传染病、妇科疾病和孕产期照料不足的问题,分别探讨卫生服务的供给者和消费者群体在疾病防治中遭遇的困难和自身存在的不利因素。我们的调研表明,藏区农牧妇女面临的疾病威胁多与贫穷相联系。可是,健康服务特别是妇女健康服务,恰恰是藏区发展和扶贫计划实施中的薄弱环节。一方面,公共卫生服务供给系统缺少足够的运行经费、性别平衡的乡村服务网络、有效的激励机制和良好的服务能力;另一方面,大多数地方政府、社区和农牧住户对于清洁居住环境、防治疾病和妇女保健尚未给予充分的重视,因而也未主动参与健康促进活动。进一步讲,多数农牧妇女及其家庭成员既欠缺必要的健康知识和信息,又未具备基本的卫生习惯,还由于财务和时间的限制而未能充分利用现有的卫生服务。特别是在农牧家庭内部资源分配中,

---

① 关于社会价值产品的定义,参见 Dr. Paul M. Johnson, 1994, "A Glossary of Political Economy Terms", www.auburn.edu/~johnspm/gloss/merit_good, 2008 年 1 月 15 日下载。

男性相对于女性处于优先地位。当妇女的保健需求并非急切，而且与男性家庭成员的需求发生冲突时，选择放弃的往往是妇女。因此，她们面临的健康风险高于男性。事实上，病弱的农牧家庭主妇不但难以给予全家良好的营养和健康照料，而且还会因其自身的疾病负担而加深家庭的贫困程度，并且容易造成子女发育不良，进而导致贫穷的代际传递。

云南藏区中的村级卫生网和妇女组织的发展，以及爱德基金会在甘肃藏区实施的妇女病防治项目表明，通过增加对公共卫生投资和卫生服务机构管理制度的创新，明显地减少了农区妇女获得保健服务的障碍。这表明，只要针对农牧妇女面临的健康风险采取公共行动，妇女保健服务供给和消费领域中存在的诸多不利因素是可以逐渐克服的。为了强化藏区发展和扶贫计划中的妇女健康促进环节，还需要政府采取如下干预措施。

第一，为了提高农牧藏区疾病预防的有效性，需要中央和省级政府继续增加对这些地区的公共卫生投入。同时，有必要以专项拨款的方式，促使地方政府继续投资于农牧区的基础设施和公共服务，改善农牧民居住环境，修建安全饮水设施，探索可行的卫生厕所建设以及粪便和垃圾处理方式。

第二，设立农牧藏区节水清洁技术研究项目，并通过县乡村行政渠道进行广泛的社会动员，以农牧妇女为主要推广对象，开展健康教育活动，促进农牧家庭居住和餐饮卫生状况的改善。同时，以农牧民喜闻乐见的方式，例如电视健康节目，持久地开展健康知识和信息传播行动。特别是在学前班和中小学设立卫生课，从儿童教育开始，培养农牧藏区居民的卫生习惯。

第三，整合农牧藏区县一级妇科卫生服务队伍，更紧密地将计划生育、妇女保健和产前照料服务相结合，增强县乡卫生机构的互补性和网络服务功能。省级卫生行政机构有必要设立专项技术援助，从设施配备、人员培训和组织管理制度创新等方面，以"硬件"援助和"软件"支持相结合的方式，强化牧区县级妇幼卫生服务机构的机动反应能力。这样才有可能在人口居住分散的牧区，对影响孕产妇、胎儿和新生儿健康的危险因素，及时有效地加以干预。

第四，将提高妇幼保健队伍的业务能力列入藏区扶贫计划，增加妇科卫生人员外出进修机会，促进不同省份藏区卫生机构之间的交流。例如，在海拔稍低的藏区特别是农区，妇科技术力量一般都强于海拔较高的地区尤其是牧区，因而有必要从前一类地区组织医务人员，到后一类地区开展培训和示范等援助活动。一方面，来自相邻藏区的援助人员适应高海拔环境的困难较小；另一方面，他们的卫生服务经验在受援地区实用性更强。进一步讲，低海拔农业藏区还可以方便地从省城获得卫生技术援助。从成本—收益关系来看，如此按照地区海拔梯度，采取逐步递进的方式组织"卫生下乡"活动，实际效果将优于从省城甚至直辖市组织医疗队长途跋涉，远行高海拔牧区短期巡回的办法。

第五，针对牧区乡镇卫生院欠缺流动服务动力的问题，尽快建立为牧民提供上门服务的激励机制。这不仅需要医务人员的敬业精神，而且还要贯彻严格的管理制度。例如，发放孕产妇保健全程服务卡、儿童计划免疫服务卡和传染病患者跟踪服务卡，等等，根据服务获得者的签字，以及目标管理考核结果，向医务人员发放公共卫生服务报酬和交通（燃油费）补贴。这类制度，通过"社区医生责任制"的形式，早已在浙江省贫困地区的淳安县推行。爱德基金会采用类似的管理模式，在卓尼县实施的妇女病防治项目中也收到了良好的效果。可以说，如果不能在公立卫生机构建立内在的激励和约束机制，政府无论增加多少投入，也难以使贫困孕产妇受益。

第六，培养女性村级卫生员，以顺应藏族文化风俗的方式保证村庄（居住点）卫生服务的供给。进一步讲，对于藏区卫生队伍的建设，不仅要强调性别平衡，而且还需要把藏语使用能力列入医务人员考核指标。否则，"为牧民做好卫生服务"就很可能变成一句空话。

第七，在藏区孕产妇保健项目中，把胎儿健康纳入目标管理。例如，针对青藏高原的流行病，对期望生育的妇女进行传染病筛查，以预防性病、结核和肝炎等疾病的代际传染；对孕妇补充叶酸，以预防胎儿神经管发育缺陷；对孕妇补碘，以预防儿童先天痴呆症；对罹患贫血症的孕妇补铁，以预防胎儿低体重甚至死亡；等等①。

第八，强化对贫困妇女的医疗救助。一方面，通过财政购买孕产妇保健标准服务包的形式，在藏区实行农牧业孕产妇免费保健制度，并对贫困家庭因高危孕产妇而支付的额外交通和保健服务费用给予补贴；另一方面，对贫困妇女治疗妇科病予以补助。

参考文献

王志远、马万年、闹加曼、尕藏卓玛：《高原牧区 1132 例藏族妇女生殖健康情况调查分析》，《卫生职业教育》2008 年第 8 期。

扎呷、卢梅：《西藏牧民：藏北安多县腰恰五村的调查报告》，五洲传播出版社 1998 年版。

杨恩洪：《藏族妇女口述史》，中国藏学出版社 2006 年版。

房建昌：《藏传佛教女尼考》，《中央民族学院学报》1988 年第 4 期。

俞湘文：《西北游牧藏区之社会调查》，商务印书馆 1947 年版。

张济民主编：《青海藏区部落习惯法》，青海人民出版社 1993 年版。

孙怀阳、程贤敏主编：《中国藏族人口与社会》，中国藏学出版社 1999 年版。

联合国开发署：《中国人类发展报告 2005：追求公平的人类发展》，中国对外翻译出版公司 2005 年版。

周希武：《玉树调查记》（吴均校释），青海人民出版社 1986 年版。（周希武的《玉树调查记》第 1 版由商务印书馆于 1919 年印刷发行）

饶克勤、刘远立：《中国农村卫生保健制度及相关政策问题研究》《卫生改革专

---

① 参见世界卫生组织欧洲地区办事处健康支持网（Health Evidence Network，HEN），2005，"What is the effectiveness of antenatal care? – Lifestyle considerations"，www. euro. who. int/HEN/Syntheses/antenatalsupp/20051219_ 6，2007 年 12 月 28 日下载。

题调查研究》，中国协和医科大学出版社 2004 年版。

耿兴敏：《六项重大公共卫生服务项目启动》，《中国妇女报》2009 年 6 月 19 日。

王洛林、朱玲主编：《市场化与基层公共服务——西藏案例研究》，民族出版社 2005 年版。

王洛林、朱玲主编：《后发地区的发展路径选择——云南藏区案例研究》，经济管理出版社 2002 年版。

任乃强：《西康札记》，新亚细亚月刊社第二版，1932 年。

俞湘文：《西北游牧藏区之社会调查》，商务印书馆 1947 年版。

李增浩、李晓东：《青海卫生资源总量增长结构优化》，《健康报》2007 年 1 月 31 日第 1 版。

附录　甘肃藏区农牧妇女访谈系列

甘肃省农村是我国贫困发生率最高的地域之一，也是中央政府推行的扶贫计划最早覆盖的地域之一。从 1982 年实施"三西（定西、河西、西海固地区）建设工程"算起，到如今已将近 1/4 个世纪。此间，中央政府和社会各界的扶贫力度不断加大。然而极端贫困的现象依然存在，贫困缓解的速度逐渐减慢，甚至曾出现停滞。眼下的问题已经不在于政府是否投资欠发达地区和贫困人口，而是在特定地区如何投资、用什么样的制度安排来保证低收入群体和贫困人口受益。带着这一问题，中国社会科学院藏族聚居区发展研究课题组于 2006 年 8 月在甘肃南部的少数民族地区展开乡村调查。所到之处，分别为临夏回族自治州和甘南藏族自治州的辖地。两地皆有多民族杂居，各民族农牧民互通信息、互相学习，积极从市场经济中寻求脱贫机会，显示出良好的进取精神和应变能力。当然，外部援助对于农牧民改善生产和生活条件、实现自力更生，发挥了良好的支持作用。这一切，在笔者的农牧户访谈记录中或多或少都有反映。以下便是循着这条线索，从观察妇女生存状态的角度，由访谈记录中选择整理出来的案例故事。故事主人公（凡涉及个人隐私之处皆用化名）的命运，无疑也折射出当地农牧民生活的一般现状。

8月4—13日，课题组在卓尼县和夏河县做调查。这两个县都是国家贫困县，属于甘南藏族自治州。甘南州地处青藏高原东北边缘的甘、青、川三省交界处，全州66万人口中藏族将近占50%，其余主要是回族和汉族[①]。书称当地藏民的祖先，或是最早的土著羌族苗族，或是晋代以后从青海过来的游牧部落，或是唐朝时期来此驻扎的吐蕃军团（俞湘文，1947）。日久天长民族杂居，甘南藏族的生活习惯和举止言谈都发生了强弱不等的变化。如今牧区藏族仍讲安多方言（藏语），农区藏族则多用汉话，从而使我们的访谈节约了不少翻译时间。课题组在卓尼县重点调查农区，在夏河县主要走访的是牧区。

与笔者在西藏村落走访过的妇女相比，甘南藏区农牧妇女有如下相似的社会经济特征：第一，劳动负担重，干活时间长。牧区女子背水、做饭、放牧、挤奶、打酥油、照料小孩，从早到晚少有闲暇。加之饮食单调，营养不全面，多数人年过半百，便已累弯脊梁。农区妇女与之相仿，只不过生产劳动场所主要在田间而非牧场。第二，女性农牧民受教育程度普遍低于男性。在30岁以上的农牧妇女当中，多数没有上过学，念过两三年书的人都可谓凤毛麟角。第三，在上述背景下，艰苦的生存环境、短缺的卫生服务和贫穷的经济状况，使生活在高海拔地区的藏族农牧妇女较之低海拔地区的女性农牧民健康风险更大，妇科发病率更高。

甘南与西藏农牧妇女之间的显著差别，首先，前者所处区位的交通相对便利，她们与其他民族的交往相对频繁。尤其是甘南农区藏族妇女，由于能够使用汉语而信息渠道较多，视野较开阔。其次，相对开放的环境和多民族通用语言的掌握，使甘南藏族农牧妇女具有较大的活动半径。例如，西藏农牧妇女很少远行，即使偶尔

[①] 参见甘南藏族自治州人民政府网页，2006年，《甘南概况》，www.gn.gansu.gov.cn/content/gngk/06/4/23//56.asp。

远离家乡也多为转经朝佛。甘南藏族妇女则不乏外出经历，特别是年青一代农区妇女，勇于离乡出县甚至跨越省界西行边疆，为增添家庭现金收入寻找机会。当然，甘南的男性藏族农牧民也具备这两个特点，而且他们的生产和经营活动往往对家庭中的女性成员具有示范作用。

案例1. 中心户长。

从卓尼县政府官员那里了解到，县里最穷的地方，是"东三乡"（位于县域东部的三个乡）里的柏林乡。那一带高寒缺水、人多地少、土壤瘠薄，近20年来多多少少总有些扶贫项目，例如人畜饮水工程、农电线路架设和种养业技术推广，等等。为了观察扶贫效果，我们在确定调研点时即首选柏林乡。这"东三乡"好似卓尼县辖区的一块"飞地"，距县城柳林镇85公里左右，中间隔着临潭县两个乡的"地盘"。也许正因为远离本县行政中心，去柏林乡的路况很差，我们乘坐的"依维柯"中巴颠簸了3个来小时才抵达乡政府。

听乡长说，此地的无霜期一年才100多天，庄稼只能收一季。20年前，农户主要种植大麦、小麦、青稞、洋芋（马铃薯）、豆子和油菜。由于作物产量不高，打下的粮食、菜籽差不多都用于自家消费。当时大约70%的农户穷得连大门都没有，现在大多数家庭已经改造过旧房或者建过新房，主要靠的是种当归挣下的钱。柏林乡紧邻有名的"当归之乡"岷县，两地居民历史上就相互通婚，迎娶过来的人不少会种当归。20世纪90年代，距此50公里的岷县中寨药材市场繁荣起来，刺激柏林乡农户成规模地种植当归。2000年，国家投资建成九甸峡水电站，顺便修通了这一带通往渭源的公路。从柏林乡到渭源县的会川药材市场只有60公里的路程，那里的当归价格比岷县的高3—5角（每斤）。这不仅将柏林乡部分当归销售量分流到会川镇，而且还促使农户进一步扩大种植面积。当归种植很费工，男女老少都要下地，妇女比一般人辛苦得多，因为她们还要看娃、做家务。

问及妇女的生育状况，乡长介绍说，当地实行的是农区一对夫妇2孩、牧区3孩的规定。计划生育管理很严格，这件大事乡党委书记、乡长都要抓，乡里的计划生育专干、驻队（村）干部，村里的党支书、村委会主任、村民小组长和"中心户长"都要管。中心户长是计划生育管理网络的"网底"，由村里的女能人担任。这条信息引起笔者的探索兴趣，于是在走访牛营大寨子自然村的时候，找到一位名叫杨雄娃的中心户长。甘南农区藏家多有汉姓，杨雄娃家也不例外。明朝正德年间（1505—1521），皇帝赐卓尼藏族土司杨姓。直到现在，"杨"还是县里的一个大姓，尽管其中大多数人与杨土司家族并无亲缘关系。

杨雄娃说一口颇似陕北方言的汉话，一身短打，满面朴实，有问必答。遇上说不清的事情，几乎都要解释道："掌柜的（丈夫）管事，他知道。"原来，这个中心户长在自己家里并不主事，当地农户一般都是男的当家。雄娃告诉笔者，中心户长是乡里指定的，每40户有一个，政府每年给50元补助。她2006年刚上任，责任是看到管片的妇女怀孕，就及时报告驻队干部。另外，乡里通知开会便去参加，丈夫是村民小组长，有时候还替她去开会。雄娃33岁，没上过学；丈夫年长两岁，初中毕业。夫妇俩育有一双儿女，12岁的儿子上小学5年级，女儿才5岁。雄娃说，娘家姊妹6个，父母供不起孩子上学。她生了2个小孩就做节育手术了，经济负担比父母那时候要轻，一定要让孩子们都上学。

雄娃的公婆生育了2男4女，故而土地承包的时候有8个人的地。到2005年兄弟分家的时候，公婆健在，姊妹均已出嫁。弟兄俩每家分得7.5亩土地，一位老人，所以现在每家都是5口人。笔者惊诧何以会使老年夫妇做起牛郎织女？雄娃回答，这是村上的老人们裁决的。一旁的乡干部老李补充说，当地赡养老人的方式不止这一种，分配赡养责任的办法也没有定数。一般情况下，老汉喝酒抽烟费用高，老婆生活节省还能看娃做饭，分家的时候弟兄们都想要老妈。有时候自家老人决定跟谁过，有时候需要请外人（亲戚）

裁决。笔者见到，雄娃的公公穿戴得整整齐齐地在院子里晒太阳。他2006年曾患肺炎，治愈花费上千元。眼下年届73岁，在这个贫困的山村属于高龄人士。这说明，家里人对他的照料还是周到的。

雄娃的一个姐姐嫁在岷县，10年前她去姐姐家学来了种当归的技术，回来后每年种植当归2亩。她说，这是地里最重的农活，光是栽苗子就需要一个月，种下去以后天天都要管。好年景里她家能收2000多元，碰上2006年这样的雹灾，能收二百来元就不错了。除了当归以外，家里还有一个现金来源是喂猪养羊。村里差不多每家每年养2头猪，1头自食，1头出售。雄娃家原先养了十三四只绵羊，当地成年羊的价格在150—250元/只。她家养羊主要为自食和卖羊毛，每斤羊毛能卖2元。2005年，政府分给雄娃家10只绒山羊（小尾寒羊），规定1年还2只羊羔，连续还5年，此后的羊羔和当初分下的大羊都归个人。

雄娃所在的行政村有330多户人家，只有49户领到了羊。老李解释说，这是县扶贫办的一个"整村推进"项目，领羊户的条件是有饲养经验。笔者问道："那不就把没有养羊经验的穷人排除在外了吗？"老李以问作答："把羊分给没经验的人，要是都喂死了咋办？"一语道破了饲养项目包含的技术风险。尽管雄娃夫妇在村里都算得上能人，但小尾寒羊是从外省引进的新品种，到了甘南大都水土不服。她家领来的10只羊已经死去3只，幸亏后来添了1只羊羔，现在还有8只。2006年，雄娃从绒山羊身上"刮下"1斤羊绒，卖了150元。至于今后是否愿意归还羊羔，雄娃回答："愿意！人家白给了10只羊么！"

（根据笔者2006年8月6日的甘肃农牧区访谈笔记整理）

案例2. 打工藏女。

卓尼县纳浪乡地处该县中部，与河水平行的公路横穿全乡，通信、教育和卫生服务等条件在县里均属中上。这一切，都为农户发展多种经营和外出打工提供了便利。西尼沟是该乡的一个藏族村，村民的先人来自青海。近百年来，住户先后凭借家长的喜好选了汉姓。村里不少妇女的名字都以"草"字结尾,例如:卢主牙草、杨高麻草、蒙婆婆草和孙达尼草,等等。也有人干脆起了汉名,例如李小蕙和王一珠。若非与她们攀谈过,单从名字上看,肯定想不到她们是藏族人。小蕙长相俊美,颇似妩媚的印度姑娘。虽是麦收时节,从地里忙忙地赶回家来,却依然是粉黛浓妆。她2006年25岁,是家里3朵姊妹花中最年少的一个。两个姐姐嫁在本村,小蕙跟父母(50多岁)一起生活,从3公里之外的岷县西寨乡招赘了个汉族夫婿(姓严),现已养育一双儿女。家里的"李"姓,是老爷爷的选择,她的名字是父亲起的。小蕙家有10多亩承包地,在村里算是土地大户。当年实行"大包干"的时候,她家人多分的地也多。后来爷爷奶奶去世、姑姑出嫁,把地留给了小蕙父母。目前6口之家有7口人的地,不过这只能保证她家不用买粮,要花钱还得靠外出打工。

西尼沟村几乎家家户户都有人在内蒙古或者新疆打工,小蕙的丈夫已连续3年去新疆。他每年在那里的农场干6个来月,能带回2000—4000元钱。2005年,有个老板到村里招人去新疆摘棉花,小蕙应征前往。她虽未上过学,对关键性的数字却都记得很清楚:从兰州到乌鲁木齐坐火车,105元一张硬座火车票。到乌市后,老板包车把摘棉人送到农场。小蕙干了2个月,摘1公斤棉花挣6角钱,总共挣了1500元。笔者禁不住连连称赞她能干,小蕙微微一笑说,家里农活多,又有小孩(男7岁,女3岁),父母忙不过来,以后不再去了。

王一珠是被卫生院的大夫请到李小蕙家里来的。她2006年40岁,从未出外做过工,因为家务离不开。一珠家5口人只有2亩地,农活自然不如小蕙家多。公社时代,小蕙家归属的3队就比一珠家所在的4队人均土地多。一珠丈夫家弟兄4个,分家时婆婆分给老二家,70多岁的公公跟她家过。这2亩地就是公公和丈夫名下的,一珠和两个儿子都没有地。小儿子(16岁)正上初二,特别喜欢上学,可一珠愁的是供不起他上学的费用。丈夫曾连续3年去内蒙古打工，头两年回家一年带回2000多元，2005年在打工地点生了病，没挣到钱。回来查出胆囊有病，2006年还没治好。18岁的大儿子替代父亲去了内蒙古，现在家里挣钱就靠他了。王一珠只要有空，就上山挖草药。夏季4—5天时间挖下的草药，拿到西寨市场大约能卖10多元。她说，西尼沟是个穷村，外头的姑娘不愿嫁进来，本村的姑娘盼望嫁出去。全村1200人中有20—30个光棍汉，比起他们，她家虽说困难，却还不算最穷的人。

然而，家庭经济状况直接影响妇女的决策行为。这从小蕙和一珠对于治疗自身疾病的意向差别中就可以看出来。2006年5月下旬，乡卫生院执行爱德基金会（中国基督徒民间团体）的妇女病防治项目，把仪器拉到村里普查妇女病。陪同笔者访谈的卫生院护士说，她俩都查出宫颈炎。可是小蕙和一珠都说，检查后医生曾告诉她们患病，可自己没记住病的名字。问到病因和预防措施，她俩都不知晓，令在场的护士无比尴尬。当告诉她们可以免费治疗时，小蕙表示，即使自己付钱也愿意治病。一珠已经享受过一次免费治疗，可是觉得没有见好，不想再花时间跑卫生院。她还患有附件炎，从未治疗过，说是没钱吃药，钱都给儿子上学用了。笔者劝她先坚持治疗宫颈炎，今后有治疗其他妇女病的项目也要积极参加，免得小病变大病，既损失劳力又得花更多的医疗费。一珠频频点头称是，把笔者一直送到村口。

（根据笔者2006年8月8日的甘肃农牧区访谈笔记整理）

案例3. "无语"的保健员。

自从知晓农牧妇女多患妇科病，笔者只要到了村里，就想找个女卫生员谈谈，以便询问妇科病防治情况。可是在藏族村落，女卫生员并不多见。在夏河县牙利青乡卫生院访问时，听说尼玛龙村有个女"保健员"（当地的称呼），就赶紧找了去。不曾想，正碰上村里人办丧事。更不巧的是，去世的人是保健员丈夫的祖母。当地藏族有一条风俗，丧葬期间，逝者的近亲自愿保持沉默无语。笔者遭遇的情形在于，村里与逝者关系较远的人去了夏季牧场，关系较近的人都在逝者的宅院忙活。无奈之下，只好请一名暂做翻译的乡干部陪同，去观察一下保健员执业的地方。正在她家门口张望的时候，跑过来一个带着弟弟的小姑娘，告诉我们："妈妈在那边！"顺着她们的手指看去，一位双手抱着伞盖状大转经筒的少妇，正在对面宅子的露台上看着我们。不一会儿，她就抱着转经筒缓缓地过来了。非但她不说话，她的长子也无语，两人只是用眼神表达善意，引领我们进屋参观。住宅一层朝向公路的房间显然已辟作店铺，经营的项目可谓五花八门。那一对活泼的小男女毫无禁忌，叽叽喳喳地介绍情况（他们在"村小"学会了普通话）：

（1）因为他俩是小孩，所以今天仍然可以说话、吃东西。

（2）妈妈开小铺子，卖很多东西：衣服、糖果、蔬菜、日用杂货、学习用具，还有药品。

（3）铺子里的轧面机主要由妈妈操作，给别人轧面要收钱。

（4）走廊上的摩托车是爸爸的，窗台前的电话机是公用电话，别人打电话要交钱。

从这些介绍和住宅一层的摆设来看，女保健员的家境在村里属于中上。笔者无从了解她如何执行保健员职能，但是从夏河县疾控中心刷在她家宅院外墙上的标语推断，这里是尼玛龙村的病人常来常往的地方："疾控中心免费检查治疗肺结核。"

（根据笔者 2006 年 8 月 11 日的甘肃农牧区访谈笔记整理）

案例 4. 穷人的投资。

通常的观念以为，穷人的生活常态是收不抵支，所以能勉强维持温饱就不错了，很难设想会有什么投资。我们在甘南的调查表明，大多数农牧户虽然贫穷，但都有投资于物质资本和人力资本（教育和健康）的倾向。夏河县桑科乡曼玛村 4 组的卓玛一家，做出的投资决策可谓颇具远见卓识。

找到卓玛一家的时候，她们正在海拔 4300 米左右的夏季牧场做奶酪。在向阳的山坡上，散落着七八顶牦牛毛制成的帐篷。据说头天晚上大雨，这里的牧人为防水灾通宵未眠。帐篷里到处都湿漉漉的，卓玛在灶旁空地上为笔者铺上一块坐垫，又给炉子里添加了几块牛粪饼。熬奶酪的大钢精锅突突冒起热气，给帐篷增加了点儿暖意。问起卓玛冬季住何处，她说村里有定居点，家里还在县城跟前的九甲乡（村）买了房。笔者去过设在九甲的县疾控中心，知道那里距城区不过半个多小时的步行距离。只是那里距牧区还远，所以饶有兴趣地跟她聊起买房动机和资金筹措等问题来。

卓玛叙述道，那房子是两家共用的，她买房是为了带孙女孙子到城里上学。这两家是卓玛的子女2006年年初分家形成的。分家时共有12人，一边分了6人，卓玛和丈夫分属两家。笔者问她是否愿意与丈夫如此分离，卓玛和充当翻译的驻村干部连连解释：她和丈夫实际上是生活在一起的。分家时两边的子女都抢着要赡养父母，只好一边分配一位老人。不过，晚上他俩随便住哪一家都行。在夏季牧场，卓玛儿子家就住在十来米远的地方。那边帐篷里也有本课题组成员，所以笔者不再追问另一家的情况。卓玛2006年58岁，念过一年书。这边家里有个29岁的儿子，名叫洛桑丹增，在寺院做和尚。长女根藏吉没上过学，招赘了一位上过学的女婿，名叫丹正加。孙女拉仲吉（10岁）和孙子朝杰（7岁）都是在九甲乡（村）上小学，现在在牧场玩耍。到开学的时候，卓玛就带她俩去上学。那里的条件比桑科乡好，以后在县城上中学也方便。

在九甲村买房花了5万元，为此欠债2万元。2005年农历腊月，洛桑丹增向别的和尚借钱，利息按每1000元每月15元计算，讲定1年还1万元。问起为何不去信用社借钱，卓玛说那里要抵押。卓玛家以牧业为生，还款自然靠出售牛羊。

（根据笔者2006年8月13日的甘肃农牧区访谈笔记整理）

（原载《管理世界》2010年第10期）

后发地区的发展路径和治理结构选择

——云南藏区案例研究①

在当今世界,任何一个发展中国家都会或多或少地遭遇地区发展不平衡的问题。缩小地区差距既是发展的一项重要内容,又是促进社会融合和维护国家统一的需要。中华人民共和国成立以来,中央政府一直对西部欠发达地区采取持续提供援助的政策。然而在一些受援地区例如藏族聚居区,这些政策并未取得明显的效果(孙勇,1999)。为了弄清其中的原因,我们课题组于2000—2001年在云南迪庆藏族自治州展开个案研究。以下将分三部分对课题组的研究结果进行综合讨论。首先,借助对发展理念的表述说明本项研究的分析框架。其次,通过对迪庆州生态、经济、社会和文化特点的观察,分析这一地区目前的发展路径和治理结构。最后,归纳具有政策含义的结论。

---

① 本文为中国社会科学院云南藏区社会经济发展政策研究总报告。本课题由中国社会科学院副院长王洛林教授主持,课题组成员主要来自经济所、法学所、社会学所、民族所、宗教所和世经政所6个研究所。课题由福特基金会和中国社会科学院资助。课题组赴云南从事田野调查期间,得到了云南省各级地方政府、村委会、访谈农户、学校教师、医务人员,云南省社科院和迪庆藏学研究所科研人员的大力支持和参与。在昆明逗留期间,与云南大学经济系和民族学系等人文和社会科学专业的师生们的交流,也使大家受益匪浅。本报告是对课题组分报告的综合,笔者在构建分析框架的过程中受益于与其他成员多次讨论的启发,在2001年8月28—29日的课题研讨会上得到评论员王晓毅和与会者的批评和建议,谨在此一并致谢。至于本报告中的任何疏漏和不足,皆由笔者负责。

一 发展的理念

1. 发展目标和发展路径

根据联合国开发署最近的定义，发展指的是创造一种能够充分发挥人的潜力的环境，使人们得以按照自己的需求和兴趣，获得富有创造性的和多彩的生活。在这个意义上，经济增长只是发展的一种手段，它可以扩展人们选择生活方式的能力。这其中最基本的能力是获得健康、知识、资源和参与社区生活的能力（UNDP，2001）。

如此看来，发展的目标变得简单而纯粹，那就是增进人民的福祉。与此相反，发展的路径却变得多维而综合（黄平，2001）。尽管一个地区或国家在特定时期需要制订侧重点有所不同的发展计划，但是那些与增进人类基本能力密切相关的产品和服务供给，以及协调经济、社会、文化和生态环境的制度安排却不应省略。因此，对某些地区发展迟缓或援助效果不佳的现象，就不能只在经济领域里找原因，而必须把研究视野扩展到经济之外。这也正是本课题组对藏区生态、经济、社会、法律和宗教文化进行多学科综合考察的初衷。

2. 治理结构

在发展目标和路径确定之后，一个国家或行政区域能否保持良好的政府治理和社会调动力，就成了决定发展计划成败的关键。

在任何一个国家或行政区域中，政府都是发展计划制订和实施过程中一个最重要而又最难监督的组织。尽管政府的职权是人民赋予的，理应代表全体公民行使这些权力。但是政府并非虚拟世界的机构，而是由现实社会中一群活生生的个人所组成的，这一群体的个人利益和目标并不必然与绝大多数公民的利益和目标重合或一致。因此，为了促使政府代表人民的利益，追求人民的发展目标，就需要一个恰当的制度安排来规范和约束政府的行为。这其中包含的道理和制度设计，部分地在治理理论中得到了表达。

在公共政策领域里,"治理"(governance)指的是一个国家在经济和社会资源管理中行使权力的方式(Dethier,2000)。良好的治理状态,取决于公民对决策过程的广泛参与,透明的和可预期的政策制定程序,以及可信赖的参与政策制定和实施的政府官员(von Braun,2000)。政府官员只有运用人民赋予的权力谋求公众的福祉,而不滥用职权和与职权相关的信息优势谋取个人或小集团的私利,才能被认为是可信赖的。这一特定群体的可信赖程度(accountability),取决于由政治和法律制度所创造出的激励和惩罚机制。这些机制的载体,是一个社会的组织结构。这些机制的有效性,在很大程度上依赖于一个社会是否具有与政府相互制衡与合作的其他组织。

如果缺少政府之外的组织资源特别是富有活力的基层社会组织,设计再严密的发展计划也不过是空中楼阁。原因在于,只有依靠这些组织,才能够最广泛地动员公民参与发展,将发展政策和计划付诸实践。可以说,这些组织的功能强弱,决定了一个国家的社会调动力和实施发展项目能力的高低。一些国际援助项目在社会调动力微弱的国家遭遇失败,而在社会调动力较强的国家获得成功的例子已经屡见不鲜。不过,说到社会动员,并不意味着动员方式只是自上而下。理想的方式是自下而上与自上而下的结合,中国经济改革中农业生产责任制的推广和乡村非农企业的崛起,可谓近20年来的经典案例。

在计划经济时代,整个中国社会都被纳入一元化的行政体系中,资源配置权高度集中。级别越低的政府和机构权限越小,上级能够比较容易地观察和监督下级的行为。也正是由于实行集权制,国家具有强大的自上而下的社会调动力。然而这样的制度束缚个人的主动性和创造力,窒息经济活力,因此最终导致市场取向的改革。在向市场经济转型的过程中,政企分开的趋势,使原有社会动员机制的有效性逐渐降低。行政权力的分散化趋势,扩大了各个层次政府官员和公共机构的权限。可是原有的治理结构既不足以激励掌握公共权力的群体增进其可信赖程度，又不足以监督和制约这些权力的行使。在新的治理结构尚不完善的情况下，出现了制度真空，寻租和腐败便乘隙而入且日趋严重。

鉴于腐败既非改革的副产品，又非市场经济的必然产物，而由制度缺陷所致，政府治理结构的变革和社会动员及协调机制的调整，就成了中国未来发展的关键。对于后发地区，在改革和调整中选择适合于本地生态、经济、社会和文化特点的社会组织和制度安排，更是实现以人为本的可持续发展的前提。

3. 案例分析框架

基于上述认识来审视本文开头部分提出的地区援助效果不佳的问题，对云南藏区（迪庆）案例的分析拟将围绕以下设问展开。（1）上级政府的援助对迪庆居民基本能力的改善（健康、知识、获得资源和参与社区生活）有着怎样的作用？（2）地方政府对公共资源的配置与当地居民的发展需求是否相契合？（3）迪庆的社会组织结构有什么特点？正式制度与非正式制度是否相契合？（4）藏族宗教文化对当地发展计划的制订与实施有什么影响？（5）迪庆未来改革和发展的突破口在哪里？

二 云南藏区案例分析

1. 人口与生态

迪庆藏族自治州位于云南、四川和西藏交界处，距昆明700多公里，辖中甸、德钦和维西3县，总面积约2.4万平方公里。1999年总人口达33.1万人，其中藏族人口约占1/3，其余为纳西族、傈僳族、彝族、白族、回族、苗族和汉族。

迪庆州地处金沙江澜沧江上游、青藏高原边缘，平均海拔3380米。由于高原生态环境脆弱，若要探讨那里的发展路径，首先就必须考虑环境保护问题。这里所说的生态环境，指的是人类活动加诸其上的自然。因此，环境保护实质上牵涉的是社会经济问题，而不仅是人类与自然的关系。讨论特定地域人口与生态的主题，必须关注不同社会群体的生活方式和经济行为对环境的影响，以及在环境变化中何者受损、何者受益。这样，才有可能找到特定地域人类发展过程中有效保护环境的机制。有鉴于环境保护需要支付成本，而又难以对所有受益于环保的人群收费，政府在这一领域中的利益调节作用就至关重要。一方面，它必须通过推行法律法规约束企业和个人的行为；另一方面，还需要通过收入再分配手段来补偿那些出于环保原因而经济利益受损的人群。当然，由于每个人的活动都会对环境产生影响，环境保护还有赖于个人的自我约束和相互监督。以此为基点来观察迪庆藏区人口与生态的关系，可以注意以下三类事实。

其一，与城镇人口相比，约占全州总人口88%的乡村人口加诸环境的压力较小。中华人民共和国成立后，迪庆地区的人口随着居民营养和卫生条件的改善逐渐增长。从1953年到20世纪90年代末，当地人口增加了107.3%。在人口压力下，耕地垦殖面积同期扩大了155.9%。自20世纪70年代以来，随着计划生育政策的实施，人口自然增长率逐渐稳定在2%以下。特别需要指出的是，此间藏族人口并没有因为获得生育政策优待而增长过快，自然增长率一直保持在1.2%左右（张传富，1994）。这其中，一个重要的原因就是藏族婚俗中的性别平等。配偶双方无论男到女家还是女到男家落户都不会遭遇社会歧视，结果也就导致了性别平等的生育观。当然，控制人口增长仅仅是维持生态平衡的一个必要条件但非充分条件。藏民由于其特有的宗教信仰和敬奉神山神水的文化习俗而敬畏自然、爱惜生灵。加之生活方式简单，保持着林木消费以不损害森林植被为原则的传统，因而使迪庆地区至今保有珍贵的生物多样性（尕藏加，2001）。

然而，在传统农耕社会之外，宗教习俗对环境保护的作用就十分有限了。对于现代生活和生产方式可能给环境带来的污染，例如工业废气和化学制品废弃物的危害，迪庆州的农牧民还缺少充分的认识。若要应对现代环境污染的挑战，还需要广大农牧民具备现代环保知识并采取集体行动。

其二，将近6600名的工商企业从业人员及其家庭属于对环境压力较大的群体。迪庆的工业企业以发电、建材、采矿、冶炼和酿酒行业的小企业为主，其中绝大多数重工业企业缺少有效的排放物处理设施。邻近虎跳峡风景区的一些矿冶企业已经开始污染环境，并与当地居民多次产生纠纷①。

其三，迪庆州包括地方政府公务员在内的财政供养人员接近1.8万人，这一群体及其家庭相对于总人口虽然数目微小，但加诸环境的压力却较大。1970—1998年，迪庆州境内有省、州、县三级6个国有森工企业从事森林采伐活动。在此期间，包括迪庆州在内的长江上游地区大规模的采伐活动严重破坏森林植被，不仅在本地造成大量水土流失、泥石流灾害频仍，而且导致江河下游泥沙淤积。这正是1998年长江洪灾后中央政府决定停止金沙江流域天然林采伐的直接原因。然而此前除了上级政府的财政转移，迪庆州各级政府的财政收入在很大程度上来自森林采伐和与之相关的经营活动，所以被称为"木头财政"。当地的财政支出由于主要用于维持财政供养人员的工资和福利而又被称为"吃饭财政"（李实，2001）。由此可以推论，森林采伐的既得利益群体主要由财政供养人员和森工企业就业人员构成。这从迪庆州林业局向中央和云南省政府申请财政补助的一份报告中即可得到印证。该报告称，停止天然林采伐后，全州1447名森工单位的职工失去了劳动对象。迪庆州每年减少经济收入93509万元，其中农民个人减收12817万元；国有部门减收56949万元，含地方财政减收6127万元；各种林业规费减收1964万元；余者为乡镇木材加工企业的损失②。

天然林禁伐后，农民并未获得任何补偿，森工企业职工则逐渐

---

① 中甸县工业污染源达标排放检查小组：《检查情况通报》，2000年8月18日。
② 迪庆州林业局：《迪庆州天然林保护工程及退耕还林（草）实施情况及请求帮助解决相关问题的汇报》，2000年。

转入新建的国有林场，从伐木人变为护林员。州政府从上级那里得到了连续5年提供财政补偿的承诺，加之强有力的新闻舆论监督、自治州领导层观念的转变，以及上级政府查办违禁县域主要地方官的威慑作用，使禁伐令得到了贯彻①。值得庆幸的是，当地政府正在推行以旅游业为先导的增长战略，而环境保护恰恰是旅游业发展的一个重要前提，这使得政府从业人员的利益与环境保护目标趋于一致。不过，这并不意味着财政供养人员对环境的压力已经解除，在来自新产业的财政收入还不足以弥补支出缺口的情况下，这种压力始终存在，并且极有可能通过实施短、平、快的旅游业投资项目释放出来。

这个案例表明，在缺少有效监督和制衡机制的条件下，尽管保护环境是地方政府的职责，但是当环境保护恰恰损伤政府从业群体的利益时，通常它就会被置于直接的经济利益之后。这并不是迪庆州独有的现象，而是全国各地普遍存在的现实，否则中央政府列举的那些污染严重的小企业何以会屡禁不止呢。以往通行的解释是中央和地方利益的冲突。这个含混的提法部分地掩盖了事情的真相，因为这个问题所涉及的"地方利益"，实质上是地方政府和污染企业就业人群的利益。

进一步讲，仅占迪庆州总人口12%左右的城镇人口的生产和消费，对环境产生的压力远远大于占总人口绝大多数的乡村居民。这展示的是与全国和世界都相似的一幅图景。在全球范围内，发达国家的能源消耗占世界能源消耗总量的一半以上。不过也正因为其发达，能够分配足够的财力治理和预防污染，所以保有比发展中国家清洁得多的环境。欠发达国家和地区在缺少充足财力的情况下，

---

① 从这个角度来看，建立一种环保受益地区对受损地区进行直接补偿的机制，不仅能显示出环境保护的经济效益，还可以为上游地区在保护环境的前提下发展经济提供一笔稳定的财源。例如，采取一种类似城市人口根据用水量收取排污费的办法，由中央有关部门估算出长江下游受益省市的用水量，向这些省市收取环保费用。由此而导致的水价提高还将有助于减少下游地区的用水浪费现象。

不得不应对工业化和城市化过程中产生的污染和生态不平衡问题。在当今中国的社会政治框架下，全国范围内有效的环境保护不仅取决于中央政府的政治意愿和对重点受损群体的补偿，而且还有赖于传媒监督、地方政府严格执法守法和公众的集体行动。

2. 经济增长与整合的限制

迪庆州的经济具有国内外欠发达经济的共同特点。1999年州人均国内生产总值仅为2455元，相当于全国平均水平的37.6%、云南省平均水平的55.1%。目前，占经济主导地位的农牧业尚停留在生存经济的水平上。在15万名乡村总劳力中，有93.4%的人从事种植养殖业[①]。全州人均耕地将近2亩，粮食平均亩产只有160公斤左右，相当于云南省平均水平的70%。虽然当地技术推广部门借助农业部"温饱工程"项目的援助，在高寒地区推广小麦和玉米地膜覆盖技术，但若非项目执行机构对投入品提供补贴，收益与成本相抵已所剩无几，只能勉强维持简单再生产。至于畜牧业，牛羊存栏量高达50万头，但平均年出栏率仅为6.1%（李涛，2001）。

农户货币性收入的来源依据其居住的地域不同而有所区别，或来自松茸、蘑菇和草药采集，或来自旅游点附近的牵马服务和零售业，或来自外出打工和运输业。这些补充收入仅能维持农户最低水平的商品和服务购买需求，远不足以形成生产性积累（魏众，2001）。尽管农牧业几乎不提供经济剩余，而且一遇旱涝风霜雪冻等灾害，就会使大约1/3的乡村人口陷入贫困，但本地农产品符合当地藏民和其他少数民族特有的食品消费结构需求，故而迪庆州政府还是把促进农牧业增长作为解决食品保障问题的主要手段（齐扎拉，1997）。

迪庆州的工业从未成长为支柱产业，吸纳的就业人员还不及全州总劳力的3.5%（见表1）。1998年企业亏损总额达4535万元，

---

① 《云南统计年鉴》（2000），中国统计出版社2000年版，第43—59页。

其中地方国有企业的亏损占 98.7%[①]。虽然统计资料没有单独显示这些企业的信贷状况，但是亏损的国有企业依赖贷款维持生存，并导致银行呆账坏账增多的案例俯拾即是，加之多数企业不能有效排除污染，故而当地政府果断决定对此类国有企业采取改制或关停措施。

表 1　　1998 年迪庆藏族自治州非农就业人员及其工作单位

项目	合计	州级	中甸	德钦	维西
单位数（单位：个）	712	132	348	105	127
企业（单位：个）	198	30	103	33	32
其中：国有企业	156	25	80	25	26
事业（单位：个）	233	40	123	18	52
机关（单位：个）	281	62	122	54	43
就业人数（单位：人）	21542	4055	7741	3505	6241
企业（单位：人）	6574	1691	2327	1024	1532
其中：国有企业	5218	1590	1806	743	1059
事业（单位：人）	9217	1160	3733	1288	3036
机关（单位：人）	5751	1204	1681	1193	1673

资料来源：迪庆藏族自治州统计局：《迪庆统计公报》（1999），第 117 页。

在工农业都难以尽快形成经济增长点的情况下，州政府寄希望于旅游业。迪庆地区雪山巍峨、江河雄浑、峡谷壮丽、湖泊清澈，对向往休闲的都市人群有着天然的吸引力。当地各民族村落沿高原立体地貌呈阶梯式分布的人文风光，以及这些民族文化中蕴含的浓厚宗教色彩，更令高原之外不同文化背景的人群神往（扎洛，2001）。近年来有关西方探险者向往的"香格里拉"在中甸一带的考证，使迪庆的知名度迅速提高。州政府制定的以旅游先行替代工

---

① 迪庆藏族自治州统计局：《迪庆统计公报》（1999），第 10、56—58、117、173—177 页。

业主导的增长战略，无疑是准确地把握了本地的生态和人文资源优势。不过，这一新兴产业对其他经济活动的带动作用实质上还没有延伸到观光景点之外（魏众，2001），与州政府通过旅游业发展来增加就业岗位、提高居民收入和改善财政状况的预期还相差很远。

以上所述表明，迪庆州现有的经济部门都难以为经济增长提供资本积累。若要实施州政府的发展计划，就必须汲取外来资金。可是迪庆地处偏僻高原，在招商引资、争取贷款和接受捐赠方面都不具备优势。多年来，迪庆州的基本建设投资主要来自省计委或国家计委立项拨款，政府和公共事业运转在很大程度上依靠上级的补贴（李实，2001）。比较表2列出的州财政收入和支出额可以看出，二者之间的缺口即财政补贴在逐渐增大。1985年的补贴大约相当于支出总额的20%，到1999年这个比率提高到将近90%。在此期间，行政事业费在财政支出总额中所占的份额从28%上升到41%，生产性支出则从30%下降到6%。如果说后者的下降可以部分地用国有企业改革来解释，可是包含在其中的支农资金和其他基础设施投资项目并未因此而扩大其份额。在经济没有显著增长、乡村经济没有实质性发展的情况下，财政支出依然增加，行政费用大幅度提高，只能说明缺少外援并非当地经济增长的首要限制条件。

调研期间常听说经济落后的原因一是缺资金，二是缺人才。我们的案例分析显示，增长的障碍首先在于公共资金配置不当、使用效率不高，还在于这种配置使得受过教育的劳动者缺少创新和创业的动力。也就是说，人才的缺乏与不合理的财政制度密切相关。虽然并没有一个普遍适用的定量标准来衡量何种财政支出结构才算得上资源配置适当，但是政府冗员不断增多从而导致行政开支持续攀升的现象，已经是迪庆州主要领导和群众公认的弊病。而且，这种弊病在其他公共事业机构也普遍存在。从表1显示的非农就业结构可以看出，党政机关和国有企业从业人员大约各占1/4，事业单位从业人员将近占1/2。这背后隐含的事实是，迪庆城镇人口的出现和增加，主要不是工业化城市化的结果，在很大程度上是与公共机构的扩大相关联的。在其他经济部门能够吸纳的劳动力十分有限的条件下，城镇新增劳动者的就业需求对公共机构便形成了潜在的扩张压力。

表2　　　　　　　　　迪庆州财政支出结构

年份＼项目	本地财政收入（万元）	财政支出（万元）=100%	生产性支出（%）	行政事业费（%）	人力资本支出（%）	社会福利支出（%）
1985	1092	5554	29.6	27.6	27.9	13.1
1990	3787	9917	17.2	39.5	28.9	11.6
1995	5469	20713	10.9	41.3	35.1	10.2
1999	4959	43870	5.8	40.9	26.6	23.1

注：生产性支出包括基本建设支出、企业挖潜改造资金、流动资金、科技三项费用、地质勘探费、支援农业支出；行政事业费包括行政管理费、工交商事业费和其他部门事业费；人力资本支出包括文教科卫事业费；社会福利支出包括抚恤和社会救济费、支援不发达地区支出。

资料来源：摘编自李实：《创建财政增长与经济发展的互动模式》，云南藏区发展政策研究课题分报告，2001年。

进一步讲，越是贫困的地方，由财政支持的公共部门的相对收入越高，收入来源也显得越稳定。迪庆州财政供养人员的月工资平均1000元，高原补贴400元，即使不计公费医疗和其他福利，这笔月收入就几乎相当于当地一般农户半年甚至一年的人均纯收入。如此悬殊的差距必然吸引劳动者千方百计进入公共部门。1993—1999年，财政供养人员平均每年净增690人（李实，2001）。20世纪90年代末，迪庆州每58人中就有一个党政机关干部。在贫困人口最集中的德钦县，这个比值为33∶1（迪庆州德钦县县志办公室，2000）。即使是高原农牧民居住分散，为他们提供公共服务需要花费较多的人力，但这样的比值也足以说明目前的行政队伍相对庞大。冗员增加必然会人浮于事，不仅降低政府效率，而且对文化程度较高的新增劳动者产生消极的示范效应，妨碍企业家精神的形成和企业家队伍的成长。例如 2000 年迪庆州有 600—700 名大专毕业生返乡，尽管政府难以安排工作，大多数人还是把公共机构作为他们首选的就业目标，宁可处在漫长而不确定的等待中，也没有尝试自己创业（路爱国，2001）。

难以遏制的公共部门扩张，还将妨碍经济社会整合。一个社会内部的稳定，主要取决于不同社会群体之间利益的平衡，以及各群体之间经济社会活动的融合。在迪庆州各级政府及公共机构的运转主要依靠财政转移的条件下，它们与当地其他社会经济部门的联系，关键在于提供公共服务。冗员的增加与机构的臃肿，必然使其中相当一部分机构和人员与公共服务的职能脱节，实质上没有融入经济和社会中。只不过现有的制度难以确切甄别何者为多余机构，何者为无效岗位，结果削弱了整个公共部门与本地社会经济发展的联系。因此，一旦财政预算具有硬约束，公共部门特别是政府从业人员很可能就会成为社会经济的不稳定因素。

前面的分析表明，当前的财政制度不能有效限制公共机构的膨胀。上级政府资金分配过程中的讨价还价空间，使受援地区政府的财政支出缺少硬约束；为了避免监督困难而按人头拨款的趋势，又在客观上降低了激励下级自我控制规模的作用。目前的现实是自上而下的约束软弱无力，自下而上的限制几乎不存在。由此而必然得出一个结论，排除迪庆经济增长和整合障碍的关键，在于推进财政改革。

3. 基层组织优势和社会发展潜力

鉴于迪庆地区在历史上有过长期的原始公社自治传统（王恒杰，1995），我们在进行村庄和农户层面的田野调查时，除了关注财政转移对社区公共事务和社会服务供给的作用外，还特别留意了传统的组织资源对现代乡村社会基层自治的影响。

与内地欠发达地区相比，迪庆地区行政村组织运行中的一个显著特点，是村干部工资和村委会的行政费用由乡镇财政支付，结果既减轻了农民负担,又把村委会的活动有效地界定在提供最基本的公共服务范围内,从制度上限制了村干部对农户经济活动的行政干预。根据我们的个案调查,农户每年每人向村委会缴纳 6—12 元不等的提留款,相当于人均纯收入的 1%—3%。这些款额收集后用于村里的公益事业,例如村小学房屋桌椅维修、安装电视转播设备和对五保户、困难户的补助,等等(李实,2001)。至于村委会行政费用拨款额的多少,取决于各个乡镇的财政状况。这笔费用是按村干部人数划拨的,例如中甸县幸福村有 4 个村干部,每年按 90 元/人的标准拨款,若行政费用超支,则超支部分从村干部的月工资中扣除(夏勇,2001)。村干部的工资标准体现了经济转型时期的特色:对改革前的老干部实行公务员标准,月工资为 800—1000 元;改革后的新干部按聘用人员对待,月工资为 300—500 元。村干部的人数由村庄人口规模决定,一般在 3—5 人。例如中甸县红坡村共有人口 2003 人,村干部共有 5 人,后者与前者之间的比例约为 400∶1。由此可见,村一级的行政成本比政府行政成本要低得多。

行政村实际的自治活动在村民委员会组织法规定的框架之内展开并且富含民主成分:其一,村委会由村民投票选举产生。由于县乡财政不依赖农户经济,地方政府对村委会选举少有内地常见的政府干预色彩。其二,村委会账目每年向村民公布一次,使得村财务因为具有透明性而便于村民监督。其三,由村民集体讨论制定村规民约,不仅规定了执行国家法律的内容,而且还具体界定了村民与村委会以及村民之间的权利义务关系。例如村内基础设施建设项目的计划程序、资金筹集途径和投工投劳标准;对阻拦公共水源、私自砍伐树木、随意安装用水用电设施行为的罚款金额;等等。经过民主程序制定的村规民约牵涉村民实际利益,往往经过激烈争论才得以通过。但一经制定村民就自觉执行,例如德钦县茨中村自从制定村规民约后,破坏公路和私自砍树的现象就消除了(夏勇,2001)。

迪庆地区村委会的行政功能与全国其他地区相似，几乎相当于乡村社会最基层的一级政府。迪庆的特色首先在于，藏族习惯法遗留下来的道德约束作用在一定程度上辅助了村委会维持社区秩序的功能。虽然在乡村基层社会人们遵从的是国家法律框架之内的村规民约，习惯法中惩恶扬善的内容却早已深入人心，成为公认的道德准绳，例如不准偷盗或侵占别人财物。一般情况下，村民进入森林打柴、采蘑菇，只要在自己采集的物品上做个记号，放在林中几天别人也不会拿。其次，村委会在必要时还借助寺庙僧侣的精神权威来贯彻落实国家法律，例如请活佛说明保护天然林的意义（尕藏加，2001）。进一步讲，村民由于普遍信仰藏传佛教，大多数人在乐意享受现代文明的情况下，并未接受拜金主义和消费至上的观念，从而保持着健康的心态与社区内部的和谐。例如在笔者走访的20多个农户中，收入状况较好的农户都买了电视机、影碟机和音像接收设备（当地村民称之为"天锅"），等等，收入较差的人家正在耐心地攒一笔钱，购买一部分设备。即使先买了电视机而没有"天锅"不能收视，也没有丝毫的焦急与浮躁。最后，尽管这里像其他经济落后地区一样市场中介组织不发达，但村委会在一定程度上发挥了规范市场和调节收入再分配的功能。例如，村委会规定农户轮流在旅游景点提供牵马服务，派人按统一价格收费，扣除少许管理费后发放给牵马人。我们的随机抽样统计数据也表明，牵马收入起到了降低收入不均等程度的作用（扎洛、魏众，2001）。

村庄层面的基本医疗和基础教育服务供给主要也是由财政支持。每个村都有卫生员，乡医院的卫生技术人员常年住在村里为村民提供基本卫生服务，由乡政府和乡医院承担其工资或劳务待遇。还值得一提的是，迪庆的健康服务体系没有在基层截然划分医疗、防疫和保健机构，同时还促进藏医、中医和西医相结合，发挥着鼓励乡医提供低成本高效率服务的作用（黄平，2001）。村庄小学教师的工资都得到了财政保障，因而使教师成为迪庆州收入较高的群体，但学费并没有因此而提高，这样也就没有增添农户供养儿童上学的负担。在地理条件复杂、交通不便的情况下,不少村庄小学还保持着一个学校一个教师的制度。虽然教学质量不高,但是能够促进儿童就近上学,有效地降低了文盲率(路爱国,2001)。当然,作为"吃饭财政"的写照,财政对基础教育和基本医疗的投入几乎没有涉及学校和卫生室的基础设施,而主要用于人员的工资费用。迪庆的教育和卫生发展指标依然低于全国和云南省的平均水平(黄平、路爱国,2001)。不过,如果参照迪庆州与全国和云南省的经济差距,可以肯定地做出评价,迪庆州保持了1949年后中国在低收入水平下通过公共支持实现社会发展的优良传统。

4. 改革和发展的突破口

既然政府效率不高,而乡村基层组织能够在村民的有效监督下低成本高效率地提供最直接的社会服务,未来改革和发展的突破口显然在于增强村级服务精简政府层次。从逻辑上来讲,效率较高的办法是增大村庄自治组织的财政资源配置权,增加对村庄层面公益事业、教育和医疗基础设施的拨款。目前,增加对基层的财政支出只能通过压缩村庄以上政府和公共机构的行政费用来实现。为此,必须削减政府层次和政府机构,例如,将乡镇一级政府转变为县政府的派出机构,就能够有效地省去维持乡镇一级"五大班子"的巨额开支。又例如,减少对县级医院和学校的补贴而把政府对卫生教育的财政投入重点转移到村级小学和卫生室,就可能改善最贴近农牧民的社会服务。

这种改革必然损害公共部门内部那些可能会被精简的机构和群体的利益,若无必要的补偿措施,改革很可能由于阻力太大而难以推行。事实上,政府现有的从业人员多数受教育程度较高,而实现迪庆发展目标所需要的市场推销组织、行业自律组织、小额信贷服务组织几乎没有发育。种植业科技培训和推广,畜牧业防疫防病和良种应用,各种基层社区发展项目的技术支持,都需要受教育程度较高的人才。目前一些民间组织在迪庆州实施的社区发展项目,往往因为缺少项目管理人员而不得不外聘专家。如果能够引导部分公共部门就业者在这些领域创业，将不仅能够为迪庆创造更好的投资环境，而且还将因此培育出本地富有开拓精神的企业家队伍。这样，就有可能使消极的机构精简行动转化为积极的人类资源发展项目。

三 结论

根据世界银行所做的多国调查，发展中国家和地区的政府若将自己的活动集中于最基本的公共产品提供方面，就既能提高政府效率，又能够改善发展成果。这些产品包括：①创造一种能够为有效的经济活动设定激励机制的经济环境。②提供能够促进长期投资活动的制度性基础设施，即明晰的产权、稳定的社会、有效的法律规则和秩序。③提供进行基础教育、基本医疗保健和经济活动所必需的物质基础设施，保护环境，援助穷人（世界银行，1997）。参照这些经验来回顾我们的案例分析结果，可以做出以下结论。

（1）迪庆州政府和村民委员会运用上级政府的财政转移保证了低水平的基本公共产品供给。这些供给有效地促进了社会稳定和发展。这说明中央政府和云南省政府的援助政策是成功的。鉴于国内外至今还没有简便易行的统计方法来计算环保对国内生产总值的贡献，对迪庆州的发展状况就不能仅仅以经济增长指标来衡量，对云南省和中央政府援助迪庆州的政策，更不能仅仅以经济指标来评价。迪庆州把财政援助延伸到村级的做法，值得其他欠发达地区借鉴。

（2）在目前的财政体制下，受援地区政府由于缺少预算硬约束和优先投资基础设施和社会服务的激励机制，不能有效地避免公共资源配置中的低效率。因此，推进财政改革是排除这些地区经济增长和社会整合障碍的一个关键点。改革的突破口是削减现有的政府层面，加强村庄层面低成本高效率公共服务的供给。

（3）类似迪庆这样的后发地区短期内不可能有高速经济增长。

即使如此,也不能仿效内地一些地区短平快经济增长的模式,因为该模式带来的环境污染和社会问题至今尚未得到妥善解决。但是迪庆州政府如果能有效调动现有的社会组织资源进行制度创新,就有可能在政府治理改革和社会发展方面独辟蹊径,抓住内地经济高速增长和西部大开发的机遇,以社会发展促进经济增长,走出生态—经济—社会—文化相互协调的可持续发展道路。

参考文献

迪庆州德钦县县志办公室:《德钦县概况》(2000),第6、30、35页。

尕藏加:《迪庆藏区的宗教文化与环境保护》,云南藏区发展政策研究课题分报告,2001年。

黄平:《健康、医疗服务与以人为本的社会发展》,云南藏区发展政策研究课题分报告,2001年。

路爱国:《少数民族贫困地区教育:问题和发展思路》,云南藏区发展政策研究课题分报告,2001年。

李实:《创建财政增长与经济发展的互动模式》,云南藏区发展政策研究课题分报告,2001年。

李涛:《发挥比较优势,挖掘畜牧业发展潜力》,云南藏区发展政策研究课题分报告,2001年。

齐扎拉:《中国藏区县域经济探索》,云南民族出版社1997年版。

世界银行:《变革世界中的政府》(中文版),中国财政经济出版社1997年版,第4—12、25—28页。

孙勇主编:《西藏:非典型二元结构下的发展改革》,中国藏学出版社1999年版。

魏众:《迪庆藏族聚居区农村居民的收入与消费》,云南藏区发展政策研究课题分报告,2001年。

王恒杰:《迪庆藏族社会史》,中国藏学出版社1995年版,第3—10、100—124页。

夏勇:《迪庆藏区基层的依法治理与民间法》,云南藏区发展政策研究课题分报告,2001年版。

张传富主编:《云南藏族人口》,中国统计出版社1994年版,第14—22页。

扎洛:《民族文化旅游:探索经济增长与文化保护的良性互动机制》,云南藏区发展政策研究课题分报告,2001年。

UNDP, 2001, *Human Development Report* 2001, http://www.undp.org/hdr2001.

Dethier, Jean-Jacques ed. 2000, *Governance, Decentralization and Reform in China, India and Russia*, pp. 1-46, Kluwer Academic Publishers, Boston.

von Braun, Joachim, 2000, Preface in Dethier ed. *Governance, Decentralization and Reform in China, India and Russia*, Kluwer Academic Publishers, Boston.

(原载《经济研究》2001年第10期)

转移支付的效率与公平[*]

财政承包制实施过程中，中央对各省有关收入上解、定额补助和专项拨款的不同安排实质上包含了转移支付的内容。单纯的分税制却不具备这种功能，因此，当它刚一付诸实践，转移支付就成了一个引起热烈讨论的主题。可是，有相当数量的学者或是直接基于发达市场经济下有关公共服务均等化的理论提出当今中国财政转移支付的目标；或是囿于计划经济运作的经验，依然将缩小地区差距的重任完全赋予这一手段。由此而引发的政策建议不免看起来或是耽于空想，或是有意无意对市场取向的改革开倒车，同时还不乏概念混乱。鉴于此，以下分析将尽量避开有关转移支付的技术性细节，而尝试界定我国现有条件下政府的转移支付功能，探讨转移支付的重点领域，说明中央与地方政府在这一环节中的分工与合作关系。

自从开始引进市场机制，"效率与公平"这几个字眼就频繁见诸报端，可是使用它的人们各有各的理解，所以在彼领域提到的效率与公平，常常与此场合的同一术语说的不是一回事。在发达市场经济下的公共财政领域里，"公平"意味着在对各地财政状况（需求与能力）和税收努力统一评估的基础上，通过转移支付实现全国范围内的公共服务供给水平均等化；"效率"指的是以较低的转移支付成本提高受援人群获得的公共服务水平（Musgrave，1987，

---

[*] 笔者写作过程中黄佩华女士曾提供过参考文献；本文由李月琴进行计算机文字处理。谨在此一并致谢。

pp. 530 – 545）。这里关于效率的解释显然对于发展中国家和转型期的计划经济国家同样适用，但有关"公平"的定义却不得不稍加修正。而且，对于中国这样一个发展中大国，这种变动还尤其必要。原因很简单，在历经几十年城乡隔离状态、至今尚未走出二元经济境况的中国，城市和乡村区域社会经济发展程度差别巨大，国家财政收入相对匮乏，目前提出公共服务均等化的要求显然只能是空想。既然如此，就不得不降格以求，把"公平"落在各地至少应具备基本公共服务供给的目标上，例如普及初级义务教育、初级卫生保健、村村通路、通电并保障安全饮水、建立以保障全体国民基本生存需求为标准的社会安全网，等等。

在确认上述概念修正的前提下再来考察现实中的财政转移支付，就会发现无论是在以往的计划经济时代，还是在如今向市场经济转折的过程中，它都被赋予了超出其功能的重任，那就是全面缩小以人均国内生产总值、人均国民收入水平、经济结构、劳动生产率等指标显示的地区间社会经济发展差距。计划经济下一直沿用的地区政策手段，主要是通过国家计划将原材料由欠发达省/区低价调拨给发达省/区，再由财政将发达省/区上缴的部分利润收入转移给欠发达省/区，同时中央政府还辅之以向这些地域进行大规模投资的措施，以求达到缩小地区差距的目的。然而事实表明，这套机制既阻碍了发达地区的增长和发展，又未能减少地区差别。改革开放前内陆与沿海省份、城市和乡村地区在社会经济文化等诸多方面的差别都不亚于发达国家与发展中国家之间所体现出的距离。就公共服务的供给而言，如果说当时的差距比现在小，那也只是对各地的城市人口方才如此。具有强烈"城市偏好"色彩的工业化战略和政策，通过计划经济的运作，以牺牲农村人口的利益为代价，保证了资源在城市人口之间大致平均的分配，在同一片国土上创造了两类发展程度截然不同的世界。与此相关联，以农业为主的省/区和地域远远落后于工业化程度较高的省/区和地域的发展。毫无疑问，那种依赖中央财政转移支付缩小地区社会经济发展差距的做法是失败的。理解这个问题的关键,是弄清财政转移支付在中国这样的国家所能够发挥的两个最基本的功能:其一,保障各地以及各级政府至少提供最低标准的公共服务;其二,保障最低收入人群最基本的生存需求得以满足。在前一种情况下,转移支付的对象是地方政府,在后一种场合,对象则是当地特定的人群。支付的过程和预期的结果,也就是财政的资源配置功能和收入再分配功能的一种体现。

实现以上有关转移支付的目标,仅仅有可能缩小地区间在公共服务供给和个人收入水平方面的差距,而难以直接惠及"地区差距"这一概念所包含的其他内容。换句话说,尽管财政转移支付具有缩小地区差别的作用,但这种作用只是局部的、间接的,因而也是有限的。例如用转移支付手段支持受援地区政府投资公共基础设施和社会服务,就有可能吸引新增直接生产投资和人才,从而带动经济增长、提高就业率和居民收入,并因此增强当地的财政能力。这一过程显而易见是由多种环节联结而成的链条,其中每一个环节所体现的目标,都还需要其他条件补充才有可能实现。或者说,包括转移支付和进行公共基础设施建设在内的每一种单个因素,对于缩小地区差别都是必要条件而非充分条件。且不论地区之间对投资和人才的竞争,仅仅是地方政府(主要是欠发达地区政府)对外来企业和个体企业的歧视政策,就足以使国内除中央政府以外的非本地投资者却步。如果设想将地方政府与所属企业分离从而消除它们设置的地区间贸易和投资壁垒,这就又牵涉到企业所有权改革的问题上去了。由此也就恰恰证实了笔者的判断:在转移支付与全面缩小地区差别之间,并不存在直接的因果关系。

在发达国家,以改善后进地区公共基础设施和社会服务的方式来缩小地区差别,是以规范的市场经济运行为背景的。换言之,那是在市场充分发挥资源配置引导作用的前提下,由政府出面通过转移支付和公共投资来改善后进地区的社会经济发展环境,也就是改变当地的市场条件,以便使企业和个人投资或投劳有利可图,从而增加对此类地域的物质和人力资本投入，加快当地的经济增长和社会发展速度。可见，缩小地区差距不仅有赖于中央/联邦一级政府的转移支付，而且需要受援地区政府配合诱导企业和个人进行直接生产投资。企业和个人的参与，是实现增强后进地区经济实力的最终环节，也是全面缩小地区差距的关键步骤。如果在市场机制尚不完善的条件下，说到"效率"，就认为是市场的任务；提起"公平"，便将其视为地区间经济实力均等化的同义词，设想财政转移支付和公共投资手段是灵丹妙药，就未免跳跃了太多的逻辑环节。

也许是出于以上原因，欠发达地区的政府至今仍然寄希望于从中央多争些投资项目来解决当地的就业和增长难题；一些专攻地区政策的研究者也照常开出些由中央"加强"或"大力"对欠发达地区投资的处方（胡鞍钢等，1995），尽管持此建议的人们无不声明这并非"压高就低""杀富济贫"，但是在中央和欠发达地区财政拮据的情况下，为实践这些药方所需要的巨额资金又从何而来呢？笔者在这里指出这些矛盾的本意，并非不赞成中央政府通过转移支付手段对欠发达地区进行援助，而只是指出这一手段的局限性，并由此论证何以把转移支付界定在保障社会成员基本生存需求（包括他们享受的公共服务）的水平上，才不至于重蹈以往计划经济下地区经济政策失败的覆辙。更重要的是，试图在此强调缩小地区经济实力差距需要政府、企业和个人的全面参与，政府的作用是改变市场条件而不是替代市场。如同市场并非万能一样，政府也不是万能的。过分夸大财政转移支付的作用不仅容易造成本文开头提到的概念混乱，而且还可能从"市场神话"的极端落入"政府神话"的极端。

前面对转移支付的效率与公平所做的定义，只不过粗略地说明了收入转移的领域和支付水平。至于整个过程的操作，那就不仅包含着复杂的技术程序，而且还充溢着各级政府和不同利益集团之间的竞争和谈判，最终以法律形式确立的转移支付制度，必将是各方妥协的结果。进行转移支付的前提，是对各地、各级政府财政能力、财政需求和税收努力加以测算。我国迄今为止的财政转移支付依据的都是"基数法",采用这种方法往往产生或鼓励支出、或"鞭打快牛"等负面作用(宁学平,1994)。因此,各方人士几乎众口一词提出用"因素法"替代基数法(何振一,1994)。虽然,推行因素法还需要对各级政府的事权进行更为细致、明晰的划分(汪洪洋,1996),但是这一测算方法的转变,不仅将促使我国的财政转移支付制度向规范化迈进,而且还将奠定衡量"公平"目标的科学基础。

转移支付的形式大致分为一般性转移支付、专项转移支付和分类转移支付三种(刘溶沧,1996)。一般性转移支付是一种不带使用条件或无指定用途的转移支付,其作用是重点解决地方政府的财政收入与支出责任不对称的问题。专项转移支付一般具有明确的资金用途规定,且附有关于资金使用的附加条件,它体现着上级政府定向支援或委托办理某种公共事务的意图。分类转移支付,多半只是指定转移资金的使用领域,但不规定具体的使用项目,它同样具有定项加强某种公共服务供给的作用。因此,有些公共财政学家把它与专项转移支付归为一类。他们根据上级政府对下级政府的转移支付是否定向,将其区分为一般性拨款(generalgrants)和选择性拨款(selective grants)两类;还以是否要求下级政府提供配套资金为标准,把转移支付划分成配套拨款(matching grants)和非配套拨款(nonmatching grants)两种。这样分类的目的在于分析何种类型的转移支付效率更高即渗漏更少。"渗漏"的含义在这里是指将可用于某种公共产品的资源配置于另外的公共用途或转向私人产品供给。基于数学模型分析得出的结论表明,对于提高既定的公共服务水平而言,采用配套拨款方式比选择非配套方式效率要高;如果要提供某种特定的公共服务,采取选择性拨款的效率会高于一般性拨款(Musgrave,1987)。

在发达的市场经济下,对转移支付过程中"渗漏"的考虑,一般集中在这两点:其一,为了提供某种既定水平的公共产品,地方政府必须征集一定数量的税收，这就意味着当地居民必须放弃相当于该税收量的私人产品消费。如果转移支付使地方政府本应征收的税额下降，那么下降的数量即为渗漏的部分。其二，为了提高某种公共服务的供给水平，地方政府必须增加此类支出。如果能够得到一定数额的转移支付，地方政府也许会将一部分本来可能用于增加 A 种服务供给的资金用于 B 种，于是这部分资金就被视为渗漏。在这里，"渗漏"实际体现的是转移支付对当地部分财政收入和支出的一种替代关系，它因此而被视为转移支付的一种成本。为了尽可能地减少渗漏或曰提高效率，各国几乎都以多种复合的拨款方式设计它们的转移支付结构。中国其实也是如此，比如对有的专项拨款要求地方政府提供配套资金（例如县乡公路建设项目），有的则不要求配套（例如救灾救济拨款），这就产生了两种组合。

在以上叙述的发达市场经济中所发生的渗漏，对于其宏观经济而言可谓合法而不合理，因为地方政府只是由于可能获得转移支付而调整其原有的财政资源配置。但是"渗漏"目前在中国的典型表现主要并不在于此，而是与非正式财政制度有关的资金挪用。这也可以说是既不合法又不合理的转移支付成本。就转移支付的功能而言，它本应具有减少或消除非正规财政行为的作用，因为它正是为了校正地方政府的收入能力与支出责任不对称而存在、为了加强地方政府某些公共产品供给的薄弱环节而设计的。然而，在缺乏有效监督、惩治和管理机制的情况下，当下级政府与上级政府的支出偏好排序不一致时，资金挪用行为的产生就毫不奇怪了。例如，设立专项拨款的目的通常是改善教育、卫生、食品保障、道路建设、环境保护、社会保障等领域的公共服务供给；而地方政府的支出项目排序则一般是政府工作人员工资、福利和其他行政管理费、住宅、宾馆招待所建设、直接生产项目投资、工业交通商业等部门事业费，等等，而文教卫生食品保障等项目的位次都排在稍后的位置上。因此，无论是对本级财政收入，还是对获得的一般转移支付（定额补助）和选择性转移支付（专项拨款），当地政府都会尽可能地依据以上顺序安排支出项目。否则,何以解释为什么一实施节约计划就先缩减农业科研和推广经费,为什么县乡政府楼堂馆所林立豪华轿车成群,而全国拖欠中小学教师工资额最高曾达 14 亿多元呢? (卞文志, 1996) 可见,如何解决资金挪用问题既是消除非正规财政行为的关键一环,也是保证实现转移支付"公平"目标的一个前提。

基于对渗漏问题的了解,笔者认为,评价转移支付的结果不仅需要注意地方政府的人均财政收支指标,而且还必须观察其公共服务供给水平的变化。例如,各省/区之间人均财政收入的相对差异系数 [(标准差/平均值) ×100%] 1985 年为 173.2%,1990 年降至 106.7%,1992 年为 98.7%;经过中央财政转移支付(有区别的收入上解、定额补助和专项拨款政策)的调整作用,各省/区之间在财政状况方面的差距明显缩小。同期人均财政支出的相对差异系数低于人均财政收入的相对差异系数这一现象显示出这一点:1985 年,各省/区人均财政支出的相对差异系数为 73.4%,1990 年为 56.8%,1992 年为 56.0% (胡鞍钢等, 1995)。但是,地区间人均财政支出差距的缩小并不意味着公共服务供给方面的差距缩小。笔者虽然缺少关于各地区多种公共服务供给水平的时间序列统计,但仍然可以采用一些经验调查结果和某些统计指标来支持上述判断。如 1985—1990 年,在全国医疗服务平均供给水平提高的背景下,农村的服务未显示出实质性的改善(见表 1)。由此推想,那些城市化程度较高的省/区与较低的省/区之间在医院装备方面的差距必呈扩大趋势。至于教育产品的供给,情形与医疗服务相似。以普通中学在校学生与教师的比例为指标,其他省/区与北京的供给水平之间显然是差距增加(见表 2)。进一步讲,这里涉及的还仅仅是数量指标,若论地区之间和城乡之间教育和卫生服务的质量,那就有天壤之别了。否则就不会有日益增多的乡村少年寄读城市学校,也不会有显著扩大的欠发达地区(包括城市)患病人群奔赴北京、上海、广州等地求医了。当然,在中央实行财政转移措施的背景下，教育和医疗服务供给的地区差距与人均财政支出的变化方向不一致，并不足以证明这出自地方政府的"渗漏"行为，而只能显示这两种典型的公共服务未在受援地区的财政支出中占优先地位。但是，20世纪80年代以来中央拨付的扶贫资金被用于援助贫困地区政府的事情倒是司空见惯（张保民、杨德柔，1996）。它既可用以解释财政支出均等何以不等于公共服务均等，又能充分说明"渗漏"怎样使转移支付的"公平"目标难以实现。

表1　　　　　　　　平均每个医院的床位和卫生人员数

医院分类	1985年		1989年		1990年	
	床位	卫生技术人员	床位	卫生技术人员	床位	卫生技术人员
全国各类医院	37.3	39.6	41.5	43.2	42.0	44.2
县及县以上医院	129.4	134.5	135.6	140.8	136.9	143.0
农村乡卫生院	15.2	16.5	15.2	16.1	15.1	16.3
其他医院	29.4	45.5	42.2	41.7	44.5	42.6

资料来源：《中国统计年鉴》(1991)，中国统计出版社1991年版，第773页。

表2　　　　　　　　几省/区普通中学在校学生与教师之比

地区	1985年		1990年	
	学生/教师**	以北京为100%	学生/教师**	以北京为100%
全国平均	17.75	127.79	15.12	148.97
北京	13.89	100.00	10.15	100.00
山东	17.03	122.60	14.72	145.02
广西	16.43	118.29	17.28	170.25
贵州	20.28	146.00	17.38	171.23
青海	17.86	128.58	13.54	133.40

资料来源：根据《中国统计年鉴》(1986)，第749—750页，《中国统计年鉴》(1991)，第713—714页的数据计算。

注："学生/教师"即为学生人数与教师人数的比例，比例越大表示每一名教师必须教授的学生越多，换言之，每一个学生所得到的教师服务亦越少。虽然并非比例越小越合理，但北京的学生与教师人数之比至少可以代表中国目前普通教育的最高供给水平。

从有关教育和医疗服务供给状况的描述中可以注意到，我国的地区差距更多反映的是社会经济发展过程中城乡之间的鸿沟。已有的研究表明，近十多年来，在决定我国居民个人收入不均等程度的诸因素中，城乡差别产生的影响最大（李实、古斯塔夫森，1994）。由此可见，转移支付的重点对象应是管辖乡村行政的县乡政府和生活在乡村的低收入人群。这样就不得不在此论及多级政府的转移支付问题。中央对省/区的转移支付，更多的是出于缩小地区间公共服务供给和个人收入水平差距的考虑。虽然中央政府也有面向县乡政府的专项拨款（例如扶贫周转金、欠发达地区开发基金，等等），可是这些项目一般都要通过省/区政府层层下达，如今在非正式财政行为泛滥的情况下，上级地方政府对下级截留"过路财源"的做法也很普遍，故而"雁过拔毛"一词就常被用来比喻此类手段。其实，"截留"本身亦为非正式财政行为（包括中国特有的"渗漏"）的表现形式之一。更确切地说，它就是转移支付过程中的一种渗漏。本来，采用转移支付手段缩小城乡公共产品供给和生存保障服务差距，主要属于省/区政府的职能，因为它们与中央政府相比更接近从而也就更容易深入城乡基层社会。可是在20世纪80年代，省/区的自有收入相对下降。在进入收入分成前，中央政府的自有收入份额最高，1993年为34%，其次是地区或市（29%），县财政占16%，省和乡各约11%。在地方政府收入中，地区或市的份额为44%，县财政占24%，省和乡均不足17%（黄佩华，1995，第11页）。国家财政收入的这种分布格局表明，第一，税源集中在作为工商业中心的城市，占全国人口不到30%的城市居民因而有可能享受高于全国平均水平的公共服务；第二，占全国人口70%以上的农村居民生活在县、乡，可是这两级财政收入的总额还不及城市一级所得，因此必须配备强大的转移支付制度，才不至于使他们得到的公共服务水平太低；第三，最接近城市和县一级政府的省/区财政收入份额相对较小，实行转移支付的能力因而也就较弱。所以，有必要在严格推行监督惩罚制度的条件下,通过分税制使上级地方政府掌握一部分向下级政府进行转移支付的财源。

问题是目前分税制的设计主要考虑的是如何将大部分财政收入（60%）集中在中央手中,从而使中央支出占40%左右,然后通过转移支付把20%左右的收入拨付给地方（文武、王永,1994,第56页）。省/区以下的政府间转移支付非但未见进入政策框架,而且各级财政不得不自给自足的趋势比实行包干制的时期还要显著。这从欠发达省/区政府纷纷以行政手段"培植县乡财源"的决策行动中可以看出来。所谓培植县乡财源,一是各级地方政府通过预算支出和动员信贷资金等手段扶持乡镇企业;二是省/区政府拨付或借款给下级政府作为县乡财源建设基金或生产周转金;三是鼓励和组织机关干部办乡镇企业或去县乡搞多种经营;四是设定财税任务,用扣减或增发补助（转移支付）刺激下级政府抓财源建设。为此还要求县乡政府组建办公室专管财源建设（任贤良、关锦瑜,1996）。在推行分税制使县乡政府失去大部分流转税的情况下,地方政府寻求扩大县乡财源的动机本来是无可非议的。然而上述做法大概足以使每一位参与分税制设计和决策的人士震惊,因为其结果不仅没有因为分税制的实施而使财政制度向规范化转折,而且变本加厉地复制出税制改革前的经济秩序混乱状况:将乡镇企业变为"小全民""二国营"或曰县乡政府的摇钱树而非独立的生产者,政府机构或公务员利用公共权力从事小集团或个人经营活动,与此相关而产生的非正式财政行为几乎取代正式财政制度,等等。这无疑与财税改革的目标南辕北辙。

还值得注意的是,各级政府不仅对财政的基本职能未给予足够的重视,反而越发把它只当作聚财的工具,一味追求财税增长,将增长计划分解成任务层层下达。到了乡镇一级,强行集资收款不但直接导致农民负担加重,而且甚至迫使村委会不得不贷款交税（刘国平,1996）。然而,乡镇财政收入多半是用于维持乡镇行政开支、本级政府所在地的公共产品供给以及投资于乡镇企业,等等，极少惠及村庄居民点。村庄一级虽然未设政府，可是它作为农户聚居地和村民自治单位，同样存在着公共产品的供给和需求，村小学、村庄道路和供水、村治安和照顾五保户以及村社范围内的社会和公共事务，主要由村民交费来维持。在某些省级财政状况相对强大的地域，村社还能得到上级财政定额补助。例如笔者走访过的云南行政村，村干部均可从财政领工资，村卫生员也能得到月补助（50元/人）。不过在大多数省份，虽然县乡财政或多或少地承担了一些村级公共支出责任，村民仍然不得不同时承付乡镇和村庄的主要服务供给。而从公共服务和个人收入分配的格局来看，他们本应是财政转移支付的重点对象。

由此可见，目前的政府间财政转移支付既少效率又达不到公平。且不论转移支付对于维护国家的统一和保持社会稳定是如何重要，仅仅是为了维持正常的经济秩序，进一步完善分税制和规范转移支付制度，就已经成为刻不容缓的事情了。

参考文献

胡鞍钢等：《中国地区差距报告》，辽宁人民出版社1995年版。

宁学平：《评财税体制改革方案》，《改革》1994年第2期。

何振一：《财税改革三大举措效果展望》，《改革》1994年第2期。

汪洪洋：《分税制：还要在"分"上下功夫》，《经济参考报》1996年8月22日。

刘溶沧：《重建中国政府间财政转移支付制度的总体构想》，《管理世界》1996年第4期。

卞文志：《如此"重教"岂可颂扬？》《经济参考报》1996年9月4日。

张保民、杨德柔：《提高扶贫效益 实现攻坚目标》，《光明日报》1996年10月3日。

李实、古斯塔夫森：《八十年代末中国居民的经济福利的不均等分析》，《改革》1994年第1期。

黄佩华：《中国地方财政问题研究》（给财政部的报告），1995年。

文武、王永主编：《九十年代中国税收制度转换要点》，中国统计出版社1995年版。

任贤良、吴锦瑜:《陕西大力培植县乡财源》,《经济参考报》1996 年 10 月 3 日。

刘国平:《借款缴税不可取》,《光明日报》1996 年 9 月 12 日。

Musgrave, R. A. and P. B. Musgrave (1987) Public Fiancein Theory And Practice, McGraw – Hill Book Com pany, New York.

(原载《管理世界》1997 年第 3 期)

包容性发展与社会公平政策选择[*]

一 研究背景与目的

20世纪90年代，经济全球化进程加速。在世界经济迅速增长的同时，贫穷、饥饿、疾病、文盲、环境恶化、社会排斥和社会冲突依然严重。为了消除这些现象，促进人类发展，世界各国领导人在2000年的联合国千年首脑会议上，商定了一套时限为15年的目标和指标。2004年，中国政府提出了构建和谐社会的理念，并制定了与此相呼应的"十一五"社会经济发展规划。

"和谐社会"的提法一经发表，社会学、政治学、法学和经济学等不同学科的学者纷纷给予解读（俞可平，2005；冷溶主编，2007）。不同学科的学者虽然视角各异，但几乎无一例外地强调，第一，和谐社会是一种理想状态，现实中存在着诸多社会矛盾与冲突；第二，公平正义是和谐社会理念包含的核心价值观之一；第三，为了构建和谐社会，需要从维护公平正义着手，改进社会经济制度并制定相应的社会政策。迄今为止，绝大多数研究的重点正在于此。

---

[*] 本文为中国社会科学院重大课题《和谐社会与社会公平政策选择》的总报告，综合了整个课题组成员的专题研究发现。课题组成员有杨春学、魏众、罗楚亮、姚宇、金成武、邓曲恒、王震与何伟。本项研究除了获得中国社会科学院的课题经费以外，还得到澳大利亚开发署和福特基金会的专项资助。赵人伟研究员和唐宗焜研究员曾参加课题组讨论并提出宝贵建议，李实教授在经济所工作期间主持了课题设计。谨在此一并致谢。

在经济研究领域，有的学者把单纯依靠市场交换协调利益关系的机制，定义为"纯粹市场经济"，并以此作为反向参照系，论述社会主义和谐社会应有的生产管理和收入分配关系（裴小革，2011）。但此类研究由于将现实的中国社会作为和谐社会的例证，忽略了社会经济转型中累积的矛盾，反而欠缺理论解释力。有的学者借助福利经济学第一定理、经济核定理、结果公正定理等理论，论证和谐社会的关键特征可以通过建立和完善现代市场经济体制来达到（田国强，2007）。然而在理论上，从福利经济学第一定理推导不出财富和收入再分配；在现实中，市场制度能够产生效率，但不会自动产生社会福利，社会和经济领域虽有重叠但依然有别。例如，中国的社会政策改革滞后于经济政策改革，大多数农民家庭、农村迁移劳动者、城市下岗职工和非正规就业者曾一度缺少社会保护。在激烈的社会转型中，他们的生计因此而遭遇更大的风险和不确定性。这种状况也曾明显地影响了社会稳定、社会融合和社会凝聚。可见，现代市场经济体制对于构建和谐社会只是必要条件而非充分条件。

更为系统的探讨和谐社会构建的一项研究，来自亚洲开发银行组织的课题《以共享式增长促进社会和谐》（林毅夫、庄巨忠、汤敏、林暾主编，2008）。这项研究针对中国的收入不平等问题，讨论如何以市场机制推动经济增长的同时，促进机会平等和公平参与。这其中，有的作者强调，需要政府增加对基础教育、基本医疗卫生及其他基本社会服务的投入；加强政策与制度的公平性，创造平等的竞争机会；建立社会保障机制，防止和消除极端贫困。有的作者提出，如果能够按照比较优势原则选择生产模式（资本密集型或劳动密集型），便可兼顾经济增长和减少收入不平等。问题是生产模式的选择固然关系到就业机会的创造，并有可能间接影响收入分配格局。但无论何种选择，与机会平等都没有必然联系。由此看来，这项课题对和谐社会理念的基础性研究相对薄弱，不同作者依照各自的理解论述社会经济政策的选择，因而使得整体成果欠缺理论一贯性。

实质上,从经济学角度研究和谐社会的构建,关键在于探索连接经济自由(效率)与社会均衡(公平)的路径,阐明怎样实现经济增长成果的分享和增长过程的社会和解(杨春学,2009)。如何勾连效率和公平,是一种政治选择,而非纯经济问题。针对这一选择做经济学研究,必然起始于理论推演,并在思想实验方面超越经济学边界,吸纳哲学、政治学以及其他人文和社会科学成果。不同经济体实现经济增长分享、社会融合凝聚以及生态平衡和资源节约的过程,构成了包容性发展的各种具体形式。中国的和谐社会构建便是其中的一种。对这一进程的研究,需要遵循逻辑和历史一致的原则,以理论探索的结果为基础建立分析框架,借助经验研究特别是定量分析,寻找解决现实社会经济问题的答案。可以说,思想实验和经验研究相结合,才既有可能丰富和谐社会的理念,又有可能引申构建和谐社会(促进包容性发展)的政策措施。

为此,课题组汇集了经济思想史、政治经济学和发展经济学领域的学者,将纯理论研究与抽样调查和案例研究相结合,着重回答如下焦点问题:第一,和谐社会的政治经济学基础是什么?第二,怎样把和谐社会的理念转化为具有可行性的政策?第三,选择何种数量指标衡量和监测政策的实施状况?

本项研究的切入点,是推导回应中国经济转型和发展需求的社会公平理论。据此,进一步分析抽样调查数据,阐明导致收入高度不均等的制度性和政策性原因。至此,课题组既未囿于收入分配讨论,也未将研究扩展到和谐社会构建涉及的所有领域,而是基于同一理论视角,将研究聚焦于受到制度性歧视的农民和农村迁移工人(农民工)。从分析这些低收入群体的生计和实际享有的基本权利入手,探究消除社会排斥和增强社会公平的可行政策。这样做的目的在于,一方面,为中央和地方政府改进发展目标的设定和发展战略及政策的制定提供参考;另一方面,为其他发展中国家和转型社会提供可资借鉴的思想材料。

二 研究路径

在 2005—2011 年的项目执行期间，本课题组尽可能汲取同一领域的最新理论成果和采用前沿分析技术。主要做法如下：

（1）搜寻迄今为止致力于解决个人基本权利和市场自由冲突的经济学文献，从中梳理出被主流经济学忽视但能够用于沟通市场效率与社会均衡的部分，针对中国社会经济转型和发展的特点，构成以社会公平正义为核心价值的理论框架，为公平分配提供独立的论证。

（2）获取国家统计局 2006 年全国城市和农村住户抽样调查的子样本数据集，并以我们中国社会科学院经济研究所以往 20 年的收入分配研究成果为参照，刻画此间的收入分配变化。同时，采用统计分析和计量经济学方法以及收入差距测量技术，重点分析 2002 年和 2006 年的数据集，描述城乡之间，地区之间，不同人群组之间，不同住户之间和不同个人之间的收入差距，估计收入差距的变动趋势，并对影响收入差距变动的原因加以解释。除此以外，我们还利用农业部农村固定观察点 2007 年的全国农户抽样调查数据，分析农村迁移工人对农民家庭纯收入的贡献。在此基础上，讨论全球金融危机对低收入和贫困群体的生存状况造成的影响。

（3）2006—2009 年，课题组对农村迁移工人（农民工）的生计、医疗和养老保险状况分别做专题抽样调查。在研究中，将史料回顾、政治经济学讨论和数据分析相结合，揭示了导致农村迁移工人遭受社会排斥的政治经济原因，并论证了女性迁移工人受到的制度性歧视和性别歧视。性别视角和性别分析，使我们的研究与其他同类研究区别开来。

（4）在整个项目执行期间，对那些在保健、教育、信息及收入获得和社会参与方面处于不利地位的群体，例如穷人、妇女、老人、残疾人、少数族群和失地农民等，作个人访谈和案例研究，以此弥补抽样调查中的信息缺失。同时，利用国际学术交流的机会，对别国的就业和社会保障政策做实地调研。

三 主要发现

本项研究成果由六部分组成。

第一篇是对"和谐社会"命题的含义所做的理论分析。这一命题的提出，回应的是中国经济转型中社会矛盾凸显的现实。事实上，当前的深层次矛盾，原本就孕育在计划经济时代的制度性不平等之中。例如，政府的行政垄断遍及经济领域，个人在经济活动中少有自由决策空间。在国家工业化政策中，"城市偏好"严重，公共产品和服务的供给均向城市倾斜。为了保障城市供给和工业化需求，采用户籍制度分割城乡社会，而且城市政府只对本城户籍人口的生存和发展负责。这无疑是中国计划经济体制的一个特色，它既赋予城市人口生存和发展的优先权，又构成了对乡村人口的社会排斥。此外，薪酬分配中的平均主义与附着于官员等级制上的特权并存，这又形成了收入分配和资源支配方面的另一特点。

在市场取向的经济改革中，行政垄断的领域缩小，个人的经济自由增加，收入分配中的平均主义被打破。这一切，有效地激励了个人的创造性和积极性，带来了长时段的高速经济增长和人民收入水平的普遍提高。然而，不同社会群体之间的权利平等尚未完全实现：官员的特权依然存在而且深入市场交换体系之中；在一些重要资源由政府管制、而资源分配权缺少有效制约的情况下，官员通过寻租、企业主通过权钱交易，双双获得不正当收入和财富；一些行业和企业由于行政性垄断而收入水平高于竞争性行业和企业；企业一般职工由于缺少集体谈判机制而与高层管理者收入差距悬殊（魏众，2010）；农村迁移劳动者由于城市社会的排斥性制度，而不能享有与当地市民同等的公共服务、社会保障和工资收入；等等。这些制度缺陷，不但造成市场经济中的不平等竞争，而且使得不平等竞争的后果继续复制并加剧不平等，阻碍了社会流动，尤其是明显地减少了低收入群体向上流动的机会。正因为如此，在经济高速增长、居民收入和财富普遍增加的情况下，对社会不公的呼声却日益强烈。

上述分析表明，在理论上，市场制度不仅具有提高效率和促进经济增长的良好机制，而且也会对拓展个人享受的自由权利做出重大贡献（Sen，2002）。但在实践中，这些功能可否充分实现，则主要取决于市场之外的制度环境，例如政治、法律和社会保障制度等。原因在于，市场无法自动解决公平问题（杨春学，2006）。基于这种认识，我们借助初次分配中的获取及交换正义原则和再分配中的公平原则，阐明效率与公平兼容的根本条件，是保证所有社会成员平等地实现其基本权利。

如果缺失这一条件，即使某种资源配置在导致一部分人致富的同时并未使其他人变得更穷，从而达到了帕累托最优或曰提高了效率，这种分配也是不公平的。在部分公有资产民营化的过程中，企业高层管理者通过暗箱操作，以极其优惠的价格获得资产，就属于这种状况。倘若制度性和政策性的不平等业已存在，资源的分配即便合乎法规，其程序和结果同样有失公平。行政垄断下的金融、石油、电力、电信和铁路运输等行业的资本积累，便是如此。在这些快速增长的领域，由于制度壁垒，潜在竞争者难以分享经济增长的机会；由于实行垄断价格，消费者难以分享增长的成果。纠正这些不公正的财富占有状况，才符合社会正义。在制定和实施矫正行动的规则时，即使出于政策可行性的考虑不去追溯初始的分配，也必须从消除特权和垄断做起。

在社会公平专题文献中，对于那些因教育、经验和个人努力等个人特征引致的收入差别，通常被视为公正的收入不均等。至于制度性和政策性因素造成的收入差别，则被称为不公正的收入不均等（Chaudhuri & Ravallion，2008）。针对不同类型的不均等，亦有不同的政策干预实践。财富分配的不均等加剧收入分配的不均等，在理论上和实践中已成定论。为了减轻这种财富效应，发达国家会对财产以较高的税率征税。特别是累进制的遗产税，在迫使富人将财富用于社会的同时，削弱财产赋予其后代的优越机会。这种做法背后的理念，是强调社会成员之间的"机会平等"和"条件平等"。

"条件平等"的着眼点主要在于个人进入市场时拥有的不同的初始禀赋，例如父母和家庭状况、受教育机会、保健机会和社会关系，等等，会对个人的发展前景产生显著影响。因此，需要通过政府采取再分配和公共服务项目，既保障最低收入群体的生存，又缓解不利的初始条件对个人在机会获得方面的负面影响。在当今世界，不同国家和不同文化背景的群体都将这种有差别的分配原则视为是公平的。原因在于，它一方面反映了个人对于陷入最差处境的风险和不确定性的厌恶；另一方面，它体现的是个人对社会共济和社会包容的制度性偏好。

若把社会公平正义的原则应用于发展政策的制定，那么政策的实施就构成以减少和消除社会排斥为特征的包容性发展进程。现在的问题是，如何度量发展的水平或社会的包容程度呢？联合国千年发展目标中的指标体系即可作为基准尺度，因为它反映的是各国公众对于人类发展的优先偏好，例如健康、教育和体面的生活，等等。由于经过缔约国和联合国层面的政治程序确认，这些偏好隐含着个人选择和社会选择的统一。其中每一种偏好，都对应着可以量化的指标，例如获得安全饮水的人口比率、产妇死亡率、儿童死亡率、适龄儿童入学率以及区分性别的初等教育完成率、就业率和贫困发生率。

这一多维度的指标体系，既可衡量宏观层面的国家发展程度，又能反映微观层面的群体和个人生活状态，还可用于群体之间、地区之间和国家之间的比较。不同国家和地区组织出于对特有的社会偏好的强调，多半还会添加一些指标（Marlier & Atkinson, 2010）。例如，欧盟由于早已超越了联合国千年发展目标中设定的发展阶段，便从经济增长、就业、创新、环境可持续、经济改革与社会融合共六个方面,为其社会融合进程设置了14个指标(Atkin-son,2009)。鉴于本项研究的焦点是中国经济转型中的社会公平问题,课题组更多地采用了反映收入分配、社会保障和性别不平等状况的指标。

通过对全国抽样调查数据集的描述统计和分析统计,着重比较2002—2007年的居民收入差距变化,探寻引起这些变化的原因。统计结果显示:

(1) 收入不均等程度提高,但最低收入组的收入也在增加(朱玲、金成武,2009)。这意味着穷人并没有变得更穷,但贫富差距在加大。2006年,全国居民收入的基尼系数为0.468(2002年为0.457)。具体来说,占全部人口50%的低收入人群,在全部收入中分享的份额为18.3%(2002年为19.2%);收入最高的5%人口在全部收入中获得的份额为21.3%(2002年为20.4%)。

(2) 在收入最低的30%人口当中,90%以上依然是农村人口。城镇底层收入群体多从事非正规产业经营和劳动;农村底层收入群体多从事家庭农业。这两个群体的人均收入中,包括社会救济在内的转移收入份额分别为10.2%和11.5%。

(3) 对泰尔指数的分解结果表明,城乡之间的收入差距依然是对全国居民收入差距影响最大的因素,2006年的贡献达42.2%。地区之间收入差距的贡献为13.2%,其余的贡献来自城市内部和乡村内部的收入差距。

(4) 农村劳动力进城务工,成为农村住户最重要的一项现金收入来源。2007年,在中西部农村劳动力转移大省当中,外出务工收入至少占农民家庭人均现金纯收入的40%、人均纯收入的34%。对基尼系数的分解结果表明,外出务工收入的分布,具有缩小收入差距的作用,它对基尼系数增大的影响表现为负数(-37.2%)。具有同方向影响的还有家庭经营收入(-65%),但这项收入水平在不同年份波动明显(何伟,2011)。对连续两年贫困户监测数据的分析进一步显示,外出务工显著降低了农户陷入贫困的可能性，同时也是影响贫困状况变化的重要因素（罗楚亮，2010）。与此相对照，财产性收入、转移性收入和税费支出的分布，都拉大了农村居民之间的收入差距。

（5）对城市劳动力市场和薪酬差异的分析结果主要可归纳为，其一，2002年，个人的人力资本特征（年龄、性别、健康状况、党员身份和受教育年限）和父母的身份（党员、大学文化程度），对其初次就业的搜寻时间均有显著影响（罗楚亮、李实，2009）。其二，通过分解城市户籍和农村迁移工人的工资收入差别，发现二者收入差距的60%可归结于歧视。特别是在低收入和中等收入人群中，歧视是造成两类从业人员收入差距的主要原因。但对于处在收入的条件分布最高端的10%的人群而言，二者之间的收入差距则主要出自人力资本的特征差别。在对2006年的数据作类似的分解分析时，选择变量有所不同，其结果也有异，但歧视对收入差距的影响无实质性改变（邓曲恒，2007）。其三，2004—2007年，公共部门就业者的收入水平高于民营部门，但收入流动性低于后者（Deng & Xue，2011）。

在一个社会处于激烈转型的时期，大多数成员的生计都会因此而增添更大的不确定性。那些欠缺经济和生命安全保障措施的个人、家庭或群体，在面临老龄、患病、伤残和其他灾害风险的情况下，即为脆弱群体。相对于城市户籍人口，农户和农村迁移劳动者及其家庭，属于中国社会脆弱程度最高的群体。本项文集中第五篇的重点，正是观察和分析这两类群体的生存和发展需求。主要发现如下。

第一，在市场化进程中，边远农牧区社会经济不平等现象显著，"生态贫困""健康贫困"和"教育贫困"的状况并存。基本健康无保障和非农就业市场教育水平门槛提高的现状，导致贫困人口受困于边缘化的可能性增大。中央政府对同一地区同一族群但分属不同行政区划的农牧户，实行了差别性的公共转移政策。这不仅减弱了公共政策的社会融合效用，反倒引发地区性的社会不满

(朱玲,2005、2006)。

第二,通过对中华人民共和国经济史文献的回顾,我们注意到共和国工业化进程中曾发生三次超时劳动和伤亡事故高峰。当前的超时劳动和伤亡事故主要发生在农村迁移工人群体中。针对这一群体的抽样调查和案例调查表明,当前的中国劳动力市场存在着三个层面的隔离现象,即城乡户籍隔离、公有体制内外隔离,以及地方行政辖区隔离。因此,跨省/市就业的农村迁移工人便同时遭受三重歧视。其劳动保护不足的状况,既是此类歧视的一种表现和后果,又是被歧视的一种表现:(1)超时劳动与不良工作环境,显著地影响迁移工人的健康状况。(2)小时工资较低、汇款回乡较多、未签订劳动合同者,以及没有参加工会的男性技术工人,超时劳动的可能性更大。(3)超时劳动还与如下因素直接相关:政府和企业权力缺少约束,劳动力市场分割使迁移工人遭受排斥和歧视,在工资和劳动保护方面缺乏谈判权(朱玲,2009)。

第三,性别的职业隔离使农村女性迁移工人不仅遭遇户籍身份歧视,而且还受到性别歧视。女性更多地进入了办事人员和非技术工种岗位。虽然就业者的人力资本、社会资本以及与生产相关的特征对此有显著作用,但性别歧视产生的影响更大。我们的统计分析结果显示,如果消除性别歧视因素,男性和女性进入管理层的概率之差即减少 55.2%;二者获得办事人员职位的概率之差减少了112.16%(王震,2008)。

针对脆弱群体的生存和发展需求,中央和地方政府采取了一系列强有力的措施。在"十一五"规划执行期间,社会保险、社会救助和社会福利覆盖面迅速扩大,公共服务有了明显的改善。文集第六篇着重对收入再分配和社会保障政策加以评估,要点如下。

其一,2002—2006 年,社会保障政策的不公平性下降。尤其是包括税费减免、种粮直接补贴和新农合(新型农村合作医疗)参合补贴在内的新农村建设政策,发挥了降低农村居民收入不均等和缩小城乡收入差距的作用。在没有净补贴的情况下,2002 年农村居民人均收入相当于城镇居民人均收入的34.6%,加入净补贴后这个比率下降到33.5%,拉大了城乡居民的收入差距。2006年,城乡居民总体收入差距扩大,但农村居民获得的净补贴使这一差距略微缩小:农村居民人均收入相当于城镇居民人均收入的比率,在加入净补贴后由28.5%上升到28.6%(王震,2010)。

其二,社会保障项目具有缩小城镇居民之间收入差距的作用。倘若没有养老金和社会救助等项目,2008年城镇居民收入的基尼系数将会从0.353上升到0.484。这意味着,社会保障项目使城镇居民的收入不均等程度下降了27.42%(姚宇,2011)。

其三,为农村迁移工人提供养老保险,是一个历史的进步。然而,在这一群体与城市户籍职工的社会经济状况差异巨大的情况下,对二者做无差别的养老保险制度安排,导致了不公平的结果。(1)目前城市社会养老保险的属地化特征,妨碍劳动力流动,并损害缴费企业和工人的利益。(2)养老保险费率过高,削弱企业增加工作岗位的积极性。多数迁移工人的工资水平低于缴费基数下限,实际上承担了较高的费率。女工因工资更低,保险支出对其当前的可支配收入影响更为严重。(3)迁移工人退出正规就业岗位的年龄早于法定退休年龄,养老待遇将低于平均水平并且很可能陷入老年贫穷。(4)女工就业期限更短,在同等缴费工资水平上,模拟的养老金水平仅相当于男性的55%—57%。因此,在制定全国性的迁移工人养老保险政策时,需要考虑促进就业、减少老年贫困和养老收入分配中的性别不平等因素(朱玲,2009)。

其四,从全国社会保障体系来看,板块分割的状况,使得整个体系既有失公平,又损失效率。公共部门的就业者特别是公务员"保护过度",非公共部门的就业者特别是农民和农村迁移劳动者"保护不足"。尤其是碎片化的社会养老保险制度,不但妨碍劳动力流动,而且加大管理成本。新型农村合作医疗制度、新型农村居民社会养老保险制度以及农民工参加城镇职工社会保险的政策,有助于促进社保公平。但地区之间的"福利锦标赛"和地方财政不堪重负的状况，有损社保项目的可持续性（朱玲，2010）。

四 政策性结论

针对经济转型中的社会公平缺失现象，可择要分为两个领域：在初次分配领域，第一，通过广泛的社会参与，特别是利益相关者的参与，建立公正透明的分配制度。例如，城市化进程中农用土地转为非农用地的各项规则，目前实际上由地方政府各行其是。这些领域，都属于分配体制改革的范围。第二，加大对行政性垄断行业的改革，建立平等竞争的市场秩序。与此相关，政府退出对资源价格的直接干预，恢复价格的市场信号作用。第三，促进全国统一的劳动力市场的形成，排除农村迁移劳动者及其家庭异地转为市民的制度性障碍。特别是对于持续在一个城市就业的农村迁移劳动者，赋予他们和当地户籍劳动者同等的基本权利。第四，通过立法创新社会结构，承认雇主与雇员为具有各自不同利益却又利益相关的群体。借鉴国际劳工组织有关"三方机制"的经验，强化雇员尤其是农村迁移工人的集体谈判权力，以便使他们能够与政府和企业形成有效的制衡关系，拥有尊严地分享工业化、城市化和经济全球化带来的利益。

在再分配领域，首先，继续实施扶贫计划，政府和公众在投资于低收入和贫困人口的营养、健康、教育和培训的同时，还需要采取消除社会排斥的公共行动。这未必在短期内引起贫困发生率的变化，但却是缓解乃至消除贫穷和促进包容性发展所必需的步骤。其次，深化财税体制改革，一方面，加大中央政府的社会支出责任；另一方面，增加对欠发达地区的转移支付，以便强化当地社会救助和社会增益产品（merit goods，例如义务教育、妇幼保健和营养干预）的供给。最后，稳步扩大社会保障覆盖面，逐渐消除社保体系的碎片化，以保证每一个遭遇负面事件冲击和陷入贫困的个人和家庭，都能获得帮助。在这个意义上，社会保障体系的健全和发展，将有助于校正收入和财富的初始分配状态。

就上述两个领域的改革而言，初次分配制度的改革是本原的、生产性的，它决定着不同社会群体之间的权力平衡程度以及再分配制度的可持续性。若无初次分配领域的深刻变革，再分配制度虽然有助于改善低收入和贫困群体的生存状态，却无助于从根本上增强社会公平和消除社会排斥，从而扭转贫富差距加大的趋势。这些改革建议，尤其是改革初次分配制度的政策措施，必将触及和削弱既得利益群体的权力。如何在稳定社会的前提下依法改革，防止以新的不公正取代旧的不公正，是对政府和公众政治智慧的考验。对此，欧盟的社会融合标准化和公开协商法的实践经验值得借鉴。

参考文献

Atkinson, A. B. (2009), "Issues in the reform of social policy in China", 2011年10月26日下载于：http：//www.nuffield.ox.ac.uk/users/atkinson/。中文译文载迈克尔·斯宾塞、林重庚编著《中国经济中长期发展和转型》，余江等译，中信出版社2011年版，第135—151页。

Chaudhuri, S.、M. Ravallion：《中国和印度不平衡发展的比较研究》，《经济研究》2008年第1期。

邓曲恒：《城镇居民与流动人口的收入差异》，《中国人口科学》2007年第2期。

何伟：《我国农村收入分配分析》（尚未发表的课题研究报告），2011年。

金成武：《城镇劳动力市场上不同户籍就业人口的收入差异》，《中国人口科学》2009年第4期。

冷溶主编：《科学发展观与构建社会主义和谐社会》，社会科学文献出版社2007年版。

林毅夫、庄巨忠、汤敏、林暾：《以共享式增长促进社会和谐》，中国计划出版社2008年版。

罗楚亮：《城乡分割、就业状况与主观幸福感差异》，《经济学（季刊）》2006年第3期。

罗楚亮：《农村贫困的动态变化》，《经济研究》2010年第5期。

罗楚亮、李实：《初次就业、失业及收入效应与城镇新增劳动力的机会》，《改革》2009 年第 9 期。

裴小革:《建设的经济学:马克思主义经济学中国化研究》,中国社会科学出版社 2011 年版,第 199—207 页。

田国强:《和谐社会构建与现代市场体系完善》,《经济研究》2007 年第 3 期。

王震:《乡城流动工人性别职业隔离问题研究》(未发表的课题研究报告),2008 年。

王震:《新农村建设的收入再分配效应》,《经济研究》2010 年第 6 期。

魏众:《中国当前的收入分配状况及对策分析》,《经济学动态》2010 年第 8 期。

杨春学:《效率优先,兼顾公平命题的反思——我们需要什么样的公平观》,《经济学动态》2006 年第 4 期。

杨春学:《和谐社会的政治经济学基础》,《经济研究》2009 年第 1 期。

姚宇:《社会保障制度对收入差距的影响分析》(未发表的课题研究报告),2011 年。

俞可平:《社会公平和善治是建设和谐社会的两大基石》,《中国特色社会主义研究》2005 年第 1 期。

朱玲:《决定社会融合的经济因素》,《中国人口科学》2005 年第 2 期。

朱玲:《农牧区基本医疗保障的社会公平性问题》,《卫生经济研究》2006 年第 2 期。

朱玲:《城镇职工养老保险制度对农村迁移工人生计的影响》,《比较》2009 年第 4 期。

朱玲:《农村迁移工人的劳动时间和职业健康》,《中国社会科学》2009 年第 1 期。

朱玲、金成武:《中国居民收入分配格局与金融危机应对》,《管理世界》2009 年第 3 期。

朱玲:《中国社会保障体系的公平性与可持续性研究》,《中国人口科学》2010 年第 5 期。

(原载《经济学动态》2011 年第 12 期)

中国农业现代化中的制度尝试：
国有农场的变迁*

一　问题的提出

党的十九大报告提出要加快推进农业现代化和实施乡村振兴战略。可以说，农业现代化是有志于改造中国的几代有识之士不懈追求的目标之一。不过，不同时代的人们有关农业现代化的理念各相差异。党的高层决策群体一度认为，先进的农业生产方式应为土地国有化基础上的集体大农业。因此，在20世纪30年代，就曾在鄂豫皖根据地筹建国有制的"苏维埃农场"。筹建的农场虽然因脱离实际而失败，但筹建理念并未被放弃。40年代末，党在取得东北战场的胜利之后，即在解放区以军垦为基础建立国有农场。及至中华人民共和国成立，党中央采取了一系列措施，在全国范围内将理想付诸实践。一方面，在所有省份特别是在边疆地区，创建国有农场并扩大屯垦规模；另一方面，在农村推行农业集体化，并于50年代末确立了人民公社制度。至此，将全国农业都置于计划经济体制之下（韩朝华，2016）。

---

* 本文受中国社会科学院经济研究所创新工程项目"公有企业收益共享机制的国际比较"资助，并综合了课题组成员的专题研究成果。课题组成员包括：韩朝华、蒋中一、胡怀国、何伟、周济。在实地调查中，财政部办公厅、农业部农垦局、调研省份的农业厅和农垦局、受访农场/农村的管理机构和农工/农民曾给予项目组大力支持，谨在此一并致谢。

与列宁坚信"共产主义就是苏维埃政权加全国电气化"① 相似,党的高层决策群体把依托公有制和机械化的国有农场视为我国农业现代化的先导。而且,还期待它成为推动农民集体化的榜样。② 在现实中,农场除了从边缘土地垦荒所得的农田在肥力上暂不如同区位的农村以外,在劳动力质量、采用先进技术和耕作机械方面都领先农村。可是,到20世纪70年代后期,绝大多数农场都亏损频仍,人民公社制度下的农业经济更是已近崩溃。在此背景下,农民为了摆脱饥饿而尝试的土地经营制度创新,带动了举世瞩目的农村改革以及我国经济的市场化转型。此间,农场也与工业服务业国企一样,既经历了制度变革的阵痛,又面临着经济全球化的挑战。1990年,农垦系统提供的商品粮占国家定购粮的10%③。到2008年,农垦系统的粮食商品率约为86.5%,在全国商品粮总量中所占的份额接近8%④。

最近40年来,农民在制度变迁中表现出的积极性和主动性,农业和农村经济在改革中焕发的活力和创造力,使农民、农业和农村的发展一直在公众舆论和政府决策中占据显要位置,同时也吸引了国内外人文和社会科学界的持久关注。相形之下,国有农场改革滞后,加之农垦系统的经济体量较小,无论是农场现状还是有关农垦制度变迁的研究,几乎都滑向被忽略的角落。可是出于以下考虑,这种现状无论如何都应扭转。

第一,土地乃稀缺资源,国有土地特别是农地,毫无疑问属于国有资产中最珍贵的部分。到2014年年底,农垦系统还保有国有

---

① 《列宁选集》第四卷,人民出版社1972年版,第399页。
② 参见邓子恢《农村工作的基本任务和中心环节》,《邓子恢文集》,人民出版社2006年版,第322页。
③ 数据来源:《国务院(1991年8月9日)批转农业部〈关于进一步办好国营农场的报告〉的通知》,国发〔1991〕42号,中央政府门户网站,http://www.gov.cn/zhengce/content/2010-12/30/content_3290.htm。
④ 赵洁:《农垦:以4%的耕地提供了全国8%的商品粮》,《农民日报》2009年8月27日,http://www.moa.gov.cn/fwllm/jrsn/200908/t20090827_1339660.htm。笔者依据统计局公布的数据计算,2008年全国商品粮总量中,农垦系统的份额约为7.3%。

土地面积 36.6 万平方公里（其中，耕地面积约 621 万公顷，约占全国耕地总面积的 5%）[1]。与当前的农村土地集体所有制相比，国有农场的土地所有权实际上仍处于虚置状态。在迅猛的城市化和工业化浪潮中，有相当一部分省份的经济开发区都从征用农场土地开始，接近城区、风景区和交通要道的农场土地也被大量征用。农场在与地方政府的谈判中，无论是对征地面积的确定还是对补偿条件的要价，都处于比村委会和农民更加弱势的地位。如何有效保护国有土地资源、更有效率并可持续地使用国有农地，是一个值得深入研究的问题。

第二，相对于城市和农村的人口规模，农场人口虽属"小众"，若以绝对量而论，却也与世界上一些小国（例如柬埔寨）的总人口大致相当。2014 年，农场人口总计达 1412 万人，其中 323 万人为正式职工[2]。在全面建成小康社会的进程中，为了保证所有国民"一个也不能少"地分享经济增长带来的福祉，农场人口和务农劳动力在社会经济转型中的命运，自是不可被遗忘。

第三，遍布各省的国有农场不但是我国农业和乡村经济的组成部分，而且还与农村的集体生产组织一样，是党在农业领域从事制度实验的产物。对这两种社会实验及相关制度变迁，均需追踪研究，总结经验，升华理论，才有可能为继续探索未来的中国农业现代化路径，提供更为充分的思想资料。

以上三点，也是我们聚焦于国有农场制度变迁的原因和目的。迄今为止，有关这一领域的研究文献多出自农垦系统。这些文献的特点，在于具体阐明制度变迁的历程和农场遭遇的困难，并据此向上级决策机构反映情况，争取政策优惠和资源支持。或许正因为如

---

[1] 全国耕地总面积中农垦系统所占的份额，根据《中国农垦统计年鉴 2013》（中国农业出版社 2014 年版）第 126 页和《中国农业年鉴 2012》（中国农业出版社 2013 年版）第 317 页公布的数据计算。

[2] 《农垦改革首入一号文件 36 万平方公里土地价值凸显》，中华网，2015 年 2 月 2 日，http://news.china.com/finance/11155042/20150202/19268149.html。

此，此类研究很少超越农垦系统的视角并着力于深入的理论探讨（周业铮，2011）。

自从政府决策部门引入专家咨询和第三方评估程序，特别是2015年《中共中央、国务院关于进一步推进农垦改革发展的意见》[1]发布以来，农垦主管部门越来越多地邀请或委托本系统之外的学者做专题研究或政策评估。接受委托的项目团队多数具有农村发展研究的经验，而且也善于在委托机构的行政支持下开展专题调查。一般情况下，这些研究短期内即可抓住农业和农村经济中带有普遍性的问题，通过对农场与农村的比较研究，提出针对国有农场制度特点的政策改革方案。

可能是囿于委托任务的主题及任务期限，这些研究也显露出一些缺失之处。其一，欠缺对国有农场体制变迁的理论评估，以及对农场人口、社会与经济的多层面综合研究（东南大学、武汉大学国家发展研究所联合课题组，2016）。其二，尚未着眼于全球农业发展的共同经验。例如，根据部分国有农场经营方式改变前后的土地单产变化，即判定"双层经营体制"具有优越性（桂华，2017）。其实，"双层经营"并不等同于产前、产中和产后的公共服务。更何况作者并未充分观察经营方式变更前后农工获得同类服务的成本高低。在欧美发达经济体，公共部门与合作社借助市场机制，为家庭农场提供了高效率的公共服务已是不争的事实。在经济全球化的背景下，我国农业竞争力微弱的状况已被国际市场的价格信号所显示（何秀荣，2016）。因此，无论是国有农场还是农村的土地经营制度，都需进一步改进，才有可能顺应世界农业现代化的趋势。

出于这样的理解，我们从如下问题着手，展开对国有农场制度变迁的研究。

---

[1] 《中共中央 国务院关于进一步推进农垦改革发展的意见》，http://www.gov.cn/zhengce/2015-12/01/content_ 5018727. htm。

第一，对于国有农场的起源，以往的研究多半归之于古代的屯垦。可是，当时的屯垦并未构成契合计划经济的国有农场制度。那么具体是哪些缘由引致当代国有农场组织方式的产生呢？进一步讲，在某些成熟市场经济国家和转型国家，依然留存国有或共有土地，这些国家又是怎样管理和经营这些公地的呢？

第二，国有农场从诞生之时到如今，作为一种依托土地国有制的经济组织，经历了哪些重大改革？改革的成败得失又如何？目前还有哪些制度性设置，有碍国有农地的可持续利用和更有效率的经营？

第三，农场同时也是一种社会组织和国家在乡村基层的治理单元。最近40年来的社会转型，对农工及其家庭的命运产生了怎样的影响？农场人口是否获得了与其他乡村居民同等的基本公共服务与社会保障？

为了探寻上述焦点问题的答案，不但有必要了解世界农业面临的普遍性问题，而且还应观察发展中国家的农业遭遇的相似困难，更需关注农业人口特有的脆弱性。故而我们既从思想史的角度对秦汉以降的垦殖制度加以比较，又从世界农业发展史中追溯当前农业生产组织方式的根脉。而且，还着重解析中华人民共和国成立以来国有农场制度产生和变革的政治经济缘由。在大致按照时间序列对国有农场制度的变迁做纵向分析的基础上，我们还将理论文献研究与抽样调查及案例研究相结合，对当前的国有农场运行制度做横切面的分析。在此，我们把分析的焦点，置于农场的土地经营、劳动与社会保障，以及社区基本公共服务筹资制度。设计这种分析框架的目的在于，既为国有农场的综合改革提供第三方的观察信息及政策备选方案，也为公众、学界和决策者深入探索具有中国特色的农业现代化道路积累理论素材。

鉴于此，我们主要通过以下方式收集中外历史资料、理论文献和现实信息。

第一，通过互联网和图书馆搜寻文献和数据。例如，从"英格兰共用地（common land）数据库"找到 7000 多块共有地的产权登记资料。从中国社会科学院经济研究所图书馆收藏的原国民政府农林部档案中，收集到垦殖司有关抗战时期"公营垦场"的油印规章及统计文献。

第二，在不同地区重点选择以种植业为主的国有农场，对场部管理层和农工家庭做小样本问卷访谈。除了在广东、江苏和湖南 3 省做典型调查外，2014—2017 年，我们先后前往云南、广西、海南、湖北、江西、安徽、上海、黑龙江、甘肃、内蒙古、新疆、浙江、辽宁和山东共 14 个省份的农场做小样本问卷访谈，共回收农场管理层问卷 33 份，获得受访农工家庭问卷 423 份。

第三，2017 年，我们一方面增添农村乡镇和村庄公共服务筹资制度调查；另一方面，引入原农业部 2016 年的全国农村固定观察点村级报表数据，以便为农场社区公共服务筹资研究提供参照系。

第四，在案头工作期间，分专题收集各级政府公布的有关农村、农业和农垦改革的政策文件及统计资料；在机构访谈和实地调查中，收集中央和各省的农垦年鉴，以及农场志、年度总结和工作简报。

二　不同时代的公营垦殖制度

本节拟重点说明不同时代的公营垦殖制度的缘起、特征和历史变迁。从秦汉到明清，屯田几乎贯穿了此间传统农耕社会的始终。然而，屯田从未成为主流的农业经营模式，作为国家微观经济基础的仍是"编户齐民"（被政府编入户籍的平民百姓）从事的小农经济。除了必要的屯垦戍边措施以外，特定朝代的中央政府只是在统治能力弱化和战争时期，为了扩大赋税来源，才在内地推行屯田模式。主要做法在于采用战时措施、移民政策和额外经济激励，强迫或诱使人们开垦"编户齐民"尚未耕种的边际土地。由于屯田模式的经济效率通常低于"编户齐民"模式，一旦进入太平年间或中央政府的赋税征收能力强化，内地的屯田模式即转变为"编户齐民"的家庭经营模式（胡怀国，2015）。

到了民国时期，一些参政的思想家借鉴国际经验并根据中国人多地少的国情，设计和促成了1930年国民政府颁布的《土地法》。该立法的目的在于，使土地能够成为便于交易的生产要素和市场体系的重要组成部分；同时，赋予政府使用公共资源扶助自耕农的权限，从而促进经济社会的现代化转型。但由于1937年抗日战争爆发，以该《土地法》为制度基础建立的"公营垦场"，并未成为建立新型土地关系的试点，而是用于安置流离失所的难民。即便如此，垦殖管理机构根据法律条文购买私有荒地的做法，基于土地的公共属性对私有权施加的限制，组织实行以家庭为单位的耕作方式，以及协助耕作家庭获得无息贷款和地租减免等诸项措施，都为日后中国台湾地区的土地制度改革积累了经验（胡怀国，2016）。

对于中华人民共和国成立后的国有农场发展史，我们以20世纪70年代末为界分为两个阶段，着重分析每一时期的制度变迁关节点。从农垦系统业已公开的档案文献中发现，40年代末，中央决策层指令创建国有农场，并非仅仅为了在战争结束之时安置军队转业官兵屯垦戍边。我国政府依据当时社会主义阵营的经济分工，推动橡胶种植业的奠基和发展，也是其中一个重要因素。更为关键的原因还在于，决策层着眼于马列主义有关社会化大生产的理念和苏联创办公有制机械化农场的实践，期望由本国的国有农场作样板，引领农业的集体化和现代化。计划经济时代的统计资料显示，国有农场在荒地垦殖、农副产品生产和非农产业发展等方面，俱成绩斐然。但由于内在激励机制扭曲，未能摆脱效率低、成本高和大量亏损的局面。国家在汲取农业剩余的同时又把城镇富余劳动力塞进农业的做法，对农场运营不佳的状况无异于雪上加霜（韩朝华，2016）。

在计划经济体制下，国有农场可谓乡村中的城市治理单元。作为农业中的国有单位,农场在国家行政系统自上而下的资源划拨中,享有相对于农村集体生产组织的优先权。农场拥有不低于县(团)级的行政级别,因而带给场部领导及其他管理人员相应的工资和福利待遇。农场的农业工人享有国有企业职工的劳动与社会保障待遇;农工家庭成员或迟或早总会获得城镇户口,以及附着其上的食物保障和其他福利。这些因素可以部分地解释,何以农民会主动发起制度改革,而国有农场内部激励机制的转变,却是在农村改革的冲击下和中央决策层的督促中才缓缓启动(韩朝华,2017a)。

虽然,20世纪80年代中央决策层为国有农场改革制定的蓝图至今尚未完全实现,但农场的生产组织毕竟以"大农场套小农场"(农工经营的家庭农场)的方式,替代了以往的团队生产和经营。这种制度变革,使得农业生产上的经营决策权和风险责任逐步从国家(农场)转向了农工,一定程度上推进了农场剩余控制权和剩余索取权在农工个人身上的对称配置。因此,曾经长期存在的农工生产积极性不足、工作责任心淡漠的问题显著化解。尤其是与农村相比,国有农场农工教育程度较高、劳均农地规模较大、技术培训、信息供给和农机水利服务能力较强。在按照农村社队改革的逻辑实现了农场的生产体制转型后,这些优势得以进一步发挥。1998—2015年,农垦农业在土地生产率和劳动生产率上都超过了农村农业。

三 目前的国有农场运行机制

从国有农场目前的激励和约束机制来看,国有农场下的职工家庭农场尚未成为真正独立的市场主体,农场的高层管理者也未完全转变为真正的企业家。尤其值得注意的是,将家庭农场经营方式转变为公司化模式的冲动,还存在于农垦行政管理系统中。鉴于此,本节将着重分析当前国有农场运行机制中存在的问题。

我们的分析,起步于梳理国内外农业经济学家有关生产组织方式的理论探讨。在此基础上阐明以下论点：其一，农业特别是种植业生产的自然生物特性，决定了家庭经营是最适当的生产组织方式。只有在那些技术上能够降低生产的季节性、同时弱化自然条件随机冲击的农业生产分支，采取工厂式的公司制企业形式才可能获得较高的效率。家庭农场具有效率优势的本质原因不在于家庭本身，而在于家庭易于适应农业劳动过程的个体性要求。其二，农业中的家庭经营不等于小规模经营，现代家庭农场在耕种面积和产量上的规模已远远超出传统小农。其三，以家庭农场为组织形式的农业规模化经营，是实现农业现代化的需要。长期保护和巩固传统小规模农业，将阻碍农民脱贫和国家整体经济的发展（韩朝华，2017b）。

与农村土地的家庭承包制相比，农垦系统的职工家庭农场可以说仍然是国有农场中的一线生产单位，承担着较重的费用负担，却享有较少的经营自主权。我们在实地调查中发现，一线生产者与其耕作的土地相关联的权利和义务，均未超出一般生产责任制的范畴。这突出表现为：第一，土地租约一年一签而且租约不安全；第二，耕种者交纳地租；第三，土地流转受到农场行政规定的限制（蒋中一，2017a）。

进一步讲，国有农场领导人的干部身份没有改变，他们仍然要由上级组织部门甄选、任免和监督。在属地化垦区，农场领导干部直接由当地组织部门调配和管理，还可在农场和当地党政机构之间调换。在这样的情况下，一般国有企业经营者中常见的代理问题在农场也同样难免。此外，在为国有农场管理层设定的绩效工资制度下，赋予农场领导干部的剩余索取权只与农场的近期（年度或任期）绩效挂钩，与农场的长远发展关联不大。因此，相当数量的国有农场管理者较少关注所在农场的长期效益最大化。加之国有农场的行政管理、社保缴费和公共事业支出负担沉重，绝大多数农场的场部极少对土地改良投资。农工家庭无论土地经营规模大小，几乎同样不为土地投资。这种行为的直接原因，表现为农工家庭在子女教育、社保缴费和购置农机项目上支出较大，很少有财务盈余甚至还负债；深层次的制度性决定因素则明显地在于土地租期较短而且缺乏法律保障。因此，长期性的国有土地管理制度改革势在必行。

四 国有农场社会的转型

除了关注国有农场的经济效率，我们还着重考察了农场社会的转型。国有农场始自垦荒，围绕生产单位的社会组织、政权机构、居住小区和家庭人口，随着农场经济的发展逐渐扩展开来。即使经历了多年的市场化取向的改革，国有农场作为一种农业生产组织，仍然很难像城市企业那样，在地理空间和社会联系上与员工的生活社区相分离。农村人口与社会面临的发展问题，国有农场也不例外；而且还由于它的国有身份，显示出有别于农村和城市的独特性。

与国有农场独特的土地经营制度相联系的，是场内务农劳动力的三元结构：职工、持农场户籍的非职工、无农场户籍的非职工（多为来自贫困地区的农民）。国有农场现行的用工制度，不曾给予非正式职工与正式职工同等的社会经济待遇，因而对优质年轻劳动力产生了排斥效应。当前的城乡差别以及非农行业的竞争因素，又促使农场社区的优质劳动力纷纷向城市迁移。加之国家以往的计划生育政策对现今人口结构的影响，使得务农劳动力加速老化。根据我们的住户调查结果，在国有农场的务农劳动力当中，35岁以下的年轻人仅占13%；而在农场社区的非农劳动力当中，这一年龄区间的劳动者约占54%（朱玲，2017a）。

农业劳动力老化，是当今世界发达经济体或多或少都已遭遇的难题。这一现象，在我国的快速工业化和城市化进程中业已同样发生。2009年，全国农村务农劳动力平均年龄达45岁。国有农场的务农劳动力老化问题既有普遍性又有特殊性。其特殊性突出地表现为，在土地租赁条件和租约安全、公共服务获得和社会保障程度上，职工待遇相对优厚，持农场户籍的非职工次之，外来农民则处于最为不利的地位。因劳动者的户籍和就业身份不同而形成的农场劳动力三元结构，可以说是计划经济下劳动用工制度的残余表现，它在很大程度上复制了当前全国劳动力市场的分割状态。

农场歧视性的制度环境，对务农劳动力的更新和优化产生了明显的负面影响。在35岁以下的务农劳动者当中，具有高中及以上学历的人仅占24.3%。而在同一年龄组的非农就业人员中，拥有此等学历者占到67.3%。不仅如此，35岁以下务农劳动者的职业技术培训和健康水平，也不如同龄的非农劳动力。

眼下，国有农场职工与非职工的一个关键区别，是农场只对职工参加城镇企业职工社会保险（主要是养老保险）承担企业应负的缴费责任。在养老保险缴费上涨幅度远超农业增长的情况下，绝大多数地处欠发达和中等发达地区且以农业为主的国有农场，已经不堪重负。因此，管理层多采取以下两个办法减支增收：其一，对于场内新增劳动人口及外来农民，尽可能避免给予职工身份。其二，实行"两田制"。向职工平均分配"身份田"并免收地租，但由职工一力承担企业和个人的养老和医疗保险缴费责任。余下的农地作为"经营田"（或称"市场田"），根据面积、区位和肥力等级收取地租。经营田或是按照职工人数和持有农场社区户籍的人数划档平分，或是采用竞标机制向种田能手集中。问题是，部分职工因支付能力薄弱已遭遇养老保险缴费困难。在边境贫困农场，还产生了诸多"脱保者"（停止缴费、脱离社保）。因此，采取针对性的政策措施已是刻不容缓。

我们理解，实现农业现代化的目的不仅在于提高效率，而且还要使人民特别是农业领域的从业者分享本行业增长的收益。因此，我们通过对乡村社区公共服务筹资制度的研究，观察分权化的社会经济发展战略下，农场社区在政府分配公共资源过程中的所得多寡，以及社区人口分享基本公共服务的状况。从现有文献和我们的实地调查可知，2003年农村税费改革后，农村社区基础设施建设和公共服务供给主要依靠政府投资和拨款。村级基本公共服务供给水平，不再取决于村庄财力，但国有农场社区却不然。我们对财力强弱不同的农场和村庄加以分组，对不同组别的农工家庭和农户的自来水普及率，做了两两对照分析。结果显示，在财力较弱的农场组，农工家庭的自来水普及率还不足53%，低于对照组。造成这种现象的制度性原因，在于国有农场以其现有的企业身份，难以对接国家行政管理体系，以致在政府行政系统分配公共资源的流程中处于边缘地位（朱玲，2017b）。在国家的生产性投资项目分配中，情形也大致如此（蒋中一，2017b）。

五 政策性结论

从以上分析结果可见，有必要继续推进国有农场在农地管理、劳动与社会保障和行政管理体制等方面的综合性制度改革。

第一，分离国有土地的管理权和经营权。目前，土地使用权流转的行情已经显示，土地租赁价格主要取决于地块区位和肥力，与流转地块的所有权性质无关。进一步讲，英国的共有土地管理经验显示，土地的权利可以分解为多个层面，共有和私有权利可以在同一地块上并行不悖（胡怀国，2017）。中东欧国家专门设立国有农地管理机构的一系列做法也表明，这些管理机构在出售或出租国有农地的过程中偏重两点：一是不以售价或租金最大化为目标，而是保证土地得以可持续利用，并防止地块碎片化；二是选择具备知识、技术和经营能力优势的农民购买或租种土地（何伟，2017）。这些做法，值得我国在改革国有农地管理制度的过程中借鉴。

第二，确立国有土地的家庭经营体制。在现有的制度框架下即可采用的政策，当为赋予租赁并耕种国有土地的农工家庭更安全的使用权和更多的财产权。与此相关，还可进一步采取措施增强农工的社会保障：其一，精简强制性缴费种类。其二，允许经营家庭农场的职工参照个体工商户标准缴费，以使养老保险缴费率下降8个百分点。其三，把城乡居民养老保险中由中央财政承担的基础养老金覆盖面，扩展到农场职工，并将此制度与最低生活保障制度相衔接。

第三，参照人民公社"政社分离"的模式，推进国有农场的行政体制改革。但凡确立家庭农场经营模式，就没有必要保留一套凌驾其上的生产经营班子，否则家庭农场的经营者就难以获得充分的自主权。国有农场的管理机构转为乡村基层政权组织，依然可以作为国家土地所有权的代表，行使对土地资源的管理。家庭农场所需的生产性服务，国有农场已有的专业服务队、合作社及其他市场组织同样可以提供。除了负有屯垦戍边、稳定社会和维护国家统一使命的农垦组织，例如新疆生产建设兵团，其余以职工家庭农场经营为支撑的国有农场只有转换单位身份，才有可能使其社区及人口顺畅地融入属地当前的社会经济治理系统，并在国家推进基本公共服务均等化的过程中分享他们应得的福利。

第四，国有农场转换单位身份必将触动管理人员和职工现有的利益，因此必须设置过渡期并制定相应的补偿措施。根据联合国2030年可持续发展议程，设定基本公共服务标准，由国家为乡村社区提供底线财政保障，以便提高中西部地区农村和农场的社区基础设施和公共服务水平。在过渡期间，还需中央职能部门在下达惠农文件时特别提示，政策对象包括国有农场。

第五，为了增强我国农业的竞争力，还需国家和社会共同努力，培养与土地规模经营相适应的职业农民。一方面，创造足以提高务农劳动者社会经济地位的制度环境，使农业和非农劳动者在具有同等人力资本水平和工作表现的条件下，有可能获得大体相当的收入和社会保障；另一方面，由国家采取立法措施，重构农业职业教育和继续教育体系，强化农业人力资本投资。事实上，扩大土地经营规模与培养和吸引高质量的职业务农劳动力，是农业现代化进程中相辅相成的两个方面，因而也可以说是带有普遍性的农业发展战略。

参考文献

东南大学、武汉大学国家发展研究所联合课题组:《农垦制度改革与农业现代化若干问题的建议》,《财经智库》2016 年第 3 期。

桂华:《土地制度、合约选择与农业经营效率——全国 6 垦区 18 个农场经营方式的调查与启示》,《政治经济学评论》2017 年第 4 期。

韩朝华:《新中国国营农场的缘起及其制度特点》,《中国经济史研究》2016 年第 1 期。

韩朝华(2017a):《从团队生产到个体经营:改革开放时期农垦农业的生产体制转型》(未发表的研究报告),2017 年。

韩朝华(2017b):《个体农户和农业规模化经营:家庭农场理论评述》,《经济研究》2017 年第 7 期。

何秀荣:《关于我国农业经营规模的思考》,《农业经济问题》2016 年第 9 期。

何伟:《中东欧国家的国有土地管理制度》(未发表的研究报告),2017 年。

胡怀国:《中国传统社会的"国营农场"及其转轨路径——兼论古代屯田的制度背景与演进逻辑》,《中国经济史研究》2015 年第 5 期。

胡怀国:《民国时期的"公营垦场":制度基础与模式创新》,《学术研究》2016 年第 12 期。

胡怀国:《英国的共用土地:利用方式与时代变迁》,研究报告,2017 年。

蒋中一(2017a):《国有农场的土地承包制和使用权》,研究报告,2017 年。

蒋中一(2017b):《国有农场的土地投资和永续利用问题》,研究报告,2017 年。

周业铮 2011:《国有农场农工增收的影响因素分析》,《中国农垦》2011 年第 5 期。

朱玲:《国有农场职工的养老保险制度安排》,《学术研究》2016 年第 5 期。

朱玲(2017a):《农业劳动力的代际更替:国有农场案例研究》,《劳动经济研究》2017 年第 3 期。

朱玲(2017b):《改革与发展中的乡村社区公共服务筹资制度:国有农场案例研究》,研究报告,2017 年。

(原载《经济学动态》2018 年第 2 期)

贫困地区农户的营养和食品保障

改善贫困人口的营养和食品保障状况，是发展中国家反贫困行动中首先要解决的问题。1985年以来，中国政府采取的大规模扶贫措施也是围绕这一主题展开的。为了考察这些扶贫政策的实施效果，作者在进行以工代赈项目专题研究中引入了营养调查，调研地区为山东省的临朐县、宁夏回族自治区的西吉县和四川省的旺苍县。样本村庄共计34个，抽样农户为360个，农户有效问卷358份。[①]

本文将首先介绍国际社会通行的"食品保障"概念；其次依据对抽样数据的描述统计说明贫困户的消费支出和食物消费状况；再次用经典的营养分析方法和中国预防医学科学院制定的理想膳食模式评分方案，比较不同调研地区农户的营养水平，并借助回归分析论证决定样本户营养状况的社会经济因素；最后讨论研究结果的政策含义。

一 有关食品保障的概念

关于食品保障的概念，在我国与其相近的提法是保障粮食供给。可是在概念上前者其实比后者有着更为宽广的外延和丰富的内

---

① 有关专题调研设计，参见《论贫困地区以工代赈项目的受益者选择机制》，载于《经济研究》1993年第7期。当年在专题调研过程中，国家计委、交通部、水利部和调研地区各级政府都曾给予大力协助，农业部农研中心和中国社会科学院经济研究所的同事们参与抽样调查；本文的营养计算方法为中国预防医学科学院营养研究所的陈君石和王公昊先生所传授，计算工作由张鸣承担，文字由李月琴进行计算机处理，在此一并致谢。

涵。不言而喻，"食品"包括了人类为满足自身生存需求所摄取的广义农产品、森林采集物和可食用的加工品，而不仅是粮食。对于一个国家和地区，食品保障可以定义为所有人在任何时候都能够为健康的生活获得所需要的食物（von Braun 等，1992）。为此就不仅需要有充足的食品产出和稳定的市场供给量，而且必须使全体国民都具备获得食品的能力。这实际上是同时强调了食品的可得性和获得权，与我国以往片面强调粮食生产的政策相比，这种视角更为综合和全面。

食品的可得性和获得权也是国际学术界两个规范的概念。前者指的是食物的产出和分配，即对于需求者存在着可供消费的食物；后者的含义在于需求者对食物的拥有权或购买力。二者表达了食品的生产、销售和分配整个流程对于保障人类生存的意义。

居民户的食品保障，是指该居民户保证其所有成员都获得足够膳食摄入量的能力。可见，食品保障的概念在宏观和微观层次上都由食物的可得性和获得权构成，这一切又是决定人口营养良好的必要条件。

二 样本户的消费支出

农民家庭的消费支出，能够明显地反映出它们的贫富之别：越贫困的农户，消费支出越低（见表1）。食物消费是所有样本户消费总支出中份额最大的一项。即使是相对富裕的农户，食物消费的份额也在60%以上。这表现了贫困地区的农户所共有的生存经济的特征。这一特征也反映在消费支出的形式上：农户的消费在很大程度上并不依赖购买，一半以上的消费支出是实物形式，农民食物消费的大部分都由自产的农产品支持。临朐、西吉、旺苍3个县样本户平均自产食物的价值占全部食品支出的比率，分别为69.5%、87.6%、90.4%。看来农户货币形式的消费支出，主要是购买非食物消费品和服务。

表1　　　　　　　　　　样本户年人均消费支出结构

地区及分类 支出项目	临朐县			西吉县			旺苍县		
	贫困	中等	相对富裕	贫困	中等	相对富裕	贫困	中等	相对富裕
Ⅰ食物（元）	224	286	339	195	259	320	374	596	678
（％）	66.2	66.4	66.2	68.0	67.9	60.5	70.0	70.7	62.9
其中：自产（元）	138	216	235	155	225	287	350	565	576
Ⅰ＝100（％）	61.6	75.5	69.3	84.6	86.9	89.7	93.6	94.8	85.0
Ⅱ医药（元）	20	29	24	42	51	71	58	27	42
（％）	6.1	6.8	4.6	14.7	13.5	13.5	10.8	3.3	3.9
Ⅲ烟酒和礼品（元）	28	34	39	15	19	65	48	83	157
（％）	8.4	7.9	7.7	5.2	4.9	12.2	9.0	9.9	14.6
Ⅳ其他（元）	65	82	110	35	52	73	54	136	200
（％）	19.3	18.9	21.5	12.1	13.7	13.8	10.2	16.1	18.6
合计（元）	337	431	512	287	381	529	534	842	1077
（％）	100.0	100.0	100.0	100.0	100.0	100.0	100.0	100.0	100.0

注：每个县的样本户按户人均资产额由低向高排队，1/3等分为一组。这里，"资产"是指不包括土地的生产性和非生产性固定资产。

在讨论支出结构时把医药单列一项，是因为重病往往是导致单个农户陷入贫困的一个重要原因。越贫困的农户医药支出份额越大的事实，应该足以引起决策层对建立农村医疗保险制度的注意。人民公社时期的合作医疗制度虽然在一定程度上支持了常见病的防治，却不足以承担重病的医疗。

烟酒是调研地区较为普遍的男性消费品。尽管二者对人们的健康弊多利少，却在文化生活贫乏的乡村承担着社交媒介的功能。因此，在这里把烟酒消费和礼品支出归为一类。前者还包括自己消费的部分，后者则纯粹是赠予他人的货币和物品。农户之间此家之赠送，即为彼家之收入，往来的价值额大致相等。值得注意的是，它比任何一项非食物必需品的支出额都高，体现了一种特有的经济文化现象。

表1中的第4类支出项目，为食物和医疗之外的所有其他生活必需品和服务支出之和，包括服装、燃料、电费、交通、邮电和儿童的学费，等等。在一般情况下，富裕户这部分支出的份额大于贫困户，因为相对于后者，它们在基本食品需求满足之后，还有较宽裕的支付能力购买其他消费品和服务。

三 家庭营养状况

为了全面了解贫困地区农户的社会经济特征，本研究发放的农户问卷不仅收集有关土地、资产、农业和非农经济活动的信息，而且包括膳食调查的内容。由于贫困人口摄入的食物种类不多，同一地域农民家庭的食物结构又大致同一，因此膳食调查便设计得极为简单：只是向农妇询问访谈之日前3天的就餐人数、食物消费种类和消费量。它不似营养研究所的调查那样严格，但是能够粗略地说明样本户营养状况的优劣和不同调研地区的农户在食品保障方面的差别。

对这部分数据的处理，则借助中国预防医学科学院营养研究所提供的方法。首先要计算样本户平均每个标准人的每日营养素摄入量。"标准人"是根据每个家庭人员的性别、年龄和劳动强度折算出来的，为的是排除这些因素对一个人膳食摄入量的影响，使具有不同特征的人群有一个共同的比较基础。例如，1个15岁男性少年相当于1个标准人单位，女性单位为1的时候是16岁；10岁男孩的折合系数为0.875，同龄女孩的是0.833；同为17—45岁的重体力劳动者，一个男性折算为1.417个标准人，而女性则计为1.250个。然后，根据所消费的每一种食物的营养成分，换算出一个平均标准人每日的营养素摄入量。

这里，将中国营养学会1988年10月推荐的每日膳食包含的营养素供给量，作为评价样本户营养状况的依据（中国预防医学科学院营养研究所，1991）。营养素的供给量与需要量不同，后者是指维持人体正常生理功能所需要的数量,前者则包括了对个人差异的考虑,以确保群体中的绝大多数人都能得到所需的营养素。如果某个人群摄取的营养素平均值低于推荐的供给量,即表示这一群体中有些人营养素摄入不足;两个值相差越大说明营养不足的人数比率越高。营养学会推荐,一个标准人每日总热能摄入量应为2400千卡,其中脂肪能量的百分比在20%—25%;蛋白质摄入量应达到70—80克,提供总能量的11%—14%;碳水化合物提供的能量百分比以60%—70%为宜。

表2显示的是按人均可支配收入分组的样本户营养状况。它并未包容调查人口摄入的全部营养素,而只是列出了最常见的指标:热能、脂肪和蛋白质摄入量,其中,脂肪和蛋白质提供的热能占总热能的比率反映的是膳食的质量。从表2中的数据看出:(1)在大多数情况下,同一个地域内收入较高的农户营养状况较好。(2)农户的营养状况存在着明显的地区差别。3个县中只有临朐县农户摄入的营养素数量和质量基本达到推荐的供给标准。旺苍县的农户虽然热能摄入量最大,中低收入组的脂肪热能和蛋白质热能百分比都低于推荐标准。营养最差的是西吉县的农户,即使是在同一个收入水平上,它们的营养素摄入量也低于其他两个县。用推荐的营养标准衡量,大多数家庭都营养不足。

表2　　　　样本户平均每个标准人每日营养摄入状况

收入组* \ 项目	户数	热能摄入（千卡）	其中:** 脂肪热能（%）	蛋白质热能（%）	蛋白质摄入量（克）
临朐县	120	2389	21.9	13.8	82
第1组	2	2208	19.8	12.8	71
第2组	42	2430	20.8	13.1	80
第3组	38	2335	22.1	13.7	80
第4组	20	2562	22.1	13.7	88
第5组	18	2238	24.8	16.0	89

续表

项目 收入组*	户数	热能摄入 （千卡）	其中：**		蛋白质 摄入量（克）
			脂肪热能（%）	蛋白质热能（%）	
西吉县	120	1547	14.7	11.4	44
第1组	29	1457	13.8	11.0	40
第2组	51	1536	14.0	11.3	43
第3组	22	1730	15.6	12.2	53
第4组	11	1431	14.8	11.4	41
第5组	7	1604	19.4	11.6	46
旺苍县	118	3368	21.2	10.0	84
第1组	7	3355	14.4	9.2	77
第2组	21	3364	14.9	8.9	75
第3组	24	3385	15.9	9.3	78
第4组	14	3579	18.3	9.8	87
第5组	52	3306	28.1	11.0	91

注：*按户人均可支配收入分组：第1组≤200元，第2组201—400元，第3组401—600元，第4组601—800元，第5组＞800元。

**食物中热能的换算系数按每克蛋白质：脂肪：碳水化合物分别为4:9:4千卡计算。

资料来源：参见中国预防医学科学院营养研究所编著：《食物成分表》，人民卫生出版社1991年版。

问题是调查期间临朐县和旺苍县正值农忙，农民膳食质量比日常丰富；那时候西吉县却处于农闲季节，食物消费量较低。这就使前者被高估而后者被低估。加之各地农妇对食品重量的估计不一，可能导致误差的进一步扩大。例如依据西吉县农户主妇对调查之日前3天的家庭食品消费量的回忆计算，结果表明该县抽样人口营养严重不良。但是若以户人均全年食物消费量作为计算基础，营养素摄入量则全部有所提高：平均每人每日热能摄入量达到2200—2600千卡，脂肪热能和蛋白质热能分别占总热能的13.3%—15.3%和10.8%—11.5%，蛋白质摄入量在63.4—70.5克。由此，至少能得出热能摄入量基本满足生存需求的结论。这也符合作者在西吉县访问家庭时得到的印象，即当地人口虽然营养不良，却也没有严重到威胁生存的地步。然而，这只能作为对基于表2引申的结论的修正，却不能因此而以农户的全年食物消费量替代原来的数据基础。原因在于，前者包含着食物的不可食部分、客人的消费量，甚至部分饲料。

无论怎样，表2的数据毕竟提供了农户营养状况的比较，除了热能和蛋白质摄入量外，其他指标均接近预防医学科学院的调查结果（陈春明等，1992）。因此，进一步探讨依据表2得出的结论，仍然有助于找出那些导致农民家庭营养差别的原因。首先，农户的大部分收入都是以实物形式供家庭消费的农产品，收入越高意味着可供消费的食物量越大，从而有可能使家庭成员获得较充足的营养。其次，现金收入越多，通过购买使膳食和营养多样化的可能性也就越大。可见收入差别是造成营养差别的一个重要因素。

然而，生活在不同地区却处于同一收入水平上的农户之间的营养差别又做何解释呢？这当然应该从不同地区的饮食习惯、食物结构、生态环境、农业生产和市场条件方面去找原因（有关3个调研县的社会经济简况见表3）。虽然个人的营养知识、家庭和社区的卫生保健条件也是营养状况的决定因素，这里的讨论主要集中于影响调研地区膳食质量的食物供给因素：（1）农户的主食营养含量不同。临朐县居民的主食是小麦面粉，旺苍县是大米，西吉县是玉米和土豆。前两种食物所含的热能、脂肪和蛋白质高于后两种。（2）各地农户的膳食多样化程度有明显差异（见表4）。临朐和旺苍县农户从蔬菜水果中摄取的营养素大于西吉县，前者不仅蔬菜消费量高于后者，而且进食的是时令鲜菜，后者则以腌制的萝卜白菜与主食搭配。（3）上述不同地区之间农户膳食的质和量的差别，又是由气候、灌溉、生态环境和市场条件决定的。地处我国南方的旺苍县气候温和、雨水充沛，适合水稻、蔬菜和其他谷物生长。与地处北方的临朐县和西吉县相比，旺苍县的粮食亩产分别高出33%和550%（见表3）。由于饲料充足，这里家家户户都养猪，传统的自制腊肉成为主要的动物性食品。临朐县的气候虽然不及旺苍，优越的灌溉条件却部分地弥补了这个缺陷。尤其是交通比较便利，当地贸易比旺苍县繁荣。农民常用红薯干与小贩换大米和蔬菜，以此来改善家庭食物结构。相形之下，西吉县与食物供给有关的社会经济条件全都不利：虽然农户拥有的耕地面积是其他两个县的3倍，可是土地产出率最低。这是生态环境长期遭到破坏的结果。在现有条件下若要满足一个人正常的营养素需求量，必须使用比其他两个县面积大得多的耕地。仅就热能摄入量而言，可以说西吉县农户为获得每千卡的热能需要支付更高的代价。另外，由于缺水，西吉县的小麦常常不能成活，最为耐旱的薯类因而成为农民家庭的主食之一。豆类则大部分用于出售，成为家庭现金收入的一个主要来源。尽管当地收入较高的家庭营养状况优于低收入组，可是它们还不得不兼顾非食物必需品的开支，例如燃料、衣物和医药等。因此与其他地区同一收入水平的农户相比依然营养不足。这正说明收入并非决定营养的唯一因素。

表3 调研县1980年和1990年简况

地区、年份 指标	临朐县		西吉县		旺苍县		全国	
	1980	1990	1980	1990	1980	1990	1980	1990
农村人口（千）	703	826	284	361	340	352	810960	895903
农户总数[1]（千户）	165	216	(53.2)	65.4	75.3	103.8	173470	222372
农村人均耕地面积（亩）	1.3	0.9	6.8	3.0	0.9	0.8	1.7	1.7
灌溉面积/耕地面积（%）	49.2	53.0	3.8	7.6	9.4	26.6	46.9	49.5
复种指数（%）	161.8	163.9	90.6	99.3	148.1	184.8	153.0	155.1
每亩化肥施用量[2]（公斤）	17.8	27.4	0.1	3.0	8.8	15.0	8.8	18.0
每亩粮食产量[3]（公斤）	305.9	390.9	45.3	80.2	315.8	521.6	280.0	406.1

续表

地区、年份 指标	临朐县 1980	临朐县 1990	西吉县 1980	西吉县 1990	旺苍县 1980	旺苍县 1990	全国 1980	全国 1990
农业总产值/农村社会总产值(4)（%）	—	41.7	—	79.3	—	64.2	68.9	46.1
农业劳动力/农村劳动力（%）	—	74.9	—	95.7	—	80.2	—	79.4
公路密度(5)（公里/百平方公里）	19.1	30.2	12.9	17.3	35.1	41.5	9.2	10.7
缺水人口(6)（千人）	211.5	99.2	319	213	187	74.3	120000	31000
人口自然增长率（%）	0.96	1.08	2.04	2.94	-0.01	0.77	1.19	1.44
文盲率(7)（%）	24.0	19.3	(44.0)	37.0	—	(26.1)	23.5	22.3
农村1岁以下婴儿死亡率(8)（%）	—	1.2	—	7.7	—	2.4	—	(5.9)
农民家庭人均纯收入（元）	106.3	565	55	212	90.4	558	191.3	629.8

注：(1) 括号内数字为1984年数据。(2) 化肥施用量指提纯量。(3) 粮食产量指每亩耕地年产量，全国平均数是由每亩播种面积产量与复种指数相乘得来的。(4) "农村社会总产值"是指一定时期内，农村各物质生产部门生产的以货币表现的全部产品价值总量。包括乡村及村以下各级合作经济组织和农户从事农业、工业、建筑业、运输业、商业、饮食业活动所生产的产值和国营农场的农业总产值部分。凡是在农村的国有及县办企业在这些行业创造的产值均不包括在内。(5) 3个县的数据是根据各县交通局的工作汇报计算出来的。(6) 资料来源：水利部（1980）：《关于农村缺水问题的报告》；国务院扶贫领导小组办公室（1991）：《我国扶贫开发工作的主要情况》；3个调研县水利局1992年的工作报告。(7) 括号内数字为该县所在地区的平均数，全国平均数为1982年普查结果。(8) 3个县的婴儿死亡率数据为各县计划生育委员会提供，全国平均数为1986年农村婴儿死亡率，引自中国社会科学院人口研究所编：《中国人口年鉴1988》，第337页。

资料来源：国家统计局《中国统计年鉴》1981、1991；临朐县志编委会：《临朐县志》；西吉县统计局：《国民经济统计资料》1984、1989；旺苍县统计局：《国民经济统计资料汇编1981》、《旺苍统计年鉴1990》；国家统计局农村社会统计司编：《中国分县农村经济统计概要1980—1987》，中国统计出版社1989版；国家统计局农村社会经济调查总队编：《中国分县农村经济统计概要1990》，中国统计出版社1992版。

为了采用分析统计手段确认那些能够解释农户营养状况的变量，作者引用中国预防医学科学院制定的理想膳食模式评分方案，计算出每个样本户的膳食质量分数（简称 DDP 分值）作为营养变量，然后借助多元回归分析做出判断。与热能、脂肪和蛋白质摄入量相比，膳食质量分数是一种更具有综合性的营养评价指标。这种记分方法解决了抽样人口的不同营养成分摄入量此高彼低、难以简单评价营养状况优劣的问题。进一步讲，为了评价膳食质量而计算的热能构成表也有助于了解样本户的食物结构（见表 4）。

表 4　　样本户膳食热能构成和质量

地区及分类 热能来源（食物分类）	临朐县			西吉县			旺苍县		
	第1类	第2类	第3类	第1类	第2类	第3类	第1类	第2类	第3类
谷物根茎类	81.3	86.7	81.5	89.7	83.7	89.2	74.2	80.0	86.0
动物性食品	2.9	2.3	2.4	3.0	4.0	0.7	6.3	6.4	5.2
添加油脂	5.0	4.1	7.4	3.9	4.2	5.9	6.5	3.6	0.8
豆类及其制品	0.4	0.2	0.8	0.1	2.7	2.4	1.1	0.3	1.3
糖	0.3	0.4	0.4	0.2	0.1	0.2	0.6	0.6	0.1
坚果类油籽	0	0	0	0	0	0	0	0	0
蔬菜水果	10.1	6.3	7.5	3.1	5.3	1.6	11.3	9.1	6.6
酒、饮料	0	0	0	0	0	0	0	0	0
合计	100.0	100.0	100.0	100.0	100.0	100.0	100.0	100.0	100.0
膳食质量分数*	73.6	63.1	70.6	57.9	71.6	56.9	85.1	78.9	70.2

注：样本户按村社类型分组：第 1 类为参加修路工程的村；第 2 类获得了饮水设施项目；第 3 类为对照组，未参加任何以工代赈项目。

＊膳食质量分数也称为 DDP 分值，计算方法参见陈春明等：《六省一市农民的食物消费与营养状况》，中国预防医学科学院研究报告，1992 年。

理想膳食模式评分方案是以合理的食物结构为前提的，对每一类食物的评分都有最高限。例如，当谷物根茎类食物提供的热能百分比为 80% 时，记为 40 分，这也是此类食物的分数最高限。即使这个百分数超过 80%，分数也不再增加。因此热能摄入量高的农户未必膳食质量分数就高，因为评分方案包含着对热能质量的考虑：总热能中，由肉类、豆类、蔬菜和其他食品提供的脂肪和蛋白质份额与推荐的标准一致。正因如此，用多种指标显示的样本户营养状况（见表 2）与膳食质量分数反映的现象（见表 4）大致相同：临朐县和旺苍县农户的膳食质量高于西吉县。依据评分方案，100 分为满分，60 分为最低标准。西吉县大多数农户的膳食质量显然都在最低限以下。有鉴于膳食质量分数能够综合、简单地反映调查人群营养状况，作者将它作为样本户的营养变量进行回归分析，计算结果可写成如下函数式。

$$NUTRIT = 62.817 + 0.16E - 01 PREDINC - 0.31E - 05 PREDINC2$$
$$(20.731)(3.890)(-1.987)^{**}$$
$$+ 0.30 WIFEDU + 0.44 POULTRY - 0.36 FNUMHH$$
$$(1.1112) \qquad (4.545)^{**} \qquad (-0.740)$$

$R^2 = 0.174$，F [5, 325] = 14.884，N = 358。（** 表示在 99% 的置信水平上显著）

其中：NUTRIT = 样本户的膳食质量分数；PREDINC = 户人均预测收入；PREDINC2 =（户人均预测收入）^{2}；WIFEDU = 家庭主妇的文化程度；POUL TRY = 家禽饲养量；FNUMHH = 户人数（家庭规模）。

影响人口营养状况的因素其实很复杂，这里的回归计算只是确认了其中几个作用明显的变量，证明营养良好的家庭，拥有较高的人均收入和较充裕和农产品供给。在计算中采用预测收入（由本项研究中获得的收入函数计算而来）而不是实际收入的概念，为的是剔除当年收入与消费之间的相互影响。预测收入的平方作为一个自变量与家庭营养状况看起来呈反方向变化。它表达的含义是，当收入达到一定水平时，膳食质量分数不再随之提高。这恰好符合恩格尔定律。在营养回归方程中，家庭主妇的文化程度和农户规模这两个变量未呈现显著性。然而它们还是反映出一些与作者在个案调研中的观察相一致的现象：人口较多的家庭比小家庭的营养状况差；由于家庭成员的劳动分工，农妇的文化高低，不仅对养殖业的成功与否举足轻重，而且是使家庭食物消费和营养合理化的一个关键。此外，调研地区农民家庭的动物性食物消费量很低，它提供的热能仅占平均每个标准人每日热能摄入总量的3%（临朐县和西吉县）到6%（旺苍县）。这也就不难理解，为什么样本户的猪羊饲养量对其营养状况的影响不具显著性，而家禽由于提供了农民家庭日常消费的蛋类，成为决定营养状况的因素之一。

用国际社会通行的概念归纳上述结论，可以说食物的可得性和获得权是决定农户营养良好的两个直接因素。农户可支配收入提高，就增强了它们的食物获得权。家庭农业如果保障了充裕的食物供给，那不仅会维持稳定的食物可得性，而且还扩大农户的获得权。西吉县的农户营养不良，主要是因为它们在这两个方面都处于极为脆弱的地位。

四 研究结果的政策含义

就中国的扶贫规划而言，第一步就是要解决贫困人口的温饱问题。其实贫困人口正是食品无保障的人口，因而在确立扶贫目标时，应该明确提出有关食品保障和营养合理化的政策。"解决温饱问题"的提法虽然抓住了反贫困战略的关键，但是概念模糊，没有准确表明政策所要达到的最终结果状态。况且它只是强调了食物的摄入量，忽略了营养和健康的因素。原因一方面在于中国有着讲究美食而不大注意营养的传统；另一方面是存在着只有收入增加才有可能提高膳食质量的观念。可是根据营养学家的研究，低收入人群利用便宜的食品与合理的膳食构成有可能达到营养良好的目的。为此，印度的扶贫项目中还包括营养教育的内容。南亚和非洲一些国家实施公共工程的首要目标，常常是给穷人创造就业和收入，以便改善他们的食品消费和营养状况。原因在于，农业工人和小农在季节性失业期间也就失去了食品保障。与此相对照,中国农村人口的食品保障,一般是通过土地平均分配制度、官方粮食供销机构调余补缺的运作和民政部门的救济职能来实现的。可是这张食品保障网对于那些居住在深山区、石山区和高寒山区的贫困人口并不十分有效。这一是因为那里的土地产出率太低,尽管人人都有土地,食品短缺却依然成为普遍存在的威胁。二是因为贫困地区的非农产业同样落后,难以通过地区贸易完全保障食品供给。如果依赖从外地买粮满足当地所有居民的食品需求,风险大、成本高。目前政府承载不了运价补贴的负担,贫困者支付不起较高的购买价格。

有鉴于此,中国政府一方面将国家计委每年调拨的 100 万吨以工代赈专用粮,用于资助贫困地区的梯田建设,采用水土保持措施改善土壤肥力(陈俊生,1991);另一方面,由农业部负责组织"温饱工程",通过推广杂交玉米地膜覆盖栽培等先进技术提高粮食产量(农业部等,1987)。这两类措施无疑将从增加供给的角度缓解贫困人口的食品短缺问题。

然而由于传统体制所固有的计划僵硬和"一刀切"的弊病,一些食品短缺不严重却亟须改善交通和饮水设施的县乡,却得不到这类项目的投资。作者在四川省旺苍县就曾遇到一个山村的农民自作主张用梯田项目的资金修路的案例。在这一背景下回顾本文的研究,可以归纳出如下可供制定政策参考的信息:(1)食品消费是样本户最大的支出项目,它主要依赖家庭农业提供的产品。这正表现了样本户所具有的生存经济的特征。(2)较大份额的医药和礼品支出,是农民对社会保险制度不健全做出的反应。(3)欠发达省的贫困县(西吉)还存在着营养普遍不良的现象,说明那里的居民尚未得到食品保障。中等发达和发达省贫困县(旺苍和临朐)人口的营养成分摄入量,已经接近推荐标准,可见食品短缺问题得到了缓解。(4)以工代赈项目有益于改善农民家庭的食品消费和营养。1991 年以前的项目重点是改善基础设施;从 1991 年开始,投资集中于农田水利基本建设。这两类项目实施的结果都将有助于增加农产品的供给，从而有可能改善农户的营养状况。只不过前一种工程对于食品短缺问题已经基本解决，而对交通依然困难的地区效用更大；后一类项目对于尚无食品保障的地区则更有意义。何者优先，村民委员会和当地政府最有发言权。

问题是中央政府在投资的同时下达文件对项目内容做了统一规定，不同职能部门以此为据强调各自管辖范围的重要性，在划分投资比例时互不相让，留给基层政府和村委会选择的余地极为有限。因此才会出现农民挪用农田基本建设项目款投资修路的现象。可见，中央政府有关项目投资比例的规定应具有灵活性；基层政府在决策时应更多地听取村委会的意见。

参考文献

中国预防医学科学院营养研究所编著：《食物成分表》，人民卫生出版社，1991年版。

陈春明等：《六省一市农民的食物消费与营养状况》，中国预防医学科学院研究报告，1992年。

陈俊生：《在全国贫困山区经济开发经验交流会上讲话》，1991年10月16日于陕西白河。

农业部、国务院贫困地区经济开发领导小组（1987）：《关于支援贫困地区发展地膜杂交玉米生产的联合通知》，1987年10月29日。

Von Braun, J. et al., *Improving Food Security of thd Poor*, *International Food Policy Research Institute*, 1992, Washington, D, C, Mimeo。

（原载《经济研究》1994年第2期）

转向适应市场经济运行的社保体系*

一　问题的提出

"十二五"规划（2011—2015年）执行以来，中国的社会保障事业进一步发展。此间社会保险覆盖面迅速扩大，社会救助水平逐年提高，社会服务取得了长足的进步，城乡居民皆从中受益。然而，与城乡二元社会经济结构及个人职业身份相关联的多轨制养老和医疗保障安排依然存在，不同制度之间在缴费义务和受益水平上的差别日益显著。由此不但引发不同职业群体的福利竞赛，进而损害社保体系的财务可持续性，而且还导致社会疏离与日俱增。这一方面显示，在计划经济体制转向社会主义市场经济的情况下，相应的社保体系转型尚未完成；另一方面也表明，通过制度整合提高社保体系的公平性和可持续性，仍将是今、明两年乃至"十三五"规划期间社保制度改革的一个主题。

2014年国务院发布的《关于进一步推进户籍制度改革的意见》提出，取消"农业"和"非农业"二元户籍管理模式，统筹推进教育、就业、医疗、养老、住房保障等领域的配套改革，努力实现公共服务均等化。其政策取向无疑在于消除与户籍身份相关联的社

---

* 赵人伟、蒋中一、韩朝华、杨春学、魏众、朱恒鹏参加讨论，金成武和王震制作表格，张荣丰、邓曲恒、何伟、孙婧芳、王琼、黄思涅、高秋明、彭晓博和昝馨协助收集整理文献，路爱国审阅修改英文，在此一并致谢。

会保障和公共服务差异。在社会保障领域,同年的政府工作报告中有关改革机关事业单位养老保障制度的部署,显然意在削减与职业身份相关联的养老安排差异。先后颁布《城乡养老保险制度衔接暂行办法》和《事业单位人事管理条例》,继而把养老制度改革推进到操作层面。与此相关的议题因而也就成为媒体、公众及社会经济学界共同关注的一个热点。

问题是,不同的利益相关方在讨论中并未确认社保体系的价值观基础,而是着重为本群体的待遇诉求寻找合乎公平正义的解释。因此,各方也就很难达成改革共识。以往十多年来,政府曾逐一回应诸如复转军人、知识分子和企业职工等群体有关提高养老待遇的诉求。可结果却是"按下葫芦浮起瓢",不同群体之间的福利攀比愈演愈烈(中国社会科学院经济研究所社会保障课题组,2013)。针对特定群体的单项制度改革也遭遇不同程度的抵制,那些接近决策层或掌握社会话语权的利益相关群体,甚至采用消极拖延的手段致使改革停滞不前。最明显的例证莫过于2009年国务院下发《事业单位养老保险制度改革方案》并在5个省市试点,却在多数试点地区遭遇拖延;在2010年颁布的《中华人民共和国社会保险法》中,对机关事业单位的养老保障制度也无清晰说明;2011年,国务院在《关于分类推进事业单位改革的指导意见》中,要求以社会统筹和个人账户相结合的方式,推行事业单位工作人员基本养老保险,至今尚未取得预期效果。其中,公务员保障制度被排除在外,也是地方执行机构和事业单位以观望和拖延行为应对养老制度改革的原因之一。

鉴于此,本文拟将撇开有关单项社保制度和特定群体社保待遇的争论,尝试在接下来的三个部分依次厘清和回答以下问题:第一,在理论上,一个公平而又可持续的社保体系应蕴含怎样的价值观及制度设计原则?第二,中国社保体系中尚有哪些制度元素显著阻碍社会主义市场经济的正常运行?第三,选取怎样的改革路径才有可能完成社保体系的整体转型?考虑到社保改革中难度最大的环节依然是筹资制度，本文的探讨亦将聚焦于这一领域。在诸多社会保险项目中，工伤、生育和失业保险缴费率相对较低，而养老保险缴费率最高且广受关注，故而仍将作为分析重点。至于医疗保险、社会救助和社会服务等方面，将只在讨论制度协同效应时有所涉及。

本文采用的数据和信息主要来源于四个方面：其一，国际组织和中外学术机构的研究报告；其二，与社会保障有关的法律法规、政府文件和统计资料；其三，中国社会科学院经济研究所社会保障课题组的 2013 年案例调查；其四，笔者参加 2014 年国际驻点写作项目及其他国际会议期间对他国同事所做的访谈。

二 理论原则和现实制度改革经验

在不同利益相关群体纠缠于福利攀比的情况下，争论各方往往忽略甚至忘记社会保障体系的基本功能及内含的制度原则。因此，越是利益纷争激烈之时，越有必要回顾那些看似习以为常的理论起点。本节将首先借助国际公约及相关文献，揭示作为社会保障体系基石的价值观。其次基于若干国家和地区社会保障改革实践，提炼制度设计原则。

社会保障体系的内在价值观与其基本功能是一致的。首先，无论是国际劳工组织 1952 年通过的社会保障最低标准公约[1]，还是 2009 年联合国系统行政首长协调委员会（United Nations System Chief Executives Board for Coordination，CEB）为应对全球金融危机提出的社会保障底线动议（Social Protection Floor Initiative）[2]，无不把预防和减少贫穷作为社会保障体系的首要功能。最低生活保障制

---

[1] 国际劳工组织网页：C102 - Social Security（Minimum Standards）Convention，1952，http：//www.ilo.org/dyn/normlex/en/f?p = NORMLEXPUB：12100：0：：NO：：P_12100_ILO_CODE：C102，2014 年 7 月 28 日。

[2] "社会保障底线入门"网页：About the Social Protection Floor，http：//www.social-protectionfloor gateway.org/4.hm，2014 年 7 月 29 日。

度和用以应对疾病、年老、残疾、工伤、失业、生育和家庭主要劳动力死亡的风险而建立的社会保险制度，正是基于这一理念。其次，减少不平等，同时防止当前的不平等固化并造成未来的不公平。这就要保障社会成员获得整个生命周期所必需的物品和服务。为此，国际劳工组织最新发布的世界社会保障报告分别列出儿童、工作人口和老年群体的社会保障底线需求。尤其强调借助社会保障，使低收入家庭（包括贫困家庭）的儿童获得营养、教育和照料，从而帮助这些儿童及其家庭突破生活中的恶性循环并切断贫穷的代际传递（ILO，2014）。最后，增进社会包容。鉴于社会排斥即为造成贫穷和固化不平等的原因之一，社会保障底线动议把强化健康服务和能力投资，例如卫生、教育、培训和就业促进等措施，既视作降低社会成员患病、失能和失业风险的社会保障工具，又确认其是有效减少和消除社会歧视的政策（Social Protection Floor Advisory Group, 2011）。

在此，还可对上述价值取向做反向表述：一个社会将不会听凭任何一位成员因天灾人祸而陷入贫穷、遭受排斥、无以脱困甚至将贫穷传递给下一代。这种价值取向的心理基础在于，每个社会成员都可能遭遇天灾人祸，设身处地去考虑，谁也不愿陷入最差境地。可如果遭遇不测，个人能够承受怎样的生活状况呢？有尊严地生存，便是这种情境下的一种底线需求，为此也必须要拥有平等权利和社会包容。那么，为了实现这种底线保障，就需要社会共济（Social solidarity）。例如，非贫困人口扶助贫困群体，健康人群分担病人和残障者的医疗康复负担，年青一代分担上一代的养老成本等。这样，也必将促进社会稳定和社会凝聚。从这个角度看，社会共济既是社会保障的工具，又是社会保障的目的，同时也是整个社会保障体系的价值观基础。

这些理论原则仅提供了制度设计的基准，现实世界中的社会保障体系实则千姿百态，不同国家的保障程度也多种多样。国际劳工组织2014年的社会保障报告再次指出，世界上仅有20%的人口享有充足而且完备的社会保障，这些人主要生活在发达经济体特别是欧洲国家。世界上还有一半以上的人口未被社会保障覆盖，这些人主要集中在亚洲、非洲和拉丁美洲的发展中国家。新兴经济体，例如中国和巴西，近年来在扩展社会保障覆盖面的进程中成绩斐然。不过，该报告对于同一经济体内社会保障享有方面的不平等并未给予充分关注（ILO，2014）。而在中国，正是社保体系内含的制度性不平等，使得社保改革的复杂性远超其他经济体。

尽管如此，其他国家和地区社会保障体系的构建、调整和改革仍不无借鉴意义。早年欧美发达国家的社会保障水平曾从底线起步，"二战"后随经济增长和政党竞争显著提高。最近30年来，面临人口老龄化、财政不堪重负和国际竞争加剧的压力，加之金融危机和经济衰退的冲击，先后实施福利政策改革，使得社会保障水平复又朝着底线方向回返。这就为观察改革中的制度设计原则提供了方便。

第一，以低收入者（包括贫困家庭）为目标群体的社会救助制度，以及与社会保险接榫的援助环节依然不可或缺。只不过，对受援者资格的审查和监督更加严格。例如德国在改革中合并失业援助和社会救助，为超过失业保险金领取年限但仍在寻找工作者提供基本生活保障。依据家计调查结果，受援者只能获得最低保障金及住房和取暖补助。联邦就业服务机构还经常会同地方政府，一起做不定期入户调查。受援者若财务申报不实，将面临与犯规情节相对应的惩罚措施，或退款，或被罚款，乃至坐牢。

第二，在普惠制的社会医疗保险制度下，维持较低的保险费率并保障优质医疗服务供给，将个性化医疗需求留给自愿选择的附加私人保险。据澳大利亚前总理陆克文介绍，该国的社会医疗保险税为收入的1.5%，他自己附加的私人医疗保险费率大约为收入的5%（朱玲，2014）。

第三，在社会养老保险中，缩小政府作用，扩大社会参与和责任分担，密切个人义务和受益水平之间的联系。为此，或变动保险参数，或推行筹资和给付制度改革，或二者兼而有之。

所谓参数改革，指的是调整最低缴费年限、养老金替代率（养老待遇）、法定退休年龄和缴费率等（林德贝克、佩尔松，2014）。仅以法定退休年龄的提高为例，为了应对人口老龄化对养老保险带来的财务压力，2012年美国人领取社会养老金的起始年龄为66岁，2022年将提高到67岁。在澳大利亚，这一年龄将于2030年提高到70岁。即使在阿根廷这样的发展中国家，目前的法定退休年龄也已达65岁。社会养老保险的最低缴费年限亦相应增加，例如在意大利，最低缴费年限长达40年。

养老保险缴费率和养老金替代率的变化，往往与筹资和给付制度的改革相联系。通常所说的现收现付制与完全积累制、待遇确定制与缴费确定制、实账式个人账户与记账式个人账户等，即属于这一层面的制度改革元素。改革的潮流，是在养老体系中不但将这些制度元素相组合，而且还将强制性公共保险和自愿性私人保险相组合（帕尔默，2014）。具体的组合方式，取决于不同国家的历史文化传统、社会规范和管理能力、政治经济状况和个人行为偏好等现实条件。

带有最低养老金保障性质的制度，一般为待遇确定型并采用现收现付制，而且还内含收入再分配。例如瑞典的国民养老金由国家财政拨付资金，其替代率（养老金/工资）约为10%。每个达到法定退休年龄的瑞典国民，无论在职期间收入高低、纳税多少，都按月领取同样金额（flat rate benefit）。由于国民养老金标准低于贫困线，瑞典一直采用基于家计调查的社会援助譬如住房补贴，对收入低于贫困线的老年人提供补充福利。有些国家，例如美国则不设这一层次的养老金，而是采用多种与基本生活需求相关的社会救助计划，为低收入家庭及包括老年人在内的脆弱群体提供社会保护。目的在于将社会援助与社会保险相区隔，以二者功能互补的方式，构成预防和减少贫困的安全网。

无论采取何种形式的公共养老保险，改革的取向是在基本养老保险层面，设置较低的社会保险税率/费率，以便为附加的养老安排留下余地。况且也只有这样,方可保证大多数个人和企业有能力支付,以保持宽广的保险覆盖面,在规模足够大的人口中分散风险。越南在经济改革中建立了城乡统一的社会养老保险,设置的总费率高达28%(雇员缴纳工资的7%,雇主匹配21%)。自雇者和农民独自承担总费率,可他们中的大多数收入低下,难以承受如此沉重的缴费负担,故而干脆弃保,以致普惠制养老保险在农村形同虚设。与此相对照,瑞典1994年在养老改革中引入缴费确定制(完全积累制的个人养老账户),目前总缴费率约为22%(为了平滑转型成本,16%的划归公共保险下的记账式账户,2.5%的进入公共保险下的实账式账户,另有3.5%提交私人合约型实账式账户)。

与瑞典相比,美国的社会养老保险税(养老、遗嘱和残障保险)要低得多。2014年为15.30%,雇员和雇主分别承担7.65%。除强制性社会养老保险外,美国还设有制度化的自愿储蓄和投资计划,如401K养老账户。企业以不超过雇员工资4%的比率,为其开设401K账户匹配资金。政府对存入此类账户的本金及投资收益给予税收优惠,并引入第三方专业性监管队伍,对401K基金运行状况实行独立监测。此外,社会保障署还为参保者提供理财教育,并激励企业聘用专业顾问为雇员提供投资咨询服务。一些企业或机构出于人才竞争的需要,还进一步为雇员提供附加养老或医疗福利。例如通过雇员持股计划,将公司部分股份奖励雇员,在其转换公司或退休时回购股权,并促使雇员将股份出售所得存入401K之类的养老账户。与美国相比,日本的社会养老保险税率更低一些,2014年为12%,雇主和雇员各半。但投入私人保险的费率与此大致相当,例如一位日本同行介绍,他在银行和大学工作时,自己缴纳6%,雇主为其匹配6%。

社会保险税率(费率)较低,养老金给付水平相应亦然。前述日本同行提到,他若65岁退休,每月可领取社会养老金6万日元。按2014年的汇率计算,相当于600美元。至于能从私人保险领取多少,还要取决于投资收益。经济合作与发展组织(Organization for Economic Co‐operation and Development，OECD）在近期发布的养老金概览（Pensions at a glance 2013）中，将日本的社会养老保险归类于基本公共保险（OECD，2013）。顾名思义，这一公共保险足以保障"必需"的养老需求。如果把"必需"的界限设为贫困线的话，美国社会养老保险的平均给付水平仅略高于贫困线。例如2013年的贫困线为单人户年收入11420美元，美国社会保障署（U. S. Social Security Administration）平均支付的养老金为每人每月1230美元（14760美元/年）。可以说，在公共保险层次实行"保基本"的原则，既体现社会保障制度预防贫困的基本功能，也有利于维护国家作为社保最后出资者的财政安全，还为企业、个人及其他社会组织在附加保障层面发挥主动性和创造性留下余地。这一点，从表1列举的养老金替代率比较中亦略见端倪。

表1　2013年几个OECD国家的养老金净替代率*（缴费基数=1）

单位：%

分类指标	OECD34成员国	澳大利亚	德国	日本	瑞典	英国	美国
公共保险	48.7	17.5	55.3	40.8	33.7	38.0	44.8
强制私人保险	—	50.1	—	—	21.5	—	—
自愿缴费确定制	—	—	21.1	—	—	40.2	44.2
强制性保险的养老金总替代率	64.1	67.7	55.3	40.8	55.3***	38.0	44.8
包括自愿保险的养老金总替代率	79.5	—	76.4	—	—	78.1**	88.9**

注：*据OECD发布的2013年养老金概览（Pensions at a glance 2013）第140页给出的定义，养老金净替代率（net pension replacement rates）指的是，扣除在职者和退休者缴纳的个人所得税和社会保险费，个人的净养老金权益与退休前的薪酬净所得的比率。

"—" OECD报告中的表格4.10未提供数据。

**处数据来自OECD报告中的表格4.10，与第一行和第二行的数据加总有误差。

资料来源：OECD（2013）。

如果把各国和地区定义的养老保险缴费收入水平（缴费基数）视为1（中等水平），缴费收入水平为0.5的人，其养老金净替代率一般高于中等水平；缴费收入水平为1.5的人，其养老金净替代率一般低于中等水平。这一差距，显示出个人所得税和社会养老保险的收入再分配作用。仅就公共养老保险而言，2013年经济合作与发展组织34个成员方的中等养老金净替代率为48.7%，加上自愿保险的附加养老金，总替代率达到79.5%。以"福利国家"著称的瑞典和英国的养老金替代率低于这一水平，反倒是坚持低水平社会保险的美国，养老金总替代率高达88.9%。由此可见欧洲福利国家改革力度之大。一位瑞典地理学家告诉笔者，其养老金水平比自己父母那一代低许多，而如此改革并非实际需要，实乃主流意识形态所致。一位英国外交官提到，公务员养老保险中由个人缴纳的部分，四五年前为1.5%，2014年提高到7%。他不得不压缩当前的支出，挪出更多的钱用于退休后的消费。英国政府对公办教师和医生推行类似的政策，结果导致教师上街游行。然而此项改革是老龄化的必然结果，作为公务员也不得不接受。这些案例说明，任何福利改革都不可能得到所有人的赞同。因而就需要政府遵从公认的价值观，为整个社会的长远利益及时决策、促进改革。

三　中国社会保障体系的转型愿景

发达国家的社会福利改革是在具有统一的劳动力市场、经验丰富的金融保险机构、成熟的资本市场和精准的社会管理条件下进行的。中国的社会保障体系非但不具备这样的外部条件，反而由于社保改革滞后于经济改革，至今还包含着一些与市场经济不匹配，甚至阻碍市场经济正常运行的制度因素。本节将首先基于统一的劳动力市场的需求，定义与其相匹配的社会保障体系或曰现行社保制度的转型愿景。其次，以此"愿景"为参照系，说明现有社保体系中阻碍市场经济运行的主要制度元素。

如何定义一个与市场经济运行相匹配的社会保障体系呢？相对简单的办法，并非阐述"愿景"应当包括什么，而是说明它必须排除什么。

第一，在实现社会保障体系基本功能（预防贫穷、减少不平等与增进社会包容）的前提下，其制度安排不致造成市场扭曲。事实上，无论以税收还是缴费方式为社会保障筹资，都相当于对企业或个人征税，因而也就会改变市场机制所产生的初始激励。但只要保持合理的激励取向，就可以视为市场未扭曲。对此，墨西哥的双轨制社会养老保险可从反面做出注解。在墨西哥，公司及其雇员为医疗、养老等社会保险缴费，但自雇者及其他非正规就业者由政府缴费。结果导致公司尽可能减少正式签约工人甚至瞒报雇用人数，正规就业者为躲避缴费转向非正规就业。由此造成实际工资水平降低、全要素生产率下滑、税基缩减。最终致使政府财政负担过重，社会保障体系的财务可持续性成为难题（Anton et al.，2012）。

第二，社会保险安排不致妨碍劳动力正常流动。素称流动程度较低的日本，倒是对此提供了恰当的案例。其普惠制的社会医疗保险和养老保险制度，为优化劳动供给构建了平台式的保障。日本同行介绍，社会医疗保险的缴费率很低，以至于他不曾注意每月缴费额多少。社会养老保险缴费率对于公司雇员和大学教员是一致的，而且基本养老金的给付水平也差别不大。这一方面有助于就业者通过劳动力流动应对当前的经济结构调整；另一方面，也方便他们年长时以变换工作岗位的方式逐步退出劳动力市场。例如部分高级职员在公司高强度工作二三十年后，转去私立大学或其他机构从事强度较轻的工作。相应地，体力劳动者也有类似选择，结果同样是优化整个社会的资源配置。

第三，社会援助规则的设计，不致减少人们对劳动力市场的参与及其工作努力程度。诺贝尔经济学奖获得者加里·贝克尔（1999）列举的案例，可对此做出贴切的说明：美国1996年社会援助改革前，未婚生育的女子仅凭"单身母亲"的身份，就可领取救济金及其他生活补贴。改革法案把一个母亲一生领取这种福利的总时长限定为五年，同时把任何一个时期内一个家庭领取福利的时段限定为两年。法案通过之后，依靠社会援助资源为生的单身母亲显著减少，完成高中学业和技能培训并找到工作的单身母亲相应增加，单亲家庭的经济状况也因此而改善。

第四，社会保障税/费水平的设定，不致促使竞争性企业因用工成本过高而削减工作岗位。

总之，与市场经济运行相匹配的社会保障制度安排，既要足以实现预防和减少贫穷的社会目标，又要与优化市场资源配置和促进就业的经济目标兼容。以此反观中国现有的社会保障体系，严重阻碍市场经济正常运行的制度安排便一目了然。具体有以下几点。

其一，多轨制的社会医疗保险和养老保险安排，尤其是社会基本养老保险制度中的公共部门与民营部门的分割、公共部门中编制内与编制外人员的分割、机关事业机构与企业的分割、城乡分割和行政区分割等，既是中国经济体制转型初期劳动力市场分割的结果，又是此后难以形成统一的劳动力市场的原因。

其二，与多轨制社会保障安排相联系，农村居民及农村迁移劳动者，特别是其中的非正规就业者社会保护不足。这不但增加了农村迁移劳动者融入城市社会的难度，而且也使他们更容易在城市陷入贫困。这一群体对社会保护不足的一种回应，是在劳动力市场上流动性过高，以致忽略自身人力资本的积累。一些在华开厂的德国企业家曾抱怨，刚把新进厂的迁移劳动者培训成熟练工人，其中就有一部分转往别的城市；还有些人甚至没有完成培训，过年返乡就不再回厂。

其三，公共部门编制内人员社会保护过度。在当今市场经济风险和不确定性增大的情况下，公共部门作为计划经济体制遗留的福利"高地"，对就业者的吸引力远胜其他部门，其编制内人员在劳动力市场上流动性过低以致冗员也难以消除。

其四，城镇企业职工社会保险费率高于大多数发达的福利国家，位居世界第三（法国第一、德国第二）。如果加上住房公积金，缴费率高达51%（左学金，2014）。结果，成规模的企业往往借助部分参保的劳务派遣公司，或是通过逃避参保的微型企业雇用迁移工人，反而加剧了迁移劳动者社会保护不足、流动性过高和人力资本积累匮乏的状况。

综观以上列举的几条制度性弊病，多轨制可谓其中最为关键的症结。它既留有发展中国家城乡二元结构的印记，又包含计划经济体制的"遗产"。故而消除多轨制不但是社会经济发展的必然步骤，而且是体制改革的继续深化。

四 转型的路径

从实现社会保障底线的角度来看，发达国家的改革集中在削减基本保障水平之上的福利。中国则必须以社会保障底线为基准，在填补"低凹"（部分人口社会保护不足）的同时，降低社会福利"高地"（部分人口社会保护过度），并以此促进统一的劳动力市场的形成，推动相应的社会管理能力的提高。当然，这并非试图推行社会保障中的平均主义，而是强调以制度公正为特征的社会保障体系转型。如何以尽可能低的社会经济成本排除转型中的制度性障碍，正是本节讨论的重点。

第一，针对贫困人口强化社会援助和社会服务，以精准扶贫方式减少贫困并切断贫穷的代际传递。社会保险的功能在于，应对和预防人们陷入贫困的风险，对于已经生活在贫困线之下的家庭及个人，它并非缓解日常生存困境的最佳政策工具。相形之下，社会援助和社会服务才更适于充当解危济困的"兜底"安全网。然而中国现有的社会管理方式还不足以应对市场经济下人口流动频繁的状况，以往的社会救助和扶贫制度安排亦显粗疏。扶贫体系至今仍局限于农村，最低生活保障制度也以低层行政区域为界，农村迁移人口往往被城乡之间和行政区域之间相区隔的安全网所遗漏。

因此，在取消二元户籍管理模式的情况下，城乡扶贫救助体系的整合已在所难免。首先，需要把援助贫困地区的政策与援助贫困家庭及个人的政策区分开来。推行支持贫困地区发展的政策，将有助于缩小地区差别。在此类项目（例如基础设施建设）实施中，却不可能把受援地区的非贫困人口排除在外，反倒很难保证贫困人口直接受益。若将这些项目归为地区发展政策，不仅名副其实还便于操作。其次，针对单个贫困家庭及个人特有的困难，给予救济和综合性帮扶，以助其摆脱贫穷实现发展。这可以称为精准扶贫方式，属于社会援助范畴，而且在实施中还需提供社会服务。为此，需要整合民政和扶贫系统，发展社会工作者队伍，以保证及时为贫困家庭及个人提供急需的帮助。

第二，在社会医疗和养老保险项目中，对贫困人口及处在贫困线边缘的家庭设置非缴费参保条款，由财政拨付所需资源。与此同时，降低现有缴费率，以使贫困边缘以上的中低收入家庭不致因缺乏支付能力而被社会保险排除在外。2012年，多数农村迁移劳动者还未被城市各类社会保险所覆盖，养老和医疗保险参保率尚不足28%和31%（见表2）。如此之低的参保率，除了归因于缴费率过高以外，还由于农村迁移劳动力中多为非正规就业者，流动性高而且收入不稳定，不适应城市保费征缴周期。这一人群即使参加了农村合作医疗和养老保险，却也因为农村保险水平低且便携性差，不足以应对城市工业社会带来的风险。这就需要增加保费征缴的灵活性，例如按季节而非按月缴费，并视特定岗位类别的平均收入水平设定缴费折扣率，以求扩大社会保险对非正规就业者的覆盖面。

表2　　　2006—2012年各类社会保险项目的人口覆盖状况　　　单位:%

		2006年	2007年	2008年	2009年	2010年	2011年	2012年
机关事业单位社会保障制度		100.00	100.00	100.00	100.00	100.00	100.00	100.00
城镇企业职工基本社会保险	养老	49.15	50.80	53.71	55.37	58.29	63.29	65.51
	医疗	29.69	34.95	39.05	42.27	44.74	46.24	47.12
	失业	28.15	28.36	29.84	29.65	30.30	31.56	32.90
	工伤	24.58	30.32	34.78	37.10	39.41	42.27	44.51
	生育	9.74	14.00	18.64	23.38	26.90	30.21	33.53
城乡居民养老保险		—	—	—	—	—	—	56.78
城镇居民医疗保险		—	29.96	55.56	76.10	78.88	85.62	99.12
新型农村合作医疗		80.70	86.20	91.50	94.20	96.00	97.50	98.26
外出就业农民工参加城镇职工社会保险	养老	10.80	13.40	17.20	21.40	21.40	26.10	27.81
	医疗	18.00	22.70	30.40	29.80	29.90	29.30	30.58
	失业	17.90	28.80	35.20	38.40	41.10	43.00	43.95
	工伤	—	8.30	11.00	11.30	13.00	15.10	16.54

注:(1)计算城镇企业职工基本养老保险覆盖率时,在分子中扣除了机关事业单位参保的职工人数,分母中扣除了全部机关事业单位就业人数。目前公共部门尚有部分在职人员保留公费医疗,但由于缺少相关数据,便在计算城镇企业职工基本医疗保险覆盖率时,在分子、分母中都扣除了公职人员数。由于缺少可供使用的数据,在计算城镇企业职工的工伤、生育和失业保险覆盖率时,也在分子、分母中扣除了公职人员数;(2)从2012年起,官方发布的统计将新农保和城镇居民养老保险合并为城乡居民养老保险一项,本表的数据亦为采用新统计口径计算结果;(3)在计算城镇企业职工养老和医疗保险覆盖率时未包括离退休人员,而是将这部分人纳入居民养老和医疗保险覆盖率计算;(4)"—"表示没有可供使用的数据或尚未开展此类保险。表中数据均为相关年份的年末数值。

资料来源:2006—2012年《人力资源(劳动)和社会保障事业发展统计公报》《中国统计年鉴》。

第三,将现有的城乡居民医保、城镇企业职工医保和部分遗留的公费医疗制度整合为统一的社会健康保险。对于城乡居民医保整合以及企业职工与机关事业单位人员医保整合,如今已少见异议。但对于把这几个险种合而为一,不少业界人士仍顾虑重重。尤其是当前职工医保的筹资水平相当于居民的7倍之多,便有卫生政策研究者建议，待二者水平接近后再行整合之事（卫生部新型农村合作医疗研究中心，2013）。不过，中国台湾地区将"公保""劳保""农保"和"军保"等职业性医疗保险整合为"全民健康保险制度"的经验表明，原有的筹资水平和财务规定差异，并非制度整合中不可解决的难题。越南设立普惠制社会医疗保险的事实（人均筹资额约30美元）说明，农村人口收入水平较低，也非不可逾越的障碍。诸多国家和地区的案例都已显示，社会健康保险和自愿性附加商业保险的制度构架，既可覆盖全体国民应对基本健康风险的需求，又可满足中高收入群体超出基本水平的特殊保健需求。中国大陆亦可如此，只是在制度整合中还需对以下政策因素予以特别关注。

首先，把现有城镇企业职工医疗保险的筹资原则作为模本，以中低收入者的支付能力为基准，设定较低的单一费率，并把"能力纳税原则"引入筹资制度。这意味着支付能力高的人多交费，有相似支付能力的人交纳等量保费，不同收入水平的参保者虽缴费额不同，但享受平等的医疗待遇。这样做也是因为，与低收入者相比，高收入者的就诊次数和就医机构的质量通常高于平均水平，更何况社会健康保险的价值观基础正在于社会共济和风险分担。其次，在医疗和健康服务领域，创造民营机构与公立机构平等竞争的环境，以实现二者之间市场份额的均衡，并赋予消费者更大的选择余地。再次，通过增强对服务供给者的激励（例如矫正服务价格扭曲）和对消费者的约束（例如落实转诊制），促进卫生服务效率和质量的提高，减少与第三方付费机制相关的资源浪费。最后，逐步提高资金统筹层次，2020年实现省级统筹，推广异地结算报销。其间借助计算机和互联网通信技术，维护社会健康保险的财务公开性和透明度，以方便公众查询和监督。

第四，把城乡居民养老保险中的非缴费基础养老金扩展为普惠制的最低养老金，并以改进型的城镇企业职工基本养老保险为基点，构建多层次的养老保险制度。社会养老保险制度的设计理念在于借助国家强制，促使社会成员在青壮年阶段以缴纳保险费的形式，将部分可以用于消费的收入储蓄起来，转移到年迈退出劳动力市场之后使用。然而如果强制生活在贫困线以下及贫困边缘的家庭和个人做这样的财务安排无异于加深其当前的贫困程度，从而背离社会保障目标。中国在贫困人口规模巨大的情况下，如果设置覆盖所有国民的非缴费型最低养老金，确保人到老年衣食无虞，不失为行政成本较低的选择。

目前，城乡居民养老保险中由财政支付的基础养老金，即属于非缴费养老金一类。城镇企业职工养老保险连续十年提高养老金给付，待遇增幅超过 GDP 和物价及工资上涨。这一增量若最终由社会保障基金支付，就会造成对现有缴费者的剥夺。如果终将来自财政资源，那也无异于非缴费养老金。机关事业单位人员的退休金，眼下皆为非缴费型。这一切，实质上为建立非缴费型国民养老金制度奠定了物质基础。尽管如此，这一制度的起点只能是"就低不就高"，从现有城乡居民养老保险中的基础养老金水平起步，以免对缴费型养老金制度产生储蓄挤出效应。当然，这并不排除国民养老金给付标准随着经济增长而逐渐提高。参照瑞典经验，最终以平均替代率不超过 10% 为限，关于这一上限的界定，一位牛津大学教授对英国国民养老金（state pension）水平的刻画也可用作参考："它仅够维持人们存活。"

上述非缴费国民养老金与个人薪酬无直接关联。社会养老保险却不然，参保者退休后从中领取的养老金数额，在很大程度上来自在职期间部分薪酬的积累。然而媒体和公众对这一区别尚欠缺了解，例如《人民日报》在 2014 年 8 月曾专题报道："企业退休职工基本养老金从 2005 年以来已连续提高 10 次，目前每月为 2000 多元，而新农保的基础养老金只有 55 元；再如，有研究统计，2013 年事业单位退休人员月均养老金是企业退休职工的 1.8 倍，机关退休人员月均养老金水平是企业退休职工的 2.1 倍。"[①] 这样的陈述很容易产生

---

① 参见《织就老有所养的安全网》，《人民日报》2014 年 8 月 28 日第 14 版，http://paper.people..com.cn/rmrb/html/2014-08/28/nw.DI 10000renmrb_ 20140828-1-14.htm，2014 年 8 月 28 日。

误导。新农保的基础养老金纯属社会福利，企业退休职工的基本养老金与其本人和在职企业按薪酬比率缴费相关联，二者没有可比性，此其一也。其二，机关事业单位和企业的人力资本结构不同，前者以高学历人员为主，其平均退休金水平高于企业职工的现象，部分地反映人力资本水平较高者在职期间薪酬亦较高。直接以两类人员的平均养老收入差异来论证制度影响，实则不够严谨。

说服力较强的计算方法，是从不同养老制度下的退休者中，筛选人力资本特征类似的群体，分组比较退休金和养老金水平。仅就可供笔者使用的2010年数据而言，基于表3列出的统计分析结果计算，在大专学历以上的老年人中，机关事业单位和城镇企业的男性退休人员的养老收入之比大约为1.48:1，两类退休女性的养老收入之比大约为1.44:1。这两个比例，大致显示了不同的养老制度安排对人力资本水平相当的退休人员造成的收入影响。尽管它反映的收入差距不似媒体报道的那般醒目，也足以显示其中包含的制度不公平。

表3　　2010年大专及以上学历的退休者月均养老收入比较

保障类型	性别/年龄	观测值数	月收入均值（元/人）
企业职工养老保险	男	316	2389.54
	女	131	2132.53
	75岁以下	337	2289.05
	75岁及以上	110	2391.34
机关事业单位退休	男	348	3548.21
	女	139	3078.99
	75岁以下	302	3280.41
	75岁及以上	185	3632.82

注：对于表中不同组别之间的收入差距，采用非参数统计中的Wilcoxon（Man-Whitney）秩和检验加以判断。结果显示，每两组之间在千分之一（0.001）水平上存在显著差异，说明机关事业单位退休群体的收入高于企业退休职工的可能性更大。

资料来源：根据中国老龄科学研究中心提供的《中国城乡老年人口状况追踪调查2010年》原始数据计算得到。该数据来自全国20个省/直辖市60岁以上老龄人口的抽样调查，其中城市样本为10060户，农村样本为9926户。

矫正制度不公平只能靠制度改革，而且还需考虑在改革中同时解决部分群体"保护过度"和部分群体"保护不足"的问题。一种社会经济成本较低的改革路径，是改进企业职工社会养老保险设计，以"升级版"的多层次制度安排，覆盖包括机关事业单位人员在内的所有正规就业者和非正规就业者（中国社会科学院经济研究所社会保障课题组，2013）。

首先，分离企业职工社会养老保险中的现收现付制统筹基金和积累制个人账户基金，把统筹基金依然用作与薪酬相关联的正规就业者社会养老保险。同时，将公务员和事业单位人员纳入这一保险，此举产生的转轨成本由财政逐渐消化。

其次，将个人账户基金转化为由专业公司管理的记账式缴费确定型个人账户，吸纳所有就业者特别是非正规就业群体参加。

再次，降低统筹基金缴费率，为企业/机构出于人才竞争需求而给予员工养老福利留下余地。仅设定个人养老账户的储蓄率上限（避免高收入者避税），允许处于最低工资水平的就业者不向这一账户注资，从而使个人和家庭得以灵活平衡自己的消费和储蓄。此外，还需通过法规将此类账户基金的运营置于政府的监管和公众的监督之下。

最后，在现有管理能力依然薄弱的情况下，普及省级基金统筹，对跨省就业者采取社会保险记录连续累加和待遇分段计算的方式，提高养老保险权益的便携性。

总之，通过多层次的制度设计，使国家的责任和企业及个人的选择空间界限分明，参保者对自己的义务和权利一目了然。

五 政策讨论与结论

近年来，中国社会保障事业取得了令人瞩目的发展。国际劳工组织在2014年的《世界社会保障报告》中，对中国和巴西在提高社保覆盖率方面的成就给予了充分的肯定。不过，从社会保障体系基本功能（预防贫穷、减少不平等和增进社会包容）的实现状况来看，中国社保体系内含的多轨制，本身即造成不平等和社会排斥，因而也弱化了预防贫穷的功能。到目前，公共部门编制内人员特别是公务员仍旧社会保护过度，农村居民及农村迁移劳动者，特别是其中的非正规就业者依然社会保护不足。与人口的城乡隔离、行政区域分隔和职业身份区隔相关联的社会保障制度分割，实乃计划经济时代的产物。在经济体制转型初期，它表现为劳动力市场分割的结果。时至今日，它又成为劳动力市场难以统一的原因。

仅就社会保障体系本身的运行而言，曾与机关事业单位人员享有同样医疗和退休养老安排的国有企业职工，历经改革转向社会保险制度，而机关事业单位人员特别是公务员例外。这就使国有企业原有的管理、教研、保健和治安等各类人员和一线职工深感不平。其直接反应便是以公务员为参照，要求政府提高待遇。虽然各国和地区都不乏福利攀比现象，但唯有中国社保改革中新增的制度不公正，直接激化了不同利益群体的福利竞赛。这种竞赛不但损害社保体系的财务可持续性，而且还造成严重的社会疏离。进一步讲，支撑社会保障体系的资源通过税收或缴费进入企业一般成本或劳动成本，从而也就使社会保障制度由此"切入"经济运行。福利竞赛导致的非常规成本增加，既会削弱就业岗位的创造，又会降低企业竞争力，还会因此而对经济增长产生消极影响，并最终减少流向社会保障体系的资源量。

从市场经济特别是劳动力市场正常运行的角度反观中国社会保障体系，保障制度的多重分割无疑阻碍劳动力正常流动；农村迁移劳动者保护不足，以致其流动性过高甚至罔顾人力资本积累；公共部门编制内人员保护过度，以致其流动性过低乃至冗员难消。这些现象或是降低资源配置效率，或是减少人力资本积累，都会妨碍经济增长，并有可能导致社保体系收入源流的缩减。由此引申，与市场经济正常运行相匹配的社会保障制度安排，既要足以实现预防和减少贫穷的社会目标，又要与优化市场资源配置和促进就业的经济目标兼容。这就需要通过制度改革，赋予包括就业者在内的所有社会成员以适度的社会保护。

第一，整合城乡民政部门和扶贫系统，发展社会工作者队伍，采取精准扶贫方式，针对单个贫困家庭及个人急需的帮助，提供社会援助和社会服务。

第二，依据社会保障底线需求（预防贫穷），设定社会保险特别是养老保险待遇这样的"底线"待遇，必然可以采用"底线"税/费率征缴予以满足。其作用还在于，一方面，可以保证贫困边缘以上的中低收入家庭不致因缺乏支付能力而被社会保险排除在外；另一方面，有助于消除社会保险中的多轨制，构建便于劳动力流动的统一平台。特别需要强调的是，在社会医疗和养老保险中，对贫困线以下及贫困边缘人口设置非缴费参保条款，所需资源由财政拨付。这样做既可保证对贫困和低收入群体的包容，又能以尽可能大的人口规模分散疾病、残障和老龄风险。

第三，以弹性附加保险及其他差异化的制度安排，为企业或机构留下采用福利措施竞争人才的余地，为家庭和个人留下平衡消费和储蓄的余地。就医疗保险而言，把城镇企业职工医疗保险的筹资原则作为模本，以中低收入者的支付能力为基准，设定较低的单一费率，将城乡居民医保、企业职工医保和部分遗留的公费医疗制度整合为统一的社会健康保险。至于中高收入群体，可自行购买附加商业保险，以满足其超出基本水平的特殊保健需求，而非以附加缴费比率，从社会健康保险基金中获取更多资源。

相较于社会健康保险，养老保险筹资更需要采取"梯田式"的制度安排，以回应参保者对不同层次的养老收入水平的预期。首先，把城乡居民养老保险中的非缴费基础养老金扩展为普惠制的国民养老金。其次，分离现行企业职工养老保险中的统筹基金和个人账户基金，把统筹基金依然用作与薪酬相关联的正规就业者社会养老保险。降低缴费率，并将公务员和事业单位人员纳入规则统一的正规就业者养老保险。将个人账户基金转化为由专业公司管理的记账式个人账户,而且仅设储蓄率上限,吸纳所有就业者特别是非正规就业群体参加。

第四,制度整合优先于基金统筹层次的提高。在制度整合的进程中,提高社会管理能力以及保险管理和相关服务能力;在管理能力增强的前提下,提高基金统筹层次。尽可能把行政区域之间的利益矛盾,转化为难度较低的技术问题予以解决。例如,逐渐普及养老基金省级统筹,对跨省就业者采取社会保险记录连续累加和待遇分段计算的方式,提高养老保险权益的便携性。

第五,社会保障体系特别是养老保险制度的转型,必然涉及退休者以及处于不同就业阶段的在岗者的义务和权益。对此,只能采取老人老办法、新人新办法和"中人"适用过渡规则的方式,在可预见的时期内完成转型。由此而产生的转轨成本,也只能通过拨付财政资金和出售国有资产所得来支付。还值得注意的是,在人口老龄化不断加深的情况下,改革越延后,转轨成本将越高。

基于社会保障底线来选择社保体系转型路径,无异于在这一领域划定政府和市场的边界。采用社会援助和非缴费参保、社会健康保险和社会养老保险以及自愿性附加商业保险的制度构架,实质上也就明晰了社会保障中的政府、企业和个人的责任及权利。这对习惯于获得高于社保底线待遇的群体,或是很少承担社保责任的个人,也都意味着观念的转变和利益的变动。因此,社保改革不可能得到所有人的拥护。但出于整个社会的长远利益,必须由政府高层决策群体以坚定的政治意愿,及时启动以消除多轨制为焦点的改革。

参考文献

曼昆《经济学原理》(宏观经济学分册),梁小民译,北京大学出版社 1999 年版,第 66—67 页。

林德贝克、佩尔松:《养老金改革的收益》,《比较》2014 年第 3 期。

帕尔默:《养老、医疗和疾病保险的公共政策:拉美能从瑞典吸取的经验教训》,

《比较》2014 年第 3 期。

卫生部新型农村合作医疗研究中心,《基本医疗保障城乡统筹管理政策措施研究》(未发表的研究报告),2013 年。

中国社会科学院经济研究所社会保障课题组,《多轨制社会养老保障体系的转型路径》,《经济研究》2013 年第 12 期。

左学金:《全面深化改革应从民生改革始:建立全民共享的五支柱养老保险体制》(未发表的研究报告),2014 年。

朱玲:《多国社会保障案例背后的市场经济运行机制》,《经济学动态》2014 年第 8 期。

Anton, Arturo, Fausto Henandez & Santiago Levy (2012). *The End of Informality in Mexico?: Fiscal Reform for Universal Social insurance.* Printed by Inter – American Development Bank.

ILO (2014). *World Social Protection Report* 2014 – 15. Accessed June 2014, http://www.ilo.org wcmsp5/groups/public/ – dgreports/ – dcomm/documents/publication/wcms_ 245201.pdf.

OECD (2013). *Pensions at a Glance* 2013: *OECD and G20 Indicators.* OECD Publishing http://dx.doi.org/10.1787/pension_ glance – 2013 – en.

Social Protection Floor Advisory Group (2011). *Social Protection Floor for a Fair and Inclusive Globalization.* Geneva, International Labor Ofice, accessed AuGust 14, 2014, http://www.ilo.org/wcmsp5/groups/public/ – dgreports/ – dcomm/ – publ/documents/publication/wcms_ 165750.pdf.

(原载《劳动经济研究》2014 年第 4 期)

农村迁移工人的劳动时间和职业健康*

在工业化进程中，有关工作时间的规定是工人运动和劳工立法的重要主题之一。早在19世纪初，超时劳动对工人健康及其家庭的危害就已广为人知。为了"争取八小时工作，八小时休息，八小时归自己"，美国和欧洲工业国家的工人前仆后继，英勇斗争，终于在19世纪末赢得了法律对8小时工作制度的承认。1919年11月28日，国际劳工组织通过国际公约，纳入了此前工人运动中有关缩短工时的斗争成果，规定在工业企业实行每工日8小时和每周48小时工作制。目的在于限制超时劳动，保证工人获得足够的休息时间；在保护工人心理和生理健康的同时，促进生产率的提高。[①]从此，这一理念随着工人运动的发展而广泛传播，并逐渐在世界各国付诸实践。随着经济增长和就业形势的变化，一些国家还通过法律逐步减少工作日，增加每周休息日和年度休假天数，并在某些行业实行弹性工作时间，以促进女性就业。总之，与工作时间相关的立法和实践的趋势，是赋予工人充足的时间、解除工作带来的身心压力、参与家庭和社会活动、享受个人全面发展的机会。

---

* 本文为中国社会科学院经济研究所"农村迁移工人健康政策研究"课题的一篇分项研究报告。课题得到福特基金会北京办事处和中国社会科学院妇女研究中心的资助；课题组在调研中得到地方政府、受访企业和个人的有力支持；报告中的统计图表分别由金成武、王震与何伟制作；笔者在写作中受益于冒天启、蒋中一、唐宗焜、魏众和林刚研究员的评论以及姚宇收集的文献。谨在此一并致谢。

① 参见 International Labor Organization (ILO), Working Time, http://www.ilo.org/global/What wedo/InternationalLabourStandards/Subjects/Workingtime/lang－en/index.htm, 2008年10月22日。

近 30 年来，中国的工业化在改革开放中突飞猛进，与之相伴随的是农村劳动力的大规模转移。据国家统计局公布的数据，2006 年，农村外出从业的劳动力近 1.32 亿人，其中，女性约占 36%，达 4747 万人。在外出劳动者当中，有 51% 的人是跨省流动。① 这与计划经济下劳动者失去自由迁移和择业权的状况相比，无疑是一个巨大的历史进步。然而现有的正式和非正式制度对农村劳动者进城生活和就业的种种排斥，不仅限制了他们对迁移的选择，而且也阻碍了他们获得应有的劳动保护。农村迁移劳动者②从事的工作往往环境差、工资低、强度大、劳动时间长、职业病和工伤事故多，③ 他们的境遇已经成为公共政策研究中的一个焦点问题。不过，以往经济学人有关农村迁移劳动者的研究，集中在劳动力市场分析领域。④ 至于迁移劳动者的职业健康问题，在经济学研究中还未获得充分重视，在社会学研究中尚欠缺足够的定量分析，在公共卫生研究中则缺少社会经济视角。鉴于此，本篇研究报告将立足于劳动保护理论，聚焦迁移工人的超时劳动现象，阐明超时劳动对工人生理和心理健康的危害，揭示隐藏在这一现象背后的社会经济政治因素，并据此提出改善迁移工人职业健康的政策建议。

报告涉及的案例，来自笔者对迁移劳动者的访问，以及与企业

---

① 参见国家统计局综合司《第二次全国农业普查主要数据公报（第五号）》，2008 年 2 月 27 日，http://www.stats.gov.cn/tjgb/nypcgb/qgnypcgb/t20080227 - 402464718.htm，2008 年 2 月 28 日。

② 农村进城劳动者通常被称为 "农民工"。然而这种称呼目前已不能准确地表达农村迁移劳动者的社会经济特征。多数从农村进城就业的劳动者不再 "亦工亦农"，而是彻底实现了劳动力的行业转移。尤其是改革开放后出生的农村迁移人口，原本就不曾务农，走出校门即进入城市就业。他们与那些生长在城市的劳动者相比，最显著的身份区别只在于户籍而非其他。笔者采用 "农村迁移劳动者" 和 "农村迁移工人" 这两个词汇来替代 "农民工" 的称谓，一方面是为了表明，这一群体的社会经济特征与高校毕业生、城市退伍军人以及城市迁移劳动者不同；另一方面，也是为了将他们与迁入地的农村居民区别开来。

③ 参见魏礼群《正确认识和高度重视解决农民工问题》，载国务院研究室课题组《中国农民工调研报告》，中国言实出版社 2006 年版，第 2 页。

④ 参见蔡昉《集成劳动力流动的研究》，载蔡昉、白南生主编《中国转轨时期劳动力流动》，社会科学文献出版社 2006 年版，第 1—12 页。

负责人和政府官员的座谈。报告中采用的数据,除特别注明出处外,均来自中国社会科学院经济研究所课题组于 2006 年 6—7 月展开的抽样调查。这项调查在国家计生委"中国人口与发展研究中心"的协助下完成,调查地点为大连、上海、武汉、深圳和重庆五个城市。调查中对个人样本的选择有如下考虑。(1)尽可能选择那些在城市生活但仍无该市户籍的农村迁移劳动者。(2)由于上海企业难以进入,最终从 31 个迁移人口聚集的社区抽样。其余四个城市的样本都从企业抽取,每个城市选择 20 个企业,每个调研企业访问 25 个迁移劳动者,重点选择制造业生产线上的操作工。(3)样本的抽取并非遵循简单随机原则,而是根据企业的所有制类型、企业规模和所属行业等特征,选择集中雇用迁移工人的企业,并力求样本的性别比例符合企业总体的性别比例。经数据清理,所获有效个人样本总计 2398 份,其中女性样本占近 52%。

以下,首先,借助历史文献,扼要回顾中华人民共和国有关工人劳动时间的立法和实践,然后基于抽样调查数据,报告迁移工人的劳动时间分布状况,并说明超时劳动对其健康状况的影响。其次,从政治经济学角度,探索导致迁移工人严重超时劳动的社会经济原因。最后,归纳本项研究的发现和政策性结论。

一 中华人民共和国有关工人劳动时间的立法和实践

在当今中国,信息传播日益迅速,公众已大体知晓农村迁移劳动者严重超时劳动的现象。可是这一现象究竟是缘于国家劳动保护制度的缺陷,还是由其他社会经济因素所导致?为了回答这个问题,有必要梳理现有劳动保护体系的来龙去脉,从中解析有关限制工人超时劳动的立法和实践。

早在民国时期，中国的劳工立法就吸纳了国际劳工组织的理念。① 社会主义思想和工人运动是国际劳工组织的重要思想源头之一。该组织主要采用成员国缔结国际公约的方式，将处于时代前沿的劳动保护理念制度化并加以推广。1929 年，南京国民政府颁布了《工厂法》，规定每个工作日以 8 小时为原则，雇主根据具体情况可以将工时延长至 10 个或 12 个小时。但实际上，自 1927 年起，国民政府即立场右倾，对国际劳工组织虚与委蛇。在国民党统治区，政府压制工人运动，且由于连年战争困扰，缺少贯彻法律的财力和组织能力，并未落实 8 小时工作制。同期，中国共产党虽然推崇苏联的劳动保护理念和实践，可同样由于处在战争环境，对数量极为有限的根据地企业和工人，也没有实行 8 小时工作制。②

中华人民共和国与民国不仅在时间上接续，而且在物质积累上构成中国工业化进程中的不同阶段，在劳动与工资制度上也有所继承。例如，1949 年 9 月 29 日中国人民政治协商会议通过的《共同纲领》，或多或少地采纳了前述《工厂法》中有关工时和女工保护的条例："公私企业一般实行八小时至十小时工作制"和"保护女工的特殊利益"。③ 当然，中华人民共和国劳动保护体系的建立，更多的是学习苏联。1949—1952 年，国家一方面聘请苏联专家培养劳动保护人才，教材即为《苏联劳动保护教程》；另一方面，参照苏联经验，颁布有关劳动保护的法令和规章制度。据不完全统计，此类制度达 119 项，其中属于安全卫生管理和设备安全检查制度的共计 105 项，属于工作时间制度的有 10 项，属于青工、女工保护制度的有 4 项。这批法律和规章，构成了中华人民共和国劳动

---

① 魏众：《民国时期的劳动与社会保护立法与实践》，中国社会科学院经济研究所课题组研究报告，未刊稿，2008 年 9 月，第 22—23 页。

② 吴承明、董志凯主编：《中华人民共和国经济史（1949—1952）》第 1 卷，中国财政经济出版社 2001 年版，第 892 页。

③ 何光主编：《当代中国的劳动保护》，当代中国出版社 1992 年版，第 1—7 页。

保护法律体系的雏形。

从1953年起，中国共产党对资本主义工商业进行了大规模的社会主义改造。到1956年，99%的私营企业和85%的私营商业实现了公私合营，为计划经济体制的建立奠定了基础。同年，全国总工会颁布了关于劳动保护机构的组织条例。国务院颁布了有关劳动保护的三个规程，即"工厂安全卫生规程""建筑安装工程安全技术规程"和"工人职员伤亡事故报告规程"，进一步明确了保障工人职业健康和工作安全的管理和监察制度。[1] 此后，劳动保护法规、管理机构和管理制度渐趋完备，劳动保护科技初步发展，宣传教育逐渐普及。到改革开放之时，"国家监察、行政管理、群众监督"相结合的劳动保护体制业已形成。[2] 这套执行体制与计划经济相配套，因而更多地依赖政府行政管理。劳动保护机构建立伊始即将责任落实在如下机构和个人：一为政府劳动部门；二为企业主管机构；三为企业党委、厂长、工程师和技术员；四为工会组织；五为企业劳动安全管理人员；六为参与生产的个人。[3] 鉴于计划经济下政企不分、工会行政化，工程技术人员和劳动安全管理人员属于企业管理层，"群众监督"实属弹性因素，作用极为有限。

就中华人民共和国的劳动保护实践而言，在计划经济体制确立之前，劳动保护法律法规的贯彻一方面曾遭遇来自私营企业主的阻力；另一方面，工业主管部门和国有企业的一些领导"重生产、轻安全"的倾向，导致劳保制度在执行过程中打了折扣。例如，据劳动部1950年8月的统计，在191个私营企业中，实行11—12

---

[1] 中国社会科学院、中央档案馆编：《1953—1957年中华人民共和国经济档案资料选编·劳动工资和职工保险福利卷》，中国物价出版社1998年版，第723—776页。

[2] 张劲夫：《序》，载何光主编《当代中国的劳动保护》，当代中国出版社1992年版，第1页。

[3] 中国社会科学院、中央档案馆编：《1949—1952年中华人民共和国经济档案资料选编·劳动工资和职工保险福利卷》，中国社会科学出版社1994年版，第764—766页。

小时工作日的占 15.1%，实行每月 4—5 天休息日的仅占 28%。①1954 年，《中华人民共和国工人职员工作时间和休息时间条例（草案）》规定，全国企业应实行 8 小时工作制和星期日休息制。1955 年 8 月，劳动部在《对〈关于限制公私企业加班加点的暂行规定〉的起草说明和内容解释》中指出："有不少企业单位用加班加点的办法来开展劳动竞赛和完成生产任务"，"有的企业竟让工人在一个月内加班加点达一百多小时，连续工作三十二至四十八小时"。"黑龙江省部分地方国营工厂去年第三季度滥行加班加点的结果，使伤亡事故增加了百分之四十。"②

在计划经济体制确立之后，上述劳动保护执行体系的有效性，关键取决于高层决策机构的决策和社会的稳定。从 20 世纪 50 年代到 70 年代，曾有两次伤亡事故高峰。一次是"大跃进"时期，一次是"文化大革命"时期。1961—1965 年的调整时期和"文化大革命"结束后的拨乱反正时期，都使伤亡事故显著下降。此间，工时管理的兴衰与劳动安全管理的变化大体一致。在"大跃进"时期，政府和企业领导热衷于"夺高产""放卫星"，工人加班加点的频率之高、时间之长前所未有，由此引发了许多疾病和伤亡事故。为此，中共中央于 1960 年发出《关于切实注意劳逸结合、保证持续大跃进的指示》和《关于城市坚持 8 小时工作制的通知》，使得超时劳动在此后的 5 年得到控制。"文化大革命"时期，劳动纪律松弛、工时管理制度被弃置一边。"文化大革命"结束后，管理制度尚未恢复正常，加班加点现象重新抬头。1978—1982 年，国务院和当时的国家劳动总局通过下发文件，严禁企业滥发加班加点工资，又一次抑制了超时劳动泛起的苗头。③可见，在计划经济体制下，违反劳动法律法规的现象虽有发生，但

---

① 同上书第 744 页附表。
② 中国社会科学院、中央档案馆编：《1953—1957 年中华人民共和国经济档案资料选编·劳动工资和职工保险福利卷》，第 778—779 页。
③ 何光主编：《当代中国的劳动保护》，第 4—29、223—232 页。

以行政管理为主的劳动保护执行机制，能够明显、有效地予以纠正，将劳动保护措施落在实处。

自 20 世纪 80 年代中期始，中国经济改革开放的步伐加大，多种所有制企业兴起。企业不但在经济市场化进程中遭遇国内竞争的压力，而且还随着经济全球化的进程面临国际竞争，企业的利润动机日益强化，企业所有者、管理者和工人形成了不同的利益群体。在这一背景下，有关劳动保护的修正条例和相关法律相继出台，一个适于市场经济的劳动保护法律体系逐渐形成。对于劳动者的工作时间，自 1995 年 1 月 1 日起施行的《中华人民共和国劳动法》[①]明确规定："国家实行劳动者每日工作时间不超过八小时、平均每周工作时间不超过四十四小时的工时制度。""用人单位应当保证劳动者每周至少休息一日。""用人单位由于生产经营需要，经与工会和劳动者协商后可以延长工作时间，一般每日不得超过一小时；因特殊原因需要延长工作时间的，在保障劳动者身体健康的条件下延长工作时间每日不得超过三小时，但是每月不得超过三十六小时。"针对工作日、休息日和节假日加班的情况，《劳动法》还规定了相应的加班工资支付标准。同年 5 月，国家机关事业单位开始推行每周 5 天工作制。[②] 但《劳动法》并未修改，企事业单位实行 6 天工作制依然合法。为了在非国有企业和实行现代企业制度试点的企业加强劳动保护，1996 年，劳动部发布了《关于逐步实行集体协商和集体合同制度的通知》。[③] 其中的条款，明显地体现了

[①] 《中华人民共和国劳动法》，1994 年 7 月 5 日，http：//trs. molss. gov. cn/was40/detail? record = 2&channelid = 40543&searchword = % B1% EA% CC% E2% 3D% D6% D0% BB% AA% C8% CB% C3% F1% B9% B2% BA% CD% B9% FA% C0% CD% B6% AF% B7% A8，2008 年 10 月 27 日。

[②] 《国务院关于修改〈国务院关于职工工作时间的规定〉的决定》，2007 年 8 月 13 日，http：//www. cnss. cn/fwzx2/gr/zzzg/flfg/200709/t20070921 - 159844. htm，2008 年 10 月 27 日。

[③] 《关于逐步实行集体协商和集体合同制度的通知》，劳社部发〔1996〕174 号，2006 年 2 月 15 日，http：//w1. mohrss. gov. cn/gb/ywzn/2006 - 02/15/content - 106663. htm，2008 年 10 月 23 日。

国际劳工组织推广的三方（政府、工人和雇主）合作原则。可是，经济转型期的劳动法律法规执行情况却不容乐观，仅超时劳动严重的现象就能说明问题。这种现象不仅涉及处在劳动力市场高端的就业者，例如高科技和金融行业的"白领"雇员，而且在劳动力市场低端的农村迁移劳动者当中也司空见惯。不过，前者属于中高收入层，尚可选择待遇不同的工作；后者则不但劳动报酬低、工作时间长，而且工资还常常被拖欠。2003年年末，"总理为农民工讨工钱"的新闻，一方面反映出法律执行不力的状况；[1] 另一方面也促进了立法机构和政府部门对"农民工"问题的关注。2004年，国务院颁布的《劳动保障监察条例》，针对的正是用人单位损害劳动者权益的种种行为。其中，将用人单位违法违规延长工作时间的行为，明确纳入监察和处罚之列。[2] 不仅如此，2005年的劳动和社会保障部《关于加强建设等行业农民工劳动合同管理的通知》[3] 和自2008年起施行的《中华人民共和国劳动合同法》，也设有专门条款，要求用人单位遵守国家关于劳动者工作时间和休息休假的规定。[4]

然而，农村迁移劳动者超时工作的现象依然严重。更不容忽视的是，劳工伤亡事故频发，形成中华人民共和国成立以来的第三次高峰，绝大多数伤亡者还是农村迁移工人。这表明，第一，现有的劳动保护执行机制与社会主义市场经济不适应。第二，农村迁移劳动者属于劳动保护状况最差的群体，之所以如此，一定有劳动保护之外的社会经济因素在起作用。这两点，正是本文以迁移工人劳动

---

[1] 杜宇、刘羊旸：《清欠：从"总理为民讨薪"到"建章立制保薪"》，2004年12月13日，http://www.people.com.cn/GB/shizheng/1026/3051916.html，2008年10月27日。

[2] 《劳动保障监察条例》，2004年11月14日，http://www.china.com.cn/policy/txt/2004-11/14/content-5703570.htm，2008年10月27日。

[3] 《关于加强建设等行业农民工劳动合同管理的通知》，劳社部发〔2005〕9号，2006年2月15日，http://w1.mohrss.gov.cn/gb/ywzn/2006-02/15/content-106654.htm，2008年10月26日。

[4] 《中华人民共和国劳动合同法》，2007年9月29日，http://w1.mohrss.gov.cn/gb/zt/2007-09/29/content-198892.htm，2008年10月23日。

时间分析为契机而展开制度和政策讨论的重点。

二 迁移工人的工作环境、劳动时间和健康状况

劳动保护的作用，在于维护工人的职业安全和健康。根据国际劳工组织的解释，职业健康并不仅仅指劳动者未罹患与工作相关的疾病或者由于工作而虚弱，它还包括影响劳动者身体状态的生理和心理因素，而这些因素又直接与工作场所的安全和卫生相关。[1] 由此我们预设，工作环境和劳动时间显著影响劳动者的健康状况。健康风险高的岗位，例如有毒、噪声和粉尘环境下的工作对劳动者身心状况的影响，关键取决于防护措施。可是，在我们的调查中，由于企业对有关劳动安全的问题十分敏感，课题组成员未能获准进入企业的工作场所，我们的问卷未包括工作场所安全和卫生方面的问题，样本企业也未从采矿和建筑等高风险行业中选取。因此，从调查中得到的信息，尚不足以支持对迁移工人的职业安全做微观分析。以下有关劳动者工作环境的统计，只能反映迁移工人样本的一种职业特征。

从表1列举的统计结果可以看出，报告工作场所有粉尘和噪声的人，分别占样本总体的 11.5% 和 17.4%。如果以性别分组，不难注意到，处于有毒、粉尘、噪声和高空等不良工作环境中的男性，在其性别组中所占的比重高于女性。若以工作环境状况分组，将那些在"有毒""粉尘""噪声""潮湿"和"高空"共5个选项下都选择"否"的人，视为处于普通工作环境中的劳动者，余者归为处在不良工作环境中的组别。那么，后者在样本总体中所占的份额达 53.7%。不过，针对工作环境是否对身体有害的提问，认为有害者只占该问题回答人数（1988 人）的 20.6%。

---

[1] 参见 ILO, "Occupational Safety and Health Convention", http://www.ilo.org/ilolex/cgi-lex/convde.pl? C155, 2008 年 10 月 22 日。

表1　　　　　　　　　　迁移工人的工作环境

	有毒		粉尘		噪声		潮湿		高空	
	人数	比率(%)	人数	比率(%)	人数	比率(%)	人数	比率(%)	人数	比率(%)
样本总体										
是	186	7.8	275	11.5	417	17.4	137	5.7	78	3.3
一般	263	11.0	501	20.9	741	31.0	364	15.2	76	3.2
否	1946	81.3	1616	67.6	1235	51.6	1892	79.1	2238	93.6
合计	2395	100.0	2392	100.0	2393	100.0	2393	100.0	2392	100.0
男性										
是	95	8.3	141	12.3	217	18.9	65	5.7	68	5.9
一般	126	11.0	262	22.8	384	33.4	197	17.1	50	4.4
否	929	80.8	747	65.0	549	47.7	888	77.2	1031	89.7
合计	1150	100.0	1150	100.0	1150	100.0	1150	100.0	1149	100.0
女性										
是	91	7.3	134	10.8	200	16.1	72	5.8	10	0.8
一般	136	10.9	238	19.2	356	28.7	167	13.5	26	2.1
否	1017	81.8	869	70.0	686	55.2	1003	80.8	1206	97.1
合计	1244	100.0	1241	100.0	1242	100.0	1242	100.0	1242	100.0

注：表中的数据，来自中国社会科学院经济研究所课题组于2006年6—7月展开的抽样调查。以下图表除特别注明出处外，数据来源相同。

图1和图2反映的是迁移工人的劳动时间分布。在受调查者当中，报告平均每天工作时间超过8小时的迁移工人大约占45.2%。尤其值得注意的是，报告每天工作时间超过12小时的人占样本总体的近2.6%，也就是说，他们的劳动时间比法定时间（8小时）延长了50%。进一步讲，每月工作超过26天的人，或者说，每周享有的休息日不足1天的人，占样本总体的36.5%。与女工相比，男工超时劳动的现象更严重，每天劳动时间在8小时以上和每周享有的休息日少于、等于1天的人数，分别占男性组别的48.4%和40.7%；在女性组别中，这两个比率分别为42.7%和33.2%。为

了更方便地比较地区之间的超时劳动现象，我们以 8 小时工作制为基准，利用受访者报告的每日工时数和每月工作天数，折算出标准化的工作日列入表 2。从中可见，武汉市的超时劳动现象最突出，迁移工人每月标准工作日的样本均值高达 30.5 个。大连市的超时劳动问题相对较轻，但其中的男工劳动时间明显较长，平均每月近 29 个标准工作日。

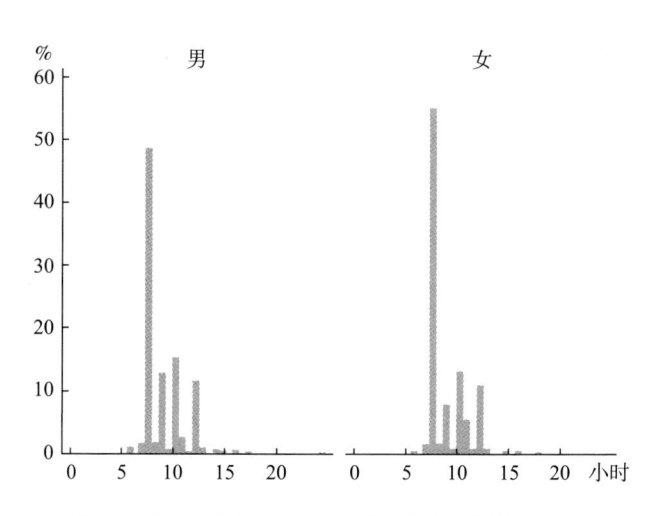

图 1　迁移工人的每日工作时间分布：按性别分组

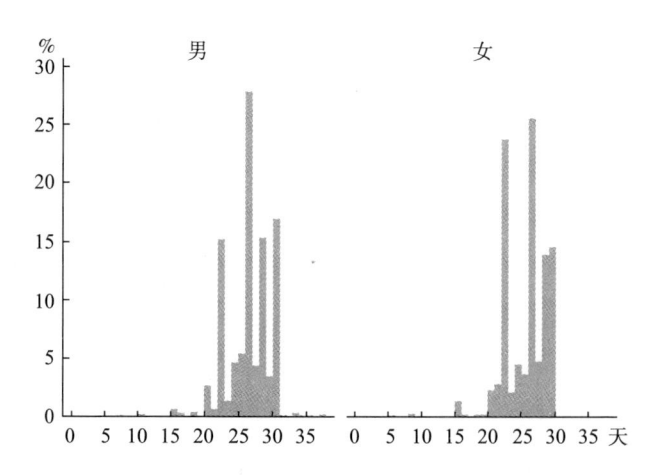

图 2　迁移工人的每月工作天数分布：按性别分组

表 2　　　　　按标准工作日折算的迁移工人月工作时间

	全部			男性			女性		
	均值	标准差	观测值	均值	标准差	观测值	均值	标准差	观测值
大连	25.61	6.46	366	28.94	8.01	95	24.45	5.37	270
上海	29.55	8.76	542	29.70	8.90	291	29.38	8.60	251
武汉	30.50	7.77	464	30.42	7.47	268	30.61	8.18	196
深圳	30.32	6.27	495	29.98	6.06	223	30.60	6.43	272
重庆	29.91	6.49	525	29.70	6.09	269	30.14	6.89	256
Total	29.37	7.45	2392	29.86	7.37	1146	28.93	7.49	1245
F 检验	$F=30.22$; Prob $(>F)=0.0000$			$F=0.84$; Prob $(>F)=0.5028$			$F=35.36$; Prob $(>F)=0.0000$		

注：每月工作时数 = 每天工作时间 × 每月工作天数；月标准工作日 = 每月工作时数/8。

对样本总体以工作环境和劳动时间之别做交叉统计，则进一步发现，有 1/5 左右的工人工作环境不良且超时劳动严重。处于不良环境且每日超时劳动的人占 17.2%。而且，环境不良且每月工作天数在 26 天以上者占 22.7%。经采用 Wilcoxon 秩和检验（非参数分析）确认，在不良环境中工作的人，日工作小时数和月工作天数都显著多于普通工作环境中的工人（参见表 3 和表 4）。这就意味着，前者并未因其工作环境不良而得到较多的休息时间作为补偿，反而比后者承受更多的超时劳动。长期超时劳动，无疑挤占工人的休息、娱乐、学习、健身和社会交往等活动时间，一方面使其难以恢复体力和精力，另一方面严重降低工人的生活质量，压缩个人自由发展的可能性。"慢性疲劳"以及由此而引发的其他生理和心理疾病，便是长期超时劳动的一个必然结果。若是工作环境不良再加上超时劳动，职业健康风险则更高。

表3　　　　　　　　　　不同环境组别的每日工作时间

	每日工作小时均值	标准差
不良工作环境组	9.22	1.79
普通工作环境组	9.07	1.84
Wilcoxon 秩和检验	$z=3.076$，Prob $> \|z\| = 0.0021$	

表4　　　　　　　　　　不同环境组别的每月工作天数

	每月工作天数均值	标准差
不良工作环境组	25.78	3.28
普通工作环境组	25.41	3.22
Wilcoxon 秩和检验	$z=3.109$，Prob $> \|z\| = 0.0019$	

在国内现有的关于劳动保护的文献中，通常用职业病和伤亡事故发生率作为反映职业健康和劳动安全状况的指标。我们的一次性小样本调查，不适于采集这样的信息。就迁移工人健康调查而言，也面临如下限制条件，即农村劳动者进城就业，带有一种健康"自选择"机制。从劳动供给的角度来看，迁移劳动者以青壮年为主。在我们的样本中，处于20—40岁年龄段的人占72.8%。在个人生命周期中，这一年龄段的健康状况恰好相对优良。从劳动需求的角度来看，健康原本就是城市企业和机构用工的重要标准之一，健康不良的迁移劳动者很难找到工作。进一步讲，由于城市社会保护制度未给予农村迁移劳动者基本保障，加之城市生活费用高于农村，他们当中的重伤或大病患者，以及身体状况明显趋于不佳的人，一般都会选择回乡生活。因此，在我们的调查中，极少遇到健康状况明显不良的迁移工人。加之缺少工人体检资料，只能采用受访者对最近一个月或三个月身心状态的报告，反映其健康状况。

从被调查者对健康的自我评价来看（参见表5），报告其弯腰、行走和爬楼梯困难的人，大约占样本总量的11.3%（不排除同一人选择多项答案的情况）。在1151位男工和1247位女工中，反映经常头晕头痛者分别占7.9%和14.1%；感觉体弱疲劳者分别占18.7%和21%；时常感到心情烦躁者分别占37.5%和43%。如果把这些指标视为受访者心理感受的反映，可以看出如下两点：其一，女性报告的健康状况一般都比男性差。其二，在受访迁移工人总体中，心理健康状态不佳者在40%以上。还值得注意的是，这些心理感受往往是生理疾病的前兆，尤其是那些报告体弱疲劳的人，反映的正是其体力透支的情形。如果将上述因素综合表达为一种健康状态，在控制性别、学历、年龄、婚姻状况、流动方式、收入、住房条件和企业特征等变量的情况下，采用非参数统计来比较就业城市不同、工作环境相异和劳动时间不一的组别，就会发现，这三者均为显著影响迁移工人健康状况的因素，即工作环境不良、超时劳动和在大连以外的4个调研城市就业的工人，其健康状况都比对照组差。[1]

表5　　　　　　　迁移工人在调查月内的自评健康状况

健康问题	男性		女性		全部	
	人数	比率（%）	人数	比率（%）	人数	比率（%）
1. 有举手弯腰困难	53	4.60	63	5.05	116	4.84
2. 有行走一公里困难	26	2.26	35	2.81	61	2.54
3. 爬楼梯困难	30	2.61	65	5.21	95	3.96
4. 经常头晕头痛	91	7.91	176	14.11	267	11.13
5. 感到体弱疲劳	215	18.68	262	21.01	477	19.89
6. 感到心情烦躁	432	37.53	537	43.06	969	40.41

---

[1] 金成武：《健康测度：以农村迁移工人的健康研究为例》，中国社会科学院经济研究所课题组研究报告，未刊稿，2008年9月。

三 迁移工人选择超时劳动的原因

笔者在调查中了解到,不少迁移工人愿意加班,只不过希望不要每天都加班,每星期还能休息一天(参见案例1)。这意味着,他们并非选择了一项令其愉快的活动,这种意愿明显地包含着"不得已"的成分。依据劳动力迁移理论和案例研究中获得的信息,我们推断,迁移工人的家庭经济状况、个人特征、工资和就业正规化程度以及就业区位,都影响着他们的超时劳动供给决策。对此,我们采用Probit模型来加以检验(见表6和表7)。模型的因变量,为工人的月标准工作日数量,以26个标准工作日为限,大于26者即为超时劳动,设为"1",其他情况设为"0"。在自变量中,"抚养人数"指的是,迁移工人家庭当中14岁以下的子女和60岁以上的老人;"家乡地形",用来大致表达迁移工人家乡的地理经济特征及其耕地质量;"工作环境"用受访者的评价表示,将其纳入模型的目的,在于观察工人的环境安全意识对其劳动供给的影响。

表6　　　　　　Probit模型所含变量的描述统计

变量	观测量	均值*	标准差	最小值	最大值
每月标准工作日 (大于26=1,其他=0)	2390	"1" = 1304 "0" = 1086			
性别(男=1,女=0)	2398	"1" = 1151 "0" = 1247			
小时工资(元/小时)	2390	4.58	2.57	0	37.04
年汇款(元/年)	2398	3106.13	3557.94	0	30000
年龄(周岁)	2393	29	8.4	16	62
受教育年限(年)	2367	9.4	2.3	0	17

续表

变量	观测量	均值*	标准差	最小值	最大值
人均耕地（亩/人）	2315	1.65	2.95	0	90
家乡地形 （平原=1，其他=0）	2398	"1"=929 "0"=1469			
家庭债务（元）	2398	3451.25	18544.05	0	300000
抚养人数（人）	2398	1.28	1.45	0	10
工作环境 （自认为有害=1，其他=0）	2398	"1"=410 "0"=1988			
参加工会（是=1，否=0）	2398	"1"=378 "0"=2020			
非技术工（是=1，否=0）	2398	"1"=1136 "0"=1262			
劳动合同（有=1，无=0）	2398	"1"=1560 "0"=838			

*对于虚拟变量，栏目中填写的是分类观测量。

表6的描述统计显示，在2390个个人样本中，有54.6%的人每月标准工作日超过26个。从Probit模型中具有统计显著性的变量来看（见表7），那些小时工资较低、汇款回乡较多、未签订劳动合同、没有参加工会者，以及在除大连之外的4个调研城市就业的男性技术工人，超时劳动的可能性更大。这其中，一个出乎预料的计算结果是非技术工人超时劳动的概率低于其他类型的劳动者。这也许是因为，企业对非技术工人加班的需求相对较低。还需要说明的是，相对于其他调研城市，为何在大连就业的迁移工人超时劳动的概率较低。这一是因为，大连的企业主要从经济开发区抽取，多为大中型外资或合资企业，广受当地政府和公众关注；二是个人样本中包含着部分来自大连市管县的农村户籍工人，他们的利益诉求能够影响市政府的行为。

表 7　Probit 模型：迁移工人超时劳动的可能性估算

因变量：每月标准工作日（大于 26 = 1，其他 = 0）		
自变量	系数估计值	P > |z|
性别（男 = 1，女 = 0）	0.251771	0.001
小时收入（元/小时）	−0.2408317	0.000
年汇款（元/年）	0.0000502	0.000
年龄（周岁）	0.0039049	0.875
年龄平方	−0.0001712	0.640
受教育年限（年）	−0.0029901	0.831
人均耕地（亩/人）	0.0085114	0.362
家乡地形（平原 = 1，其他 = 0）	−0.0087968	0.890
家庭债务（元）	−1.05E−06	0.560
抚养人口（人）	−0.0144892	0.538
工作环境（有害 = 1，其他 = 0）	0.0359828	0.641
参加工会（是 = 1，否 = 0）	−0.2778661	0.004
非技术工（是 = 1，否 = 0）	−0.2033605	0.004
劳动合同（有 = 1，无 = 0）	−0.2632908	0.000
上海（是 = 1，否 = 0）	0.6404054	0.000
武汉（是 = 1，否 = 0）	0.6274062	0.000
深圳（是 = 1，否 = 0）	0.6616239	0.000
重庆（是 = 1，否 = 0）	0.7012814	0.000
常数项	0.7545826	0.059
观测量 = 2274，$F_{(18, 2255)}$ = 28.89，Prob > F = 0.0000，R^2 = 0.2389		

"小时工资越低，迁移工人超时劳动概率越高"的结果并不意外，迁移决策中包含的收入动机即可解释工人的选择。然而，促使他们接受低工资和超时工作的原因，则需要进一步挖掘。

第一，失地而又在家乡未找到非农工作的农民，对于城里的就业岗位几乎别无选择。失地农民自 20 世纪 90 年代中期开始日渐增多。在工业化、城市化进程中，部分耕地不可避免地会被用作他途。土地在这一转换中增值巨大，可是农民却难以从中受益。在中国现有的社会结构中，农民谈判权利微弱，面对地方政府与土地开发商（有时还加上村干部）联合起来强行征地的行为，很难维护其土地使用权。既为强行征地，农民得到的补偿金就极为有限，此后也被排斥在土地增值分配之外。由此而引发的群体冲突事件，可谓失地农民权利遭受侵害的一种激烈表现形式；外出务工，往往是失地农民的另一种无奈的选择。在我们的样本中，持非农户口且家乡无地者占将近2.9%，持农业户口且家乡无地者占将近6.9%。虽然从问卷收集的信息中难以判断何人为失地者，但是无地的现实足以说明，他们除了"打工"之外几乎没有退路。

第二，来自少地家庭的迁移工人，如果在城市无以为生而回乡务农，很可能使其家庭接近或陷入贫困。20世纪80年代，我国平均每个农户的耕地面积为7.5亩左右。如果说，那时候还能靠这样的经营规模维持家庭生存的话，现在大多数如此规模的小农已经难以仅凭务农为生。更何况，随着耕地的减少，农户的平均农地规模进一步缩小。① 二十多年来，农业收入增长缓慢，教育、医疗及其他服务价格上涨迅速，加之一些非耐用消费品进入生活必需品范畴（例如电视机），农民家庭的基本生存成本逐渐提高。因此，少地农民为了满足家庭基本消费需求，不得不转向城市谋生。这种"不得已"，就会使他们在寻找工作时，失去与雇主谈判劳动条件的砝码。在我们的样本中，有地者的家庭平均耕地规模为4.55亩。其中，有30.6%的有地家庭人均耕地少于1亩，其户均土地规模仅为1.68亩；至于那些人均耕地多于1亩的家庭，其户均土地规模也才6.32亩。如果不考虑其他因素，仅仅观察此类少地、无地和"多地"的劳动者之间在每月标准工作日上的差异，其区别在统计上也是显著的。

第三，与上述情形相关，向留守家庭提供汇款的压力，是迁移劳动者选择超时工作的决定性因素之一。由于城市社会保护体系排

---

① 朱玲：《论全球性食品和能源危机的应对策略》，《经济研究》2008年第9期。

斥农村迁移人口，农地附有生存保障功能，农村生存成本相对低廉，大量农村青壮劳动力在转向城市就业的同时，把老人和妇女留在村庄照料家庭和经营农业。与农户无地或少地现象相关，留守家庭的基本生存需求、风险防范需求、投资需求，甚至农业投入品需求，在很大程度上都要依赖外出就业者的汇款。这就促使迁移工人成为"自愿"选择加班的群体。笔者在各地走访的迁移工人几乎众口一词，认定外出务工就应尽可能地多赚钱，明显地表现出追求收入最大化的倾向（参见案例1、3和4）。在我们的样本中，男工的汇款均值为2876元，高于女工668元。这一方面反映出，男性在家庭分工中更多地承担获取现金收入的责任；另一方面，也与男工平均工资高于女工相关。事实上，汇款者在我们的样本总体中大约占2/3。他们留在家乡的子女和需要赡养的老人平均数，分别为0.5人和1.1人；与未汇款者的留守家庭相比，两项平均值分别高出97.2%和42.1%。这也从侧面说明，迁移工人宁愿加班，以谋求收入最大化的一个重要原因是，为了维持非劳力或弱劳力家庭成员的生存。从表8可以看出，与留守农村相比，迁移工人毕竟有可能将收入提高150%左右。他们之所以接受不利的工资和劳动条件，是由于农村的收入水平更低所致。

表8　　　　　　　　　迁移工人的平均工资

	男性	女性	样本总体	工资性别比（女性工资/男性工资×100%）
目前个人月收入（元）	1127.6	935.0	1029.6	82.9
预计在家乡可获得的年收入（元）	5309.9	4469.7	4893.4	84.2
外出务工的收入增长效应（%）	154.8	151.0	152.5	97.5

案例1. 挣钱全凭加班

2008年4月，笔者走访深圳某光学仪器制造厂。该厂共有工人12000人，其中女工大约占80%。笔者访问生产线上的工人12

名,他们分别来自陕西、湖北、河南、湖南、四川和江西,工龄最长的 11 年,最短的不足 1 年。从交谈中得知,生产线上每人每月大约加班 120 小时,按照每月工作 30 天计算,每天加班 4 小时。问及他们是否愿意在工作日加班,其中只有一男一女两位工人表示不愿意:那位男工的理由是,希望有点儿闲暇时间学习;那位女工认为,劳逸结合对身体健康很重要。至于希望每月休息几天,他们当中的 8 人都希望每周至少休息一天。愿意加班者的理由是:挣钱全凭加班了,不然别说带钱回老家,每月挣的钱连个人消费都不够。厂里的工资由底薪、"工位费"(仅发给站立工作者)和加班费构成,实行"新劳动法"(劳动合同法)后,老板和经理把加班费都改称"奖金"。1997 年,每月底薪 240 元;2008 年,涨到 750 元。如今,每工日"工位费"2 元。周末加班每小时工资 8 元,平时加班每小时 6 元。

第四,相对于其低下的工资水平,迁移工人的城市生活成本较高。"城市户口"本身,就与住房、取暖、医疗和教育等福利相关联。因此,与城市户籍人口中的 5% 最低收入户相比,迁移工人的年人均消费总支出要高出许多(见表 9)。在我们的样本中,迁移工人在城市的住户规模低于当地平均水平:"单人户"占 61.2%,"2 人户"占 21.5%,"3 人户"占 13.8%,多于 3 人的住户还不足 3%。由于单人户的消费缺少家庭规模效应,在相似的收入水平上,其消费支出总额一般会高于"多人户"的人均消费总支出。此外,未获得企业宿舍的迁移工人,大多合伙租住城市边缘区的房子,加之多半从事高强度体力劳动,他们的食品、衣着、居住、交通通信以及其他日用消费品需求,还会高于城市一般收入户。尤其不可忽视的是,迁移工人的子女上学往往得支付借读费,医疗还要自掏腰包,正可谓"穷人不得不支付更多"。这也是他们在就业中做出"自我压榨"决策的一个重要原因。

表 9　　2006 年迁移工人与城市户籍人口的消费支出对照

项目 （元/年/人）	迁移者单人户 （样本=1467）	迁移者多人户 （样本=931）	城镇 5% 最低收入户 （样本=2800）	城镇 20% 中等收入户 （样本=11200）
食品	2698.93	2385.93	1387.70	3019.37
衣着	762.86	381.59	225.02	884.74
医疗	243.24	193.24	213.39	590.45
交通通信	1176.84	601.04	205.60	859.87
居住	994.23	1101.98	391.51	799.32
教育文化娱乐	491.43	507.82	332.64	1047.48
其他	1504.73	1014.96	197.41	704.18
消费总支出	7872.26	6186.56	2953.27	7905.41

注：表内城镇住户数据由国家统计局城市调查司提供，来源于国家统计局 2006 年全国城市住户抽样调查，总样本量为 56000 户（这是本课题组委托城市调查司根据统计局的原始数据计算的，原始数据尚未向公众开放）。按样本户年人均可支配收入由低到高的顺序，20% 中等收入户即第 3 个 5 分位组；5% 最低收入户为第 1 个 20 分位组。

第五，企业的工资结构设计限制着工人的劳动供给选择。与那些把最低工资标准当作最高标准来执行的企业相比，[1] 我们调查的企业平均支付的小时工资要高一些。如果按样本均值 4.58 元/小时和 8 小时工作日计算，日工资水平为 36.64 元，相当于同年全国城镇单位在岗职工日平均工资（83.66 元）[2] 的 43.8%。不可忽视的是，一些企业的工资设计中包含着加班激励机制。案例 4 中的企业采取的手法是，按照普通工价支付工人的加班劳动。在每小时 3.5 元工资的情况下，如果工人每天工作 8 小时，每月工作 26 天，其月工资收入仅为 728 元。那么除了维持个人最低生活消费以外，这笔收入就所剩无几了。无独有偶，案例 1 中的企业通过结构工资设

---

[1] 参见阎定军《"民工荒"探源》，《特区经济》2004 年第 10 期；韩兆洲、魏章进：《我国最低工资标准实证研究》，《统计研究》2006 年第 1 期。
[2] 《2006 年度劳动和社会保障事业发展统计公报》，2007 年 5 月 18 日，http://www.molss.gov.cn/gb/news/2007-05/18/content-178167.htm，2008 年 10 月 31 日。

计，也把工人的基本工资压低到相似的水平（750 元）。这样，两个企业虽然区位不同，行业相异，但是其工资设计都达到了令工人不得不选择加班的结果。

不过，我们在调查中已经注意到工人争取合理工资和休息权利的行动。采用 Probit 模型估计的结果也显示，参加工会和签订劳动合同，有助于减少超时劳动。虽然，"年龄"和"受教育年限"的影响在我们的统计结果中并不显著，但在现实生活中的作用却不容小视。如今的迁移工人与十多年前的"农民工"已经大不相同。他们见多识广、受教育程度提高，而且权利意识日渐强化。以我们的样本为例，"80 后"和"90 后"青年占近 58%；样本总体的平均受教育程度达 9.4 年。2008 年 4 月，笔者走访"深圳市春风劳动争议服务部/深圳市外来工法律援助中心"时，遇到的都是这样的"小年轻"。他们介绍说，《劳动合同法》出台后，工人追讨加班工资的案例明显增多。在这些农村迁移者当中，有两位来自不同厂家的男女工人，分别在各自的厂里工作了 9 年和 10 年。除了过年回乡，两人周末均无休息日，每日工作 9.5—10 小时。2007 年年底，工人们要求厂方补发最近两年的加班费。男工的厂长以"闹事"为名解雇了 100 多名工人。女工的厂长则采取"分化瓦解"的办法，解雇了 96 名要求补发加班费的工人，同时给余者每人发放 3000 元"津贴"。他俩不约而同地来这家劳动争议服务部，就是寻求法律援助的。笔者认为，工人追讨加班工资，有助于遏制厂家利用超时劳动压低成本的做法。而如果厂家无理解雇工资追讨者却不受惩罚，那就无异于埋下了社会冲突的种子。

四 超时劳动现象背后的政府和企业因素

劳动保护制度的实施必须借助国家的强制，具体说来，就是由政府来执行这种强制。若非如此，企业就有可能为了追求利润，通过压低工资水平、加重劳动强度和延长工作时间来降低劳动成本，侵害工人基本权利。这一点,马克思在《资本论》第一卷中就曾做出令人信服的研究结论。而今,包括工作时间标准在内的劳动保护国际公约,既是世界工人运动的伟大成果,也是国际劳工组织推广的"体面工作"理念中的应有之义。① "八小时工作制"和"每周至少休息一日"的必要性,已经被无数工人以健康为代价做过证明。可是,大量农村迁移工人至今还未真正享有这一基本权利。一些学者以改革开放前的工人职业健康和安全保护状况为参照,将迁移工人权益受损的现象归因于市场化改革和经济全球化。不过,这些评论者大概忽略了一个事实,那就是全球化既未在发达国家引发大量超时劳动的现象,也未降低其职业健康和安全标准。全球化加剧市场竞争,可以说是影响各国工资和劳动状况的外因。但能否保障工人享有法定的工作权利,最终还是取决于国内的社会经济政治框架。进一步讲,既然劳动保护制度的落实有赖于政府的强制,那么迁移工人劳动保护不足的状况,只能说明政府在这一领域少有作为。况且,政府的这种行为首先是缘于计划经济的遗产;其次是因为片面追求 GDP 和财政收入增长而放松对企业的监督。这些,恰恰不仅是出自市场化改革的结果。

采用户籍制度分割城乡社会,而且城市政府只对本城户籍人口的生存和发展负责,无疑是中国计划经济体系的一个特色。毋庸置疑,户籍制度令城市人口享有生存和发展的优先权。此外,计划经济下曾推行合同工、临时工和亦工亦农制度。当时,决策者的本意在于增加用工制度的灵活性。可是,由于新制度缺少配套的工资、保险和福利措施,即使是对于同样岗位上具有同样工作效率的工人,在"正式工"和"临时工"之间、"编内"和"编外"就业者之间,也造成了悬殊的待遇区别。② 因此,"转正"就成了"临

---

① 参见 ILO,"Definition of Decent Work",http://www.ilo.org/public/english/region/ampro/cinterfor/publ/sala/dec-work/ii.htm,2008 年 10 月 30 日。
② 参见何光主编《当代中国的劳动力管理》,中国社会科学出版社 1990 年版,第 166—169 页。

时"和"编外"人员的一个追求。为了尽早转正，临时工和编外人员宁可接受正式工及其他编内人员不愿意承担的任务，例如高风险工作和节日加班劳动。

如果把人事编制导致的身份区别，归结为公有体制内外的区别，那就不难注意到，与体制身份和户籍身份相联系的社会歧视，从计划经济时代一直延续至今。不仅如此，20世纪80年代开始实行的"市管县"体制，又在农村人口内部制造出一种身份区别，那就是城市行政管辖的农村人口和外来的农村人口的区别。由此，城市政府把其公共服务责任扩展到本地农村人口，却将农村迁移人口的公共服务需求，视为他们家乡政府的责任。在这种情况下，中国的劳动力市场就形成了三个层面的隔离现象，即城乡户籍隔离、公有体制内外隔离，以及地方行政辖区隔离。因此，跨省/市就业的农村迁移工人便同时遭受三重歧视。其劳动保护不足的状况，既是此类歧视的一个后果，又是歧视的一种表现。

在市场竞争中，企业必然产生利润动机。只有国家的强制、工会的制约、公众和媒体的监督，才有可能有效约束其损害工人权利的行为。从表10可以看出，无论何种所有制企业或事业机构，都存在迁移工人超时劳动的现象。但集体和内资私有企业工人的标准工作日显著地多于其他企业，外资与合资企业工人的工作日显著地少于其他企业。可见，工人的超时劳动与企业是"公有"还是"非公有"并无必然联系。鉴于样本中的国有和外资企业多为大中型企业，集体企业多为小企业，可以推断，显著影响工人超时劳动的企业因素，实质上是企业规模或行业特征。于是我们采用同样的统计检验方法，分别验证这两个企业特征与工人劳动时间之间的关系（计算结果未列表）。结果表明，制造业工人的超时劳动时间显著地少于其他行业；小企业工人的超时劳动时间显著地多于大中型企业。综合而言，非制造业的小企业工人超时劳动最为严重。这一结果当属预料之中，因为制造业本身要求工人注意力高度集中，严重超时劳动必然降低工人操作能力，影响产品质量甚至造成安全事故。从政府和社会监督的角度来看，小企业监督成本和监督难度都高于大中型企业。从工人与企业所有者和经营者的谈判力量对比来看，小企业工人能够施加给对方的压力更弱。

表 10　　　　　不同所有制企业中的工人月标准工作日

迁移工人所在的企业所有制特征	每月标准工作日数	
	均值	标准差
国有	29.02	9.18
集体	32.39	7.17
内资私有	30.91	7.52
外资	26.08	5.98
合资	27.88	8.52
股份	29.28	7.55
事业	29.13	11.63
KW 多样本检验	$\chi^2(6) = 282.636$	$P = 0.0001$
	$\chi^2(6) = 284.528$	$P = 0.0001$

进一步讲，在市场经济条件下，企业经营方式多元化，"劳资"关系必然而且已经产生。无论在哪一种类型的企业，作为"资方"的企业所有者和经营者，相对于作为"劳方"的迁移工人，都处于强势地位。在财政经济分权管理的情况下，各个地方政府之间在"招商引资"方面的竞争，又或多或少地促使地方政府放松对资方的监督，这就不免使资方的谈判权利更强。在企业内部收入分配中，资方所占的比重之高可谓超乎寻常。加之企业工会多由资方控制，工人在决定工资和劳动时间方面几乎没有发言权。在我们的抽样调查当中，有关企业内部收入分配的信息极难获得，因而只能用案例信息做补充。笔者于 2007 年 11 月底在福建省晋江市做过的案例调查，有助于说明劳资双方的力量对比（参见案例 2、

3、4和5）。

案例2. 1996—2007年：资产从436万元到3亿元

F公司是一家以制作膨化食品为主的企业，包括设在晋江的机构在内，公司在全国各地设立的分公司共计10家。虽说公司总部仍设在起家时的A镇Q村，但村庄已经融入市镇。据公司高层管理人员介绍，企业股东是7—8位Q村的村民，原本擅长炒瓜子或做蜜饯。20世纪90年代初，他们到外地推销瓜子蜜饯，看到炸薯片成为新潮小吃，回来便集资办厂。1996年登记成立企业，注册资本436万元，引入全套加工设备投产。在最初5年里，年利润率高达20%之多，此后利润率逐渐下降。最近原材料价格和劳动成本上涨，利润率维持在7%左右。于是，近两年来F公司开始多元经营。在四川、辽宁和本省龙岩共建立房地产公司3家，还在大连注册1家矿业公司，开采建筑石料。目前，F集团公司的总资产为3亿多元人民币。

设在Q村的总部管理人员和其他业务人员有200—300人；生产车间工人有600多人，除了20名Q村的村民外，余者大多来自四川、湖北、湖南、江西和贵州等地。在这些生产工人当中，女工占80%，年龄是18—40岁，学历至少在小学五年级以上。公司经理一级实行年薪制，高管的年薪大约有几十万元。本科和大专学历的办事员工资每月在1500—3000元，生产流水线上的工人每月工资最高1900—2000元，最低大约为1000元。打工者和企业高管者之间的悬殊差别早已有之；资本的增值速度，更是像滚雪球一样快得惊人。

案例3. 多年来几乎没有休息日

F公司生产车间的产品品质管理员李某，1970年出生，河北沧州人。1996年和丈夫一同来到晋江，在该厂上班已经11年。此间几乎没有休息日，每天工作12个小时（两班倒）。她曾在薯片生产线上工作多年，月工资800—900元。后公司成立"品管部"，聘用大学生却招不到人，原因是嫌工资低、工时长。李女士由于工作经验多而被提拔到这个岗位,月工资涨到 1000 元以上。她丈夫在机械部工作,月工资 1200—1800 元。唯一的儿子 8 岁时来到晋江与他们生活在一起,厂里免费提供一间住房。从去年开始,厂里对家属住房每 3 个月收费 260 元。

案例 4. 加班工资按平时的工价计算

女工陈某,1981 年生人,同样来自河北沧州。小陈于 2003 年从家乡的师专美术专业毕业,先在一个私立中学教书 2 年,每月工资 900 元;后去一个公立小学代课,为的是有可能转为正式教师,代课工资每月 400—500 元。教了一年小学发现"转正"无望,于 2007 年年初投奔正在晋江打工的堂兄夫妇,在 F 公司的厂里找到工作。她填写报名表后,很快被分配在包装车间干活。包装工的小时工资是 3.3 元,小陈做工半个月,就因学历较高提升为产品品质管理员,平均小时工资为 3.5 元。她进厂时没有签订劳动合同,原因是初来乍到急于找工作,没敢向招工人员问个究竟。其实,小陈在老家教书时,跟那两个学校都签过劳动合同。进厂之后几乎每个月都加班,只是这个月(2007 年 11 月)例外。加班日的工作时间长达 14 个小时,可是加班工资却仍按平时的工价算。对此,小陈认为自己年轻,身体还顶得住,先干上两年再说。

案例 5. 雇主设立的工会

F 公司设在 Q 村的工厂有工会,只是这个工会是雇主一方成立的,担任工会主席的是主管招工和劳工事务的部门经理,姓张。张主席原是福建南平一家国有矿山的矿长兼党委书记,该矿停产后,于 2003 年经熟人介绍到晋江,应聘 F 公司的文员岗位。也许是以往的经历所致,张主席组织的工会活动与国有企业的非常相似。他介绍说,厂里工龄满两年的工人就成为工会会员,按车间分成 6—7 个小组。工会不收会费,主要活动有 4 项:第一,逢年过节组织文体活动;第二,每月一次,为当月过生日的员工集体庆祝生日;第三,探望生病卧床的员工;第四,提供职工困难补助。平均一年补助 7—8 人,最少补助 300 元,最多补助 1000 元。包括补助事宜在内的这些活动，都是张主席一个人说了算。至于劳动和社会保障事务，则由企业管理部门决策。

上述案例中的受访者谈话反映出一个事实：在企业现有的权力结构中，几乎没有农村迁移工人谈判的余地。无论工龄长短、受教育程度高低、在何种岗位工作，受访者都未逃脱超时劳动的命运。国内外学者都曾注意到，中国经济融入全球化之初，由于资金、技术和劳动力素质的限制，企业只能进入全球价值链的低端。这一状态固化至今，企业升级困难，多数企业仍然依赖低价竞争策略来争取全球购买商的订单。因此，中国企业的贸易条件日趋恶化，利润率逐渐下降。[①] 笔者也多次听到企业所有者和高层管理人员解释，企业利润微薄，为了维持正常运转，难以提高劳动标准。实际上，这并不能解释全球价值链低端的超时劳动现象以及与此相关的社会不公正。事实是，企业采用薄利多销战略，利润总量增加。即使在企业收入迅速增长的阶段，或者是在劳动供给日渐紧缺的情况下，工人的收入和劳动保护状况也没有实质性的改善，劳方与资方之间的贫富差距依然在加大。如前所述，产生这种状况的根本原因，并不在于经济全球化，而是迁移工人较之企业所有者和高层管理者，社会经济力量相对微弱。

从逻辑上来讲，工人组织程度提高，例如成立工会，有助于增强工人的集体谈判权利。可是，目前工人自己组织的工会，却很难在民政部门获得认可。类似F公司那样的企业工会，笔者已经访问过数家。从决策程序来看，它们都是由雇主控制的组织。因此，在与企业利润最大化目标相冲突的事务中，这样的工会不可能为工人代言。虽然说工会组织的文体活动和职工困难补助毕竟或多或少地改善了工人的生活，这与法定工作时间、劳动保护和社会保险等关乎工人生存安全的权益相比，还只是浅层次的福利。进一步讲，这

[①] 拉法尔：《夹缝中的全球化——贫困和不平等中的生存与发展》，顾秀林译，知识产权出版社2008年版，第222—228页。

些活动还可以归结为企业的人力竞争策略。F公司的工会主席告诉笔者,自2004年下半年开始,企业招工不那么容易了,因为外来工家乡的工厂越来越多,青壮劳力很可能不用出远门也能找到工作。F公司为了留住有经验的工人,已多次提高小时工资并改善工人的食宿条件。在笔者看来,目前劳动力市场供求关系的变化,虽然能够促使企业或多或少地改善工人状况,却不可能保证他们实现应有的权利。因此可以说,农村迁移工人的劳动保护,是中国经济转型中的一个重大政治经济问题。

五 政策性结论

在中国改革开放的过程中,农村劳动者以自己的主动性和创造性,突破了城乡社会经济之间的制度藩篱,获得了劳动力流动的自由。他们通过职业、行业和空间的劳动力转移,有效地改善了收入状况,并且搭建起一条整合二元经济的桥梁。然而,城乡分割的制度框架并未随之发生实质性的改变。经济市场化和全球化进程,使得计划经济时代形成的对农村人口的社会排斥,以强化的形式凸显出来。农村迁移工人缺乏劳动保护,只是这种现状的一个缩影。迁移工人长期从事超时劳动,必然透支健康,同时危及工作安全。这不仅损害中国整个劳动力队伍的工作能力,还有可能对劳动者后代的健康水平产生不利影响。而且,这一群体因透支健康而可能产生的疾病或工伤负担,必然会降低其个人及家庭的收入水平和生活质量,同时还将增加全社会对卫生资源的需求压力。

针对农村、农业、农民和"农民工"的不利处境,中国政府曾采取大量校正措施,取得了显著减少农村贫困的巨大成就。近年来,政府致力于贯彻落实科学发展观与建设和谐社会的理念,进一步强化了对"三农"问题的重视,为农村发展和农村迁移人口生活状况的改善,创造了有利的条件。不过,为构建一个消除社会排斥的良好制度环境,中国还有一段很长的路程要走。本报告基于抽样调查和案例调查信息发现：第一，农村迁移工人劳动保护不足。工作环境不良的工人，每日工作时间和每月工作天数都显著多于普通工作环境下的工人。超时劳动在5个调研城市和不同类型的企业中都大量存在。就超时劳动程度而言，非制造行业的小企业工人比制造业的大中企业工人严重；大连工人的超时劳动状况比其他调研城市的轻微。第二，小时工资较低、汇款回乡较多、未签订劳动合同者，以及没有参加工会的男性技术工人，超时劳动的可能性更大。第三，超时劳动还与如下因素直接相关：政府和企业权力缺少约束，劳动力市场分割使迁移工人遭受排斥和歧视，在工资和劳动保护方面几乎没有谈判权利。

这表明，以行政管理为主的劳动保护执行机制，与市场经济的运行不相匹配；尚且存在的对农村人口的社会排斥和歧视，进一步削弱了现有劳动保护制度的有效性。因此，减少超时劳动、改善迁移工人生活和劳动状况的关键，一是消除社会排斥，二是改革劳动保护机制。或者说，通过平衡社会结构来强化劳动保护制度的有效性。目前，备选的短期政策措施首先在于，基于《劳动法》和《劳动合同法》设计指标体系，强化劳动监察。其次，将工人劳动时间、工作环境和职业病防治等劳动保护指标，纳入城市政府的政绩考核。最后，对于持续在一个城市就业的农村迁移劳动者，赋予和当地户籍劳动者同等的选举和被选举权，使他们有可能通过直接参政议政，影响地方政府的行为，保护自己的基本权利。

需要采取的中长期政策方案，是借鉴国际劳工组织的经验，通过"三方机制"来强化工农群体的谈判权利，以使他们能与政府和企业形成有效的制衡关系，拥有尊严地分享工业化、城市化和经济全球化带来的利益。这样做有可能会增加企业当前面临的经营压力，因为全球性的食品和能源危机已经使以低价竞争为特征的外向型经济难以为继。但如果任凭劳动保护不足的现象继续下去，劳动力质量必将趋于下降，企业就更难扭转受因于全球产业链低端的处境。因此中国企业只能改变竞争策略,在国内外市场中另辟蹊径。若非如此,农村迁移工人和农民中积聚的不满情绪将日渐严重,一些偶然事件就有可能成为引发剧烈社会冲突的导火索。当然,这也并非意味着工农群体的利益诉求不受制衡。构建工人、企业和政府间的社会伙伴关系,不失为一条减少社会冲突和增强社会凝聚力的有效途径。对此,德国的经验同样可资借鉴:

首先,在德国工业化进程中,劳资矛盾曾异常尖锐,政治家为了缓和社会矛盾,一方面,用"工作提供者"(雇主)和"工作获得者"(雇员)这类中性语汇,替代资本家和劳工等社会敏感性较强的语汇;另一方面,通过专项法律,为雇主和雇员表达各自的利益诉求开设渠道,同时也规范双方的自组织行为。

其次,双方在一系列法律框架下形成社会伙伴关系。[1] 其指导原则是政府中立,行业工会与雇主联合会集体谈判劳动与工资问题,双方尽可能增强合作、减少冲突。行业劳动工资协议并不排除企业内部的工人委员会和管理机构签订工资协议,以及个人与雇主签订劳动合同。有鉴于雇主处于强势地位,无论以何种形式缔结工资合同,都应以保护工人的最大利益为原则。

有关"社会伙伴"的理论和法律实践的结果,使第二次世界大战后的联邦德国在经济稳定增长的同时,实现了渐进的社会改良,从而也保持了社会和谐。在两德统一后的1996—2006年,平均每千名雇员罢工2.4天。这一指标,不仅远低于西班牙(同期每千名雇员罢工144天),而且也低于英、法、荷、意四国乃至瑞典、挪威和芬兰等北欧国家。

相形之下,中国当前的社会结构严重失衡,农村迁移工人数量虽多但社会经济力量微弱。校正这一结构失衡的关键,在于创造适当的制度条件,使工人和农民能够通过自组织的形式强化社会经济地位。笔者调研所到之处,雇主已经组织起来维护自身利益。可

---

[1] W. Lutterbach, "Social Partner Relations in Germany," Berlin, Jan. 22, 2008.

是，迁移工人自己组织的工会却很难在民政部门获得认可。从短期来看，工人一盘散沙便于搁置冲突。但从长期来看，社会矛盾积聚则容易促使弱者走向极端。因此，有必要通过立法和法律援助帮助工人通过有组织的协商或谈判，提高工资收入，保障休息权利和职业健康。

（原载《中国社会科学》2009年第1期）

改革与发展中的乡村社区公共服务筹资制度:国有农场案例研究[*]

一 引言

本文提到的乡村社区,指的是从行政地域角度界定的乡镇和村庄,以及社会管理职能与之大致相当的农场和其分场。[1]这里论及的公共服务,指乡村社区范围内的住户、企业和机构享有的公共产品及服务。它既包括限于社区地界的公共产品及服务,如公用设施和环境卫生,也包含那些覆盖全社会的公共产品及服务,如疾病预防和社会保护。

在欧美发达国家,社区公共服务筹资已非难题,那里不仅有雄厚的经济基础,而且有基层社会自组织的传统和当代实践,[2]还有与公共事务管理中的多样化制度安排相联系的理论创新。[3]在欠发达国家,全社会不可或缺的公共卫生和基础教育依然筹资艰难,社

---

* 本文系中国社会科学院经济研究所创新工程项目"公有企业收益共享机制的国际比较"的阶段性成果。在实地调查中,财政部办公厅、农业部农垦局、调研省份的农业厅和农垦局、受访农场/农村的管理机构和农工/农民曾给予课题组大力支持。作者还得益于高培勇沟通调研渠道,蒋中一予以评论,韩朝华、李汉林和邓曲恒提供文献,何伟和李婕处理数据和制作图表,路爱国审读修改英文。谨在此一并致谢。

① 依据行政等级制度,农场为"县团级"单位,但在当前的农场社会职能改革中,从农场及其分场"剥离"的公共服务和社会管理机构与乡镇及村庄管理机构的职能大致相当。

② Bovaird T., "Beyond Engagement and Participation: User and Community Coproduction of Public Services", *Public Administration Review*, Vol. 67, No. 5, 2007, pp. 846–860.

③ [美]埃利诺·奥斯特罗姆:《公共事物的治理之道》,余逊达、陈旭东译,上海三联书店2000年版。

区所需的安全饮水和清洁能源项目同样缺少资金投入。2015 年，联合国千年发展目标到期，这些项目又被纳入 2030 年可持续发展议程，目的在于动员更多的国际发展援助进入此类基本公共服务领域。或许正因为如此，有关发展中国家的社区公共服务筹资文献多聚焦于单个项目，而且重点研究的是全社会范围内的筹资制度。① 至于社区成员为本社区公共服务的供给所做的筹资安排，则涉猎不足。

以往的 40 年里，以中国乡村公共服务筹资制度为热点的学术研究和公众讨论，发生在 2003 年全国农村税费改革前后。② 那一时期密集发表的文献表明，1949 年之前，乡村社区公共产品的供给主要依赖于乡绅筹资和组织，如办学、修路、维护公共秩序、救济和救灾等，其特点是供给水平低和制度外筹资。③④ 1949 年之后，乡绅治理制度被摧毁，农村基层社会重构，政府和农民成为公共服务筹资主体。然而，及至税费改革之前，投向农村公共服务的财政资金都极为有限。农民既要为村级水渠和道路修建投资投劳，且要负担村内管理经费、干部补贴和五保户补助，又得承担乡镇（公社）范围内的文教卫生、道路建设、民兵训练和军烈属优抚等事务的费用，还必须为国家投资的基础设施项目贡献"义务工"和"积累工"。⑤ 在人民公社时期，农业税收及公共服务费用提取均设置在社员收入分配之前，个人及家庭对分配前的各项扣除不大敏

---

① Gilson L., D. Kalyalya, F. Kuchler, S. Lake, H. Oranga, M. Ouendo, "Strategies for Promoting Equity: Experience with Community Financing in Three African Countries", *Health Policy*, vol. 58, no. 3, 2001, pp. 37 - 67.

② 关于农村税费改革参见《国务院关于全面推进农村税费改革试点工作的意见》（国发〔2003〕12 号）。

③ 林万龙：《乡村社区公共产品的制度外筹资：历史、现状及改革》，《中国农村经济》2002 年第 7 期。

④ 叶文辉：《农村公共产品供给制度变迁的分析》，《中国经济史研究》2005 年第 3 期。

⑤ 赵云旗：《中国当代农民负担问题研究（1949—2006）》，《中国经济史研究》2007 年第 3 期。

感。公社解体后，农户成为直接的纳税缴费主体。一方面，农户的缴费和投劳数额随着公共服务供给水平的提高而陡增，再加上名目渐长的不合理摊派，农民对日益沉重的缴费负担深感切肤之痛；另一方面，乡政府和村委会还不得不向单个农户逐一收费，强制性亦渐次加剧。由此引发的社会冲突接踵而来，终于导致农村税费改革的启动。① 税费改革之后，"乡统筹"和"村提留"与农业税一起废止。覆盖整个农村的基本公共服务（如义务教育和公共卫生）供给，主要依靠财政预算拨款支撑。② 社区基础设施和具有外部影响的家居卫生设施建设，大多通过财政专项投资实施，如安全饮水、污水处理、垃圾处理、厕所改建和沼气建设等。③④ 那么，特定乡村社区怎样获得这些专项资金？项目资金若有缺口，社区管理机构通常采取何种措施予以弥补？财政专项投资范围之外的社区公共服务又以何种筹资方式保障供给？

至今，这些问题尚未进入中国经济学研究的焦点领域，与此相关的文献也凸显薄弱。故本项研究拟借助实地调查，在弄清乡村社区公共服务筹资状况的同时，对此予以回答。这不但有助于公众和高层决策机构了解当前乡村基层财政的实际运行机制，而且有助于推进基本公共服务均等化进程的监测和研究。鉴于此，有必要预先了解乡村基层政府和社区管理机构怎样定义公共服务事项，以及社区居民如何理解家户和个人对本社区共有事务的筹资责任。对此，正处于新一轮社会职能改革的国有农场，恰好能够提供丰富而又直观的信息。一方面，农场虽为国有企业，源于计划经济下"企业

---

① 农村地区公共产品筹资方式研究课题组：《农村地区公共产品筹资：制度转型与政策建议》，《中国农村观察》2005 年第 3 期。

② 陈锡文：《我国农村改革的历程》，《新华文摘》2017 年第 9 期（摘自《百年潮》2017 年第 1、2 期）。

③ 周建国：《行政吸纳服务：农村社会管理新路径分析》，《江苏社会科学》2012 年第 6 期。

④ 罗万纯：《中国农村生活环境公共服务供给效果及其影响因素——基于农户视角》，《中国农村经济》2014 年第 11 期。

办社会"的惯例形成的"农场社区"延续至今,与农村社区已日渐趋同;另一方面,农场与农村社区同为国家的乡村治理单元,如今在社会管理和公共服务供给内容上亦无明显差异。然而,正因为农场仍留存国有企业的属性,多数地方政府未将农场与农村社区一视同仁,在分配社区基础设施建设和公共服务资金时,往往将农场社区排除在公共财政保障范围之外。① 如此,农场不得不自筹资金补贴社会性支出。随着公共服务和社会管理的内容增加及水平提高,绝大多数农场的财务都不堪重负。针对这一困境,中央政府在2015年年末下达的农垦改革文件中明确指出:"坚持社企分开改革方向,推进国有农场生产经营企业化和社会管理属地化。用3年左右时间,将国有农场承担的社会管理和公共服务职能纳入地方政府统一管理,妥善解决其机构编制、人员安置、所需经费等问题,确保工作有序衔接、职能履行到位。"② 为此,农场必须与属地政府相互配合,逐一核定所要移交的基本公共服务和社会管理职能,并做出与之相关的筹资安排。地方政府在履行这一程序时,大多以当地乡镇和村庄的公共服务机构设置、运行经费和服务水平为参照。因此,若要回答前述有关乡村社区公共服务筹资制度的一系列问题,就有必要既阐明农场社会职能的变迁,又相应了解农村乡镇和村庄的状况。

基于这一理解,2014年,本课题组即开始追踪考察农场社区的公共服务供给状况;2017年,又增添了农村乡镇和村庄公共服务筹资制度调研。课题组在广东、江苏和湖南3省所做的试调查基础上,先后在云南、广西、海南、湖北、江西、安徽、上海、黑龙江、甘肃、内蒙古、新疆、浙江、辽宁和山东共14个省市/区的农场做了小样本问卷访谈。每个省市/区的农垦局推荐2—3个规模不等的农场,受访农场管理机构除了填写场部问卷外,还选取收入水

---

① 农业部农垦局政策体改处:《农垦国有农场社会管理及基层群众自治组织建设调查》,《中国农垦》2012年第7期。

② 《中共中央国务院关于进一步推进农垦改革发展的意见》(2015年11月27日)。

平不等的农工 10—15 名，由课题组成员分头入户访谈并填写问卷。此间一共回收农场管理层问卷 33 份，获得受访农工家庭问卷 423 份。至于农村社区公共服务筹资状况的数据，主要来源于农业部管理的农村固定观察点调查系统。这一调查体系覆盖了全国 31 个省份、357 个县域、360 个村、23000 多个农牧户。① 其中，村集体的年度财务收支报表业已包含丰富的公共服务筹资信息。故而课题组仅在山东潍坊地区通过乡镇、村庄和农户典型调查来弥补信息缺口。除此而外，各级政府公布的政策文件和统计资料亦为课题组的另一信息来源。可以预期，本项研究既有益于公共政策的相机调整和基层社会治理制度的改善，又可为构建具有中国特色的社区公共事务管理理论积累思想材料。

二 农场承担的公共服务事项

本文将扼要说明，国有农场作为一种农业经济组织，何以至今依然承担社区公共服务职能。从理论上讲，纯粹的公共产品和服务的特性在于，具有公认的社会效益且一个人的消费不会减少其他人的消费。它一旦生产出来就不能拒绝其他人使用，因而对私人供给者缺少市场激励，需要政府完全筹资以保障供给，如大江大河治理和卫生防疫。在现实中，随着有关"发展"的理念日益丰富，种类渐多的社会增益产品（merit goods）也被纳入公共产品和服务的范畴，如孕产妇保健和计划生育服务、儿童营养干预、义务教育和失业者的转岗培训等。这类产品和服务的特性在于，一个人的消费多半会减少其他人的消费，但对个人产生的益处符合社会的期望。因此，通常由国家动用财政资源对需方或供方予以补助，以保证生产和消费达到社会预期的水平。② 在当今中国，通行的公共产品和

---

① 《农业部关于进一步做好农村固定观察点工作的意见》（农政发〔2015〕5 号）。
② 世界银行：《2004 年发展报告：让服务惠及穷人》，中国财政经济出版社 2004 年版，第 32—36 页。

服务概念既包括纯公共服务，也涵盖社会增益产品。本节的讨论，即在这一概念下展开。

在计划经济体制下，国有企业作为国家实现统治的中介环节，承担了包括社会管理和公共产品供给在内的政府职能。[①] 20世纪80年代到90年代，"政企分开"成为市场取向的经济改革的一项重要内容。城市大型国有企业内设的教育、卫生及公检法司等机构先后移交地方政府，企业职工的居位大多也随着住房市场化的进程分散和融入当地居民小区。虽然中国社会的基本结构未发生根本性的变动，国有企业依然隶属于行政机构和党组织，承担着多种行政和党的职能，[②] 但企业的经营管理与员工的社区生活毕竟已两相分离，特别是在随之而来的城市社区建设中，社区公共服务的供给与筹资已不再依赖于企业。[③]

国有农场的"政企分开"改革几乎与工业国企在同一时段展开，但在多数省份预期目标至今仍未实现。其主要原因在于，第一，农场始自人烟稀少之地的组织性垦荒，本就缺少社会依托，农场社区的形成即为垦区社会经济发展的一个必然结果。有些集中连片的垦区，如辽宁盘锦，在地理空间上与建制市所辖行政区重合，其下属农场便实行党政企合一的体制。第二，有些农场负有屯垦戍边、稳定社会和维护国家统一的使命，如新疆生产建设兵团所属"团场"，均实行党政军企合一的体制。第三，还有些零星分布、立地偏僻的农场，附近未设基层政府机构，农场与其社区一直相互依托。倘若另设机构，只会徒增行政成本。第四，大部分农场无论行政隶属关系如何、经营方式和运行状况怎样，都不同程度地承担着公共服务供给与筹资的职能。当地政府往往既无充足的财政资

---

① 李路路、李汉林：《中国的单位组织——资源、权力与交换》，浙江人民出版社2000年版。
② 李汉林：《中国单位社会：议论、思考与研究》，上海人民出版社2004年版。
③ 杨团：《推进社区公共服务的经验研究——导入新制度因素的两种方式》，《管理世界》2001年第4期。

源，又无富余的行政或事业人员编制，无法接收农场的社会职能及相关机构人员。

除新疆和辽宁盘锦，在我们调查的省份当中，只有财力雄厚的上海市政府，能拿出对应于市郊农场辖区的镇政府编制和运行经费，完全承接农场的社会职能。在其他调研省，农场的学校和公安派出所已于2010年前后移交地方主管部门，但只要这些机构仍在农场地界，其部分公用经费、业务装备经费和基础设施建设经费仍要农场出资，如小学校舍维修、塑胶跑道铺设和操场器材添置，辅警的雇佣经费甚至派出所的机动车汽油费，都得农场支付。同时，还有相当一部分农场卫生院交不出去，所需投资和运行经费仍由农场补助。此外，农场场部及分场管理机构与乡镇政府及村民委员会一样，既要处理常规性的基层社会管理和公共服务事宜，又得负责落实上级政府部门下达的各项任务。①② 正可谓："上面千条线，下面一根针。"

为了进一步说明农场当前承担的公共服务供给和筹资事项，本文特从财政支出的角度，依据海南省财政厅2016年制作的《农场社会管理和公共服务职能属地化改革经费测算表》，列出如下22项：（1）一般性支出经费4项：农场场部社区管理人员经费、人口与计划生育、公路养护、民兵预备役训练；（2）弥补性支出经费3项：农场基层社会管理、环境卫生、水库管理；（3）综合性支出经费15项：人力资源和社会保障、民政、扶贫、城市管理和市政市容、国土资源、安全生产、农业服务、强农惠农政策落实、统计、侨务和残联、建设规划、环境保护、公共卫生和卫生防疫、学前教育、文化管理和服务。对于这三种经费支出的名称，海南省

---

① 张鹏举：《必要的社会管理职能是内地农垦企业健康发展的重要条件》，《农场经济体制与改革发展研究——2008年全国农垦经济理论研究论文集》，中国农业出版社2009年版，第323—329页。

② 王云福、王占学、王斌、田晓亮：《吉林省国有农场办社会职能改革的实践与探索》，《中国农垦》2015年第8期。

财政厅还给予了明晰的定义：一般性支出经费原为省农垦总局安排财政资金保障的社会管理经费；弥补性支出经费原为农场自筹的社会管理经费；综合性支出经费指的是未纳入前两个类别或低于属地市县乡镇标准的农场社会管理经费。[①] 至于经费支出涉及的事项，仅为海南省政府承诺即将予以财政保障的农场社区公共服务项目。

其实，除了以上列举的事项，各地农场或多或少还承担着一些其他名目的社会管理和公共服务职能。根据服务需求的来源，大致可以区分为以下几类：其一，上级党政部门临时下达的任务，如国家举办大型国际活动或召开重大会议期间，农场必须组织人力日夜"盯防"有碍社会稳定的苗头。此类职能，源自当今中国的治理体系。农场即使完成了"政企分开"或"社企分开"改革，作为国家治理体系中的基层单元，也不可能完全剥离其社会行政职能。其二，社区范围内的基础设施和公共服务供给，如道路和林带建设、供电供水和垃圾清运。这些设施和服务，不但属于社区成员生存和发展的必要条件，而且还带有社区共同体福利的性质。其三，农场职工的社会保障。国有农场的财务状况虽然有好有差，但都保持了为其正式职工提供社会保障的承诺。[②] 一方面，设法为他们参加职工基本养老保险和医疗保险承担企业的缴费责任；另一方面，不但对生活困难的职工家庭施以援手，而且还为离退休人员的日常保健及文化娱乐活动提供便利。农场承担的这部分社会保障职能亦有双重属性：其受益者限于拥有正式职工身份的就业者，因而可以视为企业福利；同时，又出自国家的强制性法令或上级党政机关下达的政策规定，所以也属于国家公共服务供给的一部分。

这样看来，国有农场作为一种农业生产组织，与农工家庭形成的生活社区相辅相成。远不似当前的城市工业和服务业国企，在地理空间和社会联系上均可与员工生活的社区相分离。因此，农场管

---

① 《海南省财政厅关于 42 家农垦农场（单位）社会管理和公共服务职能属地化改革补助经费的请示》（琼财农〔2016〕1515 号）。

② 朱玲：《国有农场职工的养老保险制度安排》，《学术研究》2016 年第 5 期。

理机构如同乡镇政府和村民委员会，一直为社区人口提供社会管理和公共服务。然而，正因为农场仍保有企业组织的特性，它也为其职工提供企业福利。除了企业身份以外，还由于农场与乡镇及村庄的行政隶属关系不同，在基础设施和公共服务供给方面，大多数农场尚未获得与乡镇和村庄同等的财政支持力度。

三 筹资主体和筹资方式

农场在不同层面承担着受益范围相异的社会管理和公共服务职能，对应于不同类别的服务，筹资主体、筹资渠道和筹资方式也各不相同。循此思路，本文将尽可能在与农村乡镇和村庄的对照中展现农场社区公共服务筹资的特点。

政府承诺予以财政保障的公共服务事项，均属覆盖全社会的公共服务内容。这些事项的履行，意味着国家提供的公共服务在社区层面的实现。承办此类事务的农场机构及人员，同时也是国家公共服务网络的组成部分。因此，即使没有采取农场公共服务属地化措施，对应于这些公共服务供给的财政资金，业已通过农垦行政系统拨付到农场。可以说，这近似于政府向农场购买服务。问题是，出价多少取决于买方。从上节所述海南案例可见，在农场以往经办的这类公共服务事项中，有的并无财政经费支持；有的虽获政府拨款，拨付的资金却低于乡镇同类事项支出标准，以至于农场的经费缺口成为常态。

至于那些未得到财政承诺的社区共同体服务和企业职工福利，所需资金多由农场自筹。然而，划归这些名目的事项，部分地带有满足个人及家庭基本生存需求的性质，因此需要公共财政予以补贴，以使这些服务的供给达到社会预期水平。若以联合国千年发展目标①和 2030 年可持续发展议程强调的人类生存及发展条件为尺度，社区水电供应、清洁能源采用、卫生厕所推广、环境卫生和基层健康服务，都属于这一领域。增强社会保障以减少和消除贫穷，更是一项不可或缺的公共行动。② 也正因为如此，中国政府自 2003 年开始推行新型农村合作医疗制度（以下简称新农合）。2017 年，各级财政对新农合的人均补助标准已达 450 元。2009 年，又引入新型农村社会养老保险制度（以下简称新农保）。在新农保中，包含着普惠制的非缴费型基础养老金。中央财政承担的基础养老金数额为每人每月 55 元，地方各级政府还可依据当地财力予以添加。例如，2017 年，内蒙古城乡居民基础养老金调至每人每月 110 元，上海则达 850 元。还须关注的是，在 2005 年以来的"新农村建设"和"美丽/宜居乡村建设"行动中，农村乡镇和村庄从上级政府获得了前所未有的密集的社区基础设施建设投资。

在此间的经费分配中，农场社区与人口却处于边缘境地，甚至常常被遗漏。这主要表现在以下几个方面。其一，经营家庭农场的农工虽然与农民相似，但无论是农工自己还是政府职能部门，都把他们视为与工业国企职工相近的群体。因此，农场职工未曾获得国家赋予农村人口的非缴费型基础养老金待遇。参加职工医疗保险的农工，也不曾得到类似农村居民参加新农合那样的财政补助。只有离退休职工，获得了国家在计划经济时代就承诺过的养老保障。其二，由于国有农场被视为企业，其贫困职工家庭不似农村贫困户那般，可以直接从国家扶贫系统获得资助。农场只有申请到扶贫项目，才有可能通过项目实施而惠及贫困职工家庭。其三，与行政隶属关系中依然存在的"条块分割"相关，除了新疆生产建设兵团，在中央下达的惠农政策文件中，但凡没有特别提及农垦系统，农场及其社区多半就会在惠农项目中被忽略。即便是那些已经得到相当

---

① 《我们能够消除贫穷：千年发展目标和 2015 年后进程》，联合国网，2017 年 11 月 4 日。
② 《可持续发展目标：17 个目标改变我们的世界》，联合国网，2017 年 11 月 1 日。

于县乡政府地位的农场也不例外。

2015年,我们课题组在湖北省龙感湖农场调查时得知,该场同时也是黄冈市所辖管理区,被授予县级人民政府行政许可和行政执法权,区(场)内设有医疗机构22家。场领导反映,自2009年国家推行新医改以来,省里各县每年都得到上级财政拨付的医改资金,可管理区(农场)一直未得到。安徽农垦局尤其强调,全国农村实施硬化道路村村通工程,本省农场却未被纳入投资计划。江西农垦局也以救济救灾为例,陈述农场在公共资源分配中的不利地位。每逢受灾,民政部门一般根据灾情统计给予乡镇100%的救助,但对农场的灾损则仅救助1/3甚至1/4。2016年,课题组在甘肃八一农场走访场部卫生院,院长陈述了类似的案例:国家时常下达农村卫生院投资项目,但农场卫生院屡屡被排除在当地分配计划之外。他只好频频去卫生局"争取",才要来一些必需的设备。如此这般,农场卫生院的装备水平逐渐落后于乡镇。该场受访农工更是争相介绍,相邻村庄如何实施环境整治项目换新貌,并强烈要求国家给予农场同等力度的扶持,以便扭转场区"脏乱差"的现状。

政府自上而下有关提高社区公共服务供给水平的指令和居民改善生活条件的需求,使得农场的社会收支缺口进一步加大,自筹资金的压力也日益沉重。为了缓解财务困难,农场管理层主要采取如下措施减支增收。

第一,通过农垦行政系统争取与农村同等的优惠政策,或直接与属地政府协商专项资金分配额。这些活动虽然使农场或多或少地得到一些项目资金,却不曾根本性地解决农场社区与人口在公共资源分配中的"国民待遇"问题,反而加深了"条块"之间的行政分割,固化了农场融入当地社会的障碍。

第二,向社会保险管理机构争取困难企业减费待遇。例如,在安徽和江西,农场由于获准困难企业资格,将社保缴费额大约降低了23%。位于其他中等发达和欠发达地区的农场也得到许可,按最低缴费基数(社会平均工资的60%)缴费。

第三，向农工收取土地使用费（或称管理费），也即地租。地租是农场管理机构的一笔常规且又稳定的财务收入。对于农民从村集体获得承包地不付费而农工种地须交钱的现状，黑龙江查哈阳农场党委书记的解释颇具代表性："农场代表国家经营土地，管理人员的工资得从土地出；社会管理和公共服务的一部分费用也得从土地出。"从我们调查所得信息来看，各地农场的地租水平皆参照当地农村的土地租赁价格，依据场部是否承担农工养老和医疗保险中的企业缴费责任而定。农场地租水平最低的相当于亩产值的10.5%，最高的大约为30%。

第四，通过非农用地开发增加收入。一种情况是政府征地，无论是为公益事业还是为商业开发征地，给出的补偿费都很低。而且，这种一次性补偿资金还要在被征地农场与省农垦总公司之间分割，农场所得极为有限。另一种情况是地方政府以设立开发区为名征收农场土地，留置10%或20%的用地与农场合作开发（也称共建），并允诺按约定比例，每年从开发区税收中的地方留成部分切分一块给农场。然而，源于税收分成的收入并不稳定。若开发区经济状况良好，农场可以按约定比例分得收入。例如，安徽寿县政府征用寿西湖农场土地1800亩设置工业园区，2014年将地方税收留成的30%（约80万元）分给了农场。如果园区经营状况不佳或地方政府未履约，这笔收入对于农场也就趋于零。位于山东高密市（县）的胶河农场于2014年拿出部分土地，与东北乡合作开发招商引资，谈妥可分得15%的地方留成税额，大约1年40万元。然而，三年后东北乡一直没有履行承诺。更极端的情形发生在浙江。由于农村征地难度大，与众多农户谈判的行政成本远高于和农垦管理系统协商，地方政府就尽可能把开发区设立在农场的土地上。一些农场因土地化整为零、分步开发乃至全部被征而消失。仅以2010—2017年为例，全省农场的数目从135家降至100家，农地总面积从 30 万亩减到 24 万亩。① 征地补偿款主要用于失地农工退休之前的社保缴费；至于被征地农场的管理机构，每年可从属地政府获得用于维持其正常运转的财政转移支付。

第五，获取其他资产收入。大多数农场已无自营非农企业，少数农场如上海的五四农场和长江农场，还能从原有的非农企业中收取承包费，另有部分农场，仍可利用建设用地或用房获得租金收入。

第六，借贷和欠支。我们借助问卷和座谈得到的农场和乡镇财务数据仅限于上年，而且数据还有缺失。不过已然从现场信息交流中获悉，多数农场和乡镇都有陈年积欠。近年来的债务，主要源自上级行政机构要求实施的村镇建设及环境美化项目超出了农场和乡镇的财力，甚至部分超越了社区居民的基本需求。例如，2005—2008 年，黑龙江省政府和农垦总局力主高起点、高标准、高品位地建设 100 个重点小城镇，要求全方位多元化地筹集资金。农场在小城镇建设中几乎都曾贷款，可是绝大多数农场日后却无力归还。作为课题组 2015 年调查点的五大连池农场，一直背负着小城镇建设遗留的 3000 多万元债务。2016 年，我们在内蒙古农牧区调查时注意到，村庄和农场居住小区外围都在修建景观墙，为的是来年庆祝内蒙古自治区成立 70 周年。纵然是砌墙的农工，也不认为这有什么实际用处。2017 年，课题组在辽宁盘锦又见相似情形。从某镇政府（农场场部）去往村庄（分场）的路旁，鲜花沿路而栽。村里一派大兴土木的气象，村委会办公室正在重建，卫生室、超市以及农户前后院的木栅栏，都得按市县政府统一要求修建或安装。镇政府为此提供了大量补贴，例如 1 延长米的木栅栏采购价为 22 元，农家只出 2 元，但须各自承担安装任务。2014 年以来，该镇政府为实施这些工程总共欠款 8500 多万元。

在不同省份的农场座谈会上，我们都曾提问：场部的社会支出

---

① 数据来自浙江省农业厅农场管理局与课题组的座谈，2017 年 5 月 9 日。

项目中哪些属于基本公共服务和社会管理范围，哪些属于农场作为企业的支出（例如职工社保匹配资金），哪些属于超越基本公共服务支出的项目？多位受访场（镇）领导给出了相近的答案：虽未考虑过这些问题，但也知道有些"民生工程"并非必需。可是又不得不干，因为那些非必需项目往往是地方主要领导强推的政绩工程。有位场（镇）长提到，其前任在上级领导检查进度时提出异议，即刻被当场免职。这也表明，在基础设施和公共服务投资决策中，若无利益相关群体之间的制衡，资源配置就有可能脱离约束条件而发生扭曲。最终将不仅损害社区成员福利，而且还给宏观经济带来金融隐患。

如表1和表2列举的两个镇政府的2016年财政收支概况显示，二者皆有赤字，数额分别为265万元和300万元。我们在调查中获悉，这两个镇均位于中等发达地区，镇政府也都有数千万元的累积债务。辽宁省大洼县新立镇与新立农场实行场镇合一的体制，因而其收支内容既有辖区行政事项，又包含农场管理和企业福利。此外，大洼县绝大多数乡镇的财政状况与新立镇相似，镇政府一般采用两个办法弥补收支缺口。其一，拖欠工程款和供货商款项；其二，借用农场的名头举债，因为农场作为企业可以直接从银行贷款，政府却不然。特别是，如果老国企贷不到款了，就成立新国企来为政府转移债务。山东省青州市何官镇虽然与国有农场无干，镇政府的官员同样把拖欠工程款作为惯例，认为竣工之后三年结清款项很正常，这一期间正好可以用来验证工程质量。

表1　2016年辽宁省盘锦市大洼县新立镇（农场）财政收支概况

收支结构	绝对数（万元）	占比（%）
总收入	5549	100.00
税收	3300	59.47
专项补助	1100	19.82
转移支付	386	6.96

续表

收支结构	绝对数（万元）	占比（%）
农场经营性收入	650	11.71
其中：地租	(560)	(10.09)
其他	113	2.04
总支出	5814	100.00
农场管理费	320	5.50
民政	120	2.06
五保户	77	1.32
供水	147	2.53
城镇基础设施建设	1313	22.58
市政服务/村镇保洁	151	2.60
农事综合服务	572	9.84
村级政权	310	5.33
农场职工社保费	377	6.48
其他	3387	41.74

资料来源：新立镇领导及镇财政所工作人员与课题组的座谈，2017年6月21日。

表2　　2016年山东省青州市何官镇财政收支概况

收支结构	绝对数（万元）	占比（%）
总收入	3000	100.00
上级财政拨付	1732	57.73
税收超收奖励和预算外收入	850	28.33
专项转移支付和项目资金	418	13.93
总支出	3300	100.00
人员工资和社会保险	1100	33.33
民政事业经费	450	13.64
村级经费	444	13.45
城乡环卫一体化	406	12.30
学校校舍维修及其他	900	27.27

资料来源：何官镇领导及镇财政所工作人员与课题组的座谈，2017年9月8日。

若无上级政府推动，无论是农场场部和分场，还是农村乡镇和村庄，管理机构都极少出于社区基础设施建设的缘故向住户集资。在我们调查的农场中，只有湛江垦区所属17个农场有过筹资筹劳的记录。筹资活动严格遵照有关"公益事业建设一事一议"的程序展开：其一，项目包括修建道路、垃圾收集点、公共厕所、照明设施、排污沟渠、绿化带、文体设施和公共服务中心等。其二，筹资对象为所议事项受益人口，筹劳对象为受益人口中的劳动力，而且免除脆弱群体（五保户、低保户、退役伤残军人、孕妇及分娩未满一年的妇女）的出资或投劳任务。其三，每人每年筹资不超过人均收入的1%，每个劳动力每年筹劳不超过10个工作日。其四，所有一事一议项目均由居民代表会议讨论表决。①

农村的村委会亦有相似的决策程序。山东青州何官镇张楼店村②的村委会主任向我们介绍，2017年夏季，村里曾经启动一事一议程序筹资。事情的缘起，是村党支部和村委会提议硬化村内小巷路面。首先，党支部和村委会召开联席会议，参照15华里之外寿光所辖村庄的小巷路面硬化经验，讨论决定从每户筹资1000元。其次，召开党员大会表决通过。最后，召开村民代表大会表决。村民代表共23名，其中有1名不同意，因为他家有3处房产，须交纳3000元。但按照少数服从多数的原则，决议得以通过。最初，这户人家不肯出钱。于是村委会决定，他家3处院落所在的小巷地段不予硬化。户主清楚，这样做就会得罪邻居。思之后悔，就主动到村委会办公室表态交款。

张楼店村的会计和其他干部补充到，村庄基础设施建设投资几乎全靠村主任去上级职能部门争取，村行政经费来自镇政府拨款和本村机动地的租金。2007—2016年，村里的公共基础设施建设投资总计1200多万元，分别用于改造村道、修建村内排水沟、铺设

---

① 陈信福：《国有农场农工减负调查分析》，《中国农垦》2013年第6期。
② 山东省青州市何官镇张楼店村是农业部全国农村固定观察点调查系统中的固定观察村。

自来水管道和村庄绿化。所需资金分别来自市政府交通局、美丽乡村建设项目、农业综合开发办公室和财政局。几乎每个主管部门下达项目都留有投资缺口，要求下级执行机构匹配资金。首先，村委会设法从其他部门争取补助，以便将不同渠道的资源捆绑使用。其次，经多部门资助后若仍留小额缺口，就用机动地租金补足。例如，整修田间道路和绿化村庄，村里同时使用了三个部门的拨款，还补充了少许自有资金。再次，在直接惠及住户的项目中，受益户分担独享设施的投资。例如，市农业综合开发办公室拨来安全饮水项目资金 8 万元，用于铺设村内公共供水管道。自来水入户的分支水管和水表钱则由各户自负，每户筹资 300 元。全村 320 户人家共筹集了 9.6 万元，政府补助与住户筹资的比例为 1:1.2。最后，只要向住户筹集资金，村委会就不能不权衡利弊得失。村道先后两次升级改造，现已全部铺设沥青路面，投资总计 1135 万元，全部来自政府部门。村里不少住户购有大型卡车跑运输，但村委会不让这些人家赞助，因为大车进村对路面造成的损失，远远超过他们情愿赞助的金额。也正是出于这个缘故，道路升级后村口就设下阻止大车通过的路障。

在张店楼村，还有一些未经村委会争取就得来的实物投资或公共服务：其一，市体育局派人在村委会院子安装了一套健身器械。其二，院内办公用房中还辟出一间图书室，书籍是文化局发的。其三，在山东省政府推行"城乡环卫一体化管理"的过程中，村里设置了 3—4 个垃圾箱，用于集中生活垃圾，由镇政府出资雇用一家环卫公司清运（见表 2）。村委会则出资聘用 2 位保洁员（每人每年工资 4000 元），负责清扫村道及其他公共区域。

如此看来，当前农村社区公共服务的筹资主体为政府、村委会和住户，农场社区公共服务的筹资主体为政府、农场场部和经营家庭农场的农工。就公共服务筹资而言，农场与农村乡镇和村庄的显著差异还表现在筹资方式上。首先，在政府行政系统分配公共资源的过程中，农场社区及人口处于边缘地位，由此导致农场的社会事务收支长期留有经费缺口。其次，农场管理层通过游说政府部门，得到的社区基础设施投资和公共服务经费一般低于农村乡镇水平。最后，为了支撑农场（企业）承担的职工社会保险缴费责任、填补社区公共服务经费缺口和维持场部行政机构运行，农工每年按其耕种的经营田面积向场部交纳地租。这不仅将农地管理制度与社区（共同体）公共服务和职工社会保障连接在一起，而且使农工在种植业经营中承担了远高于农民的成本。①②

在社区公共服务筹资方式上，农场与农村乡镇和村庄的相似之处有三。其一，管理层直接从住户筹集资金的动议受到规定的决策程序和社区成员参与意愿的有效约束。筹资用途不但限于仅供社区成员分享的设施和服务，而且也是大多数社区成员优先选择的基本公共服务。这一点，完全符合中央政府当初推行农村税费改革的政策取向。③ 其二，为了尽可能从上级政府主管部门获取公共资源，农场场部和乡镇及村委会主要领导不得不各显其能，积极开展公关活动。这表明，政府行政系统对于公共资源的分配尚存随意性。与此相关，在其他条件相同的情况下，社区精英的公关能力，亦对社区之间可支配财力的差异产生决定性影响。其三，对于自上而下的政府投资决策，社区成员的参与、监督和制衡几乎不存在。故而此类社区项目既有可能携带"长官意志"，又有可能超越基本公共服务需求，还有可能脱离当地社会经济发展水平，以致造成农场和乡镇难以偿还的债务负担。

四 社区可支配财力与公共服务供给水平

本节将基于可供使用的抽样调查数据，首先，观察农场和村庄

---

① 蒋中一：《国有农场的土地承包制和永续利用问题》（未发表的研究报告），2017年。
② 韩朝华：《从团队生产到个体经营：改革开放时期农垦农业的生产体制转型》（未发表的研究报告），2017年。
③ 《国务院关于全面推进农村税费改革试点工作的意见》（国发〔2003〕12号）。

的可支配财力。其次，分析社区可支配财力对住户基本公共服务获得水平的影响。最后，从基本公共服务均等化的角度，探讨社区公共服务的底线财政保障问题。

这里拟从公共服务的需方而非供方的角度，评估当前的乡村社区公共服务水平。"需方"（乡村住户）生活的地点是农场和村庄，关乎乡村人口生活质量的基本公共服务供给也是在这一层面实现。因此，我们将从联合国2030年可持续发展议程中选取最具代表性的指标，来评估农场和村庄住户的基本公共服务获得状况。考虑到课题组现有数据的限制，以下仅依据农场管理机构和村委会掌握的现金流，讨论社区可支配财力的强弱及其对基本公共服务水平的影响。

鉴于农场社区管理机构的运行经费多来自场部财务，因而我们在讨论中以农场的财务状况代表其社区可支配财力的多寡（见表3）。又因为场部收入主要由政府专项补助和农工交纳的地租构成，通常既不易增加又很难减少，故而我们假定，在受访农场提供的数据时段（2013—2016年），场部的年度收支水平不变。此间上海的2个市郊农场不再承担社会职能，湖北的南湖农场刚被黄冈市政府征去2/3的土地，海南新星农场正处于属地化改革之中，这4个农场的问卷数据因而存在较多的异常值。为此，我们在计算时将其删除，仅把其余的29个受访农场纳入表3和表4的统计。还由于农场填报的问卷中亦有不少缺失值，表格中的分项统计结果均附上了有效样本数。也正因为调查数据存在这些缺陷，我们便以"是否为农业生产一线职工缴纳养老保险费"为尺度，来衡量受访农场的财力强弱。当然，选择这一分组指标的现实原因还在于，农场只有在财力难以为继的情况下，才会放弃为一线职工缴纳养老保险费，而仅仅保留为管理人员匹配企业缴费的责任（朱玲，2016）。

表3和表4粗略地展示了农场的主要财务收入来源及社会支出结构，并未穷尽所有的收支细目。需要说明的是：第一，我们把那些承担一线职工社保费的农场，视为可支配财力较强的农场；反之

表3　　　　　　2013—2016年受访农场的年度收入简况

	有效样本	平均值（万元）	标准差	收入份额（%）
未承担一线职工社保费的农场	8			
1. 政府专项补助	8	996.88	1211.631	61.6
2. 地租收入	8	620.68	829.130	38.4
合计	8	1617.56	2000.52	100
承担一线职工社保费的农场	21			
1. 政府专项补助	21	4647.29	8503.562	63.2
2. 地租收入	21	2705.71	4248.15	36.8
合计	21	7353.00	12340.15	100

注：数据根据课题组的农场管理层问卷计算，下同。农场问卷中未包括资产及其他收入项，因而表中的合计收入一般低于实际的农场总收入。

则归为可支配财力较弱的一类。第二，如果没有政府下达的公共投资指令，农场管理机构一般都会量入为出。从表中数据可以看出，财力较强的农场组的收支规模均大于较弱组。当然，影响农场财务收支水平的有诸多因素，例如土地和人口规模，以及农场属地的经济发展水平，等等。在此，我们的关注点并非在于确认其中的决定因素，而是观察两组农场的收支结构，并比较两组住户的社区基本公共服务获得水平（见表5）。第三，就财力较强的农场组而言，公益事业在其社会支出中占比最大，份额达45.9%；其次是企业福利，即职工社会保险支出，占比将近30%；余者为行政管理费。与此相对照，在财力较弱一组的社会支出中，占比最大的是行政管理费（39.1%）；份额最小的是公益事业支出，约为26.5%。在公益支出细目中，危房改造和社会救济资金几乎全部来自政府拨款和农垦系统的项目经费。但凡是缺乏上级划拨经费的事项，这些农场在填写问卷细目时也就相应地留下空白，从而在我们的统计中被作为缺失值处理。

表 4　2013—2016 年受访农场的年度社会支出结构

	有效样本	平均值（万元）	标准差	支出份额（%）
未承担一线职工社保费的农场	8			
1. 公益事业支出	8	560.01	488.695	26.46
其中：社区管理人员经费	2	463	175.363	
社区基础设施	2	238.5	20.506	
植树造林	2	155	106.066	
社会救济	5	7.5	6.964	
危房改造补贴	6	385.58	498.395	
学校补贴	2	3.75	3.182	
医疗机构补贴	5	81.71	105.889	
2. 社会保险支出	8	578.44	394.344	34.44
其中：医疗保险	6	210.18	127.505	
养老保险	7	461.7	222.825	
工伤保险	6	22.43	17.320	
3. 行政管理费	4	878.17	523.977	39.10
社会支出合计	8	1577.53	957.96	100
承担一线职工社保费的农场	21			
1. 公益事业支出	21	3509.14	4610.476	45.90
其中：社区管理人员经费	10	204.55	161.871	
社区基础设施	11	1055.82	1640.473	
植树造林	16	119.85	184.651	
社会救济	15	328.33	462.178	
危房改造补贴	14	2136.15	3411.599	
学校补贴	13	1346.16	2348.644	
医疗机构补贴	15	385.58	495.057	
2. 社会保险支出	21	2163.05	2809.1	29.62
其中：医疗保险	20	609.00	885.672	
养老保险	20	1632.65	2168.836	
工伤保险	19	31.11	40.300	
3. 行政管理费	18	2003.22	2628.183	24.48
社会支出合计	21	7389.23	7862.49	100

注：农场问卷中未包括全部的财务支出项，因而表中的社会支出一般低于实际的农场总支出。

表 5　2014—2017 年两组农场社区的基本公共服务精选指标值对照

	未承担一线职工社保费的农场农工家庭		承担一线职工社保费的农场农工家庭	
	样本数	占比（%）	样本数	占比（%）
用水设施				
自来水	48	52.75	247	92.51
其他水源	43	47.25	20	7.49
总计	91	100	267	100
厕所设施				
冲水厕所	40	43.96	157	58.36
其他厕所	51	56.04	112	41.64
总计	91	100	269	100

注：数据根据课题组的农工家庭问卷计算，农工报告的是 2014—2017 年家居供水和厕所设施状况。

事实上，绝大多数财力较弱的农场不仅难以维护社区基础设施，能够提供的其他基本公共服务也极为有限。例如，海南的中建、乌石和新中农场，按照省政府的决定把优质土地和劳动力转给"海南天然橡胶产业集团股份有限公司"（简称海胶集团），将陈年旧债、老弱病残下岗人员、边缘土地和社会管理事务留在农场。就公司而言，企业和职工个人承担的社会养老保险费，均从胶工提交的生胶销售收入中扣除。至于被剥离资源的农场，虽然可以从公司得到地租，但在支付下岗人员安置费、保安人员劳务费、管理人员工资和社保费后，便已所剩无几。这种制度安排反映在农场财务上，是行政管理费占比高而公益支出占比低；表现在社区基本公共服务供给上，是道路质量和环境卫生状况不佳。

更有甚者，在农场管理机构几近瘫痪的地方，例如海南新星农场（未列入表 3—表 5 的统计），服务供给水平大幅度倒退。住户用水靠各家自建压水井，用电则靠合伙购买柴油发电机，原有的公共厕所长期无人打扫。这一极端案例也表明，社区的公共服务供给状况，不仅取决于其可支配财力，而且还有赖于管理机构的执行力。本节的两个农场组在财力上的强弱之分，其实也隐含着二者在执行力方面的高低之别。

根据联合国 2030 年可持续发展议程中提出的人人享有安全饮水和环境卫生的目标，我们选取了自来水和冲水厕所普及率两项指标，来比较两组农场的农工家庭在基本公共服务获得状况上的差异（见表 5）。质量安全的管道供水对于维护生命健康的作用已无须赘言。对于农场社区住户而言，冲水厕所的使用不但反映家居卫生条件的改善，多半还与危房改造项目相联系。中央和省级财政下达给每户的危房改造补助为 15000 元，不少农场管理机构都借项目实施之机，组织改造或新建居住小区。新建住房以成本价出售给职工，而且还进一步扣除每户应得的财政补助，可见其中包含着公共服务供给的成分。因此，自来水和冲水厕所普及率这两项指标，也可从供方角度来衡量农场社区的公共服务水平。

如果以可支配财力较弱的农场组中的农工家庭作为参照系，表 5 的统计数据显示，在可支配财力较强的农场组，农工家庭当中的自来水普及率（92.5%）和冲水厕所普及率（58.4%）均高于对照组。对此，我们进一步采用秩和检验（非参数分析）来观察这种差异的显著性。结果表明，两个农场组在自来水和冲水厕所普及率上均存在显著差异（显著性水平为 1%）。这也回应了本文第二和第三节反复探讨的事实：农场在政府分配公共资源的过程中处于边缘地位，一定程度上须通过向农工收取地租筹集资金，用于社会管理和公共服务。那么，农场可支配财力对社区公共服务供给水平产生显著影响，也就不奇怪了。

在新农村建设、村级组织建设和精准扶贫等一系列公共投资项目的资源分配中，农村乡镇和村庄都优先于农场。据此可以推断，政府对村级基础设施建设和公共服务供给的投资，将有助于缩小村庄可支配财力对基本公共服务供给水平的影响。表 6—表 8 的描述统计及随之而来的分析统计，即用来说明和验证这一点。这 3 张统计表的数据基础,均来自 2016 年全国农村固定观察点的村级报表。报表中的财务数据显示,大多数分项收入都出自相对稳定的来源,例如政府拨款、村集体的资产收入和经营性收入等。鉴于此,为了方便以下讨论,我们假定这些村庄的财务状况在以往五年大致不变。同时,根据各村 2016 年的财务收支数据,把它们划分为"财务盈余村"和"财务赤字村"两组,并进一步比较二者在基本公共服务供给水平上的差异。

表 6　　2016 年全国农村固定观察村的财务收入结构

项目	财务盈余村 (样本数=230)		财务赤字村 (样本数=109)	
	均值（元）	百分比（%）	均值（元）	百分比（%）
年内收入合计	1906016.8	100	1034309.6	100
1. 集体经营性收入	558728.0	29.3	493479.9	47.7
2. 出租村集体资产收入	211020.4	11.1	145502.5	14.1
3. 企业上缴款	171388.3	9.0	26398.2	2.6
4. 上级部门拨款	480611.5	25.2	217245.9	21.0
其中：村组干部工资	244207.9	(12.8)	78644.6	(7.6)
办公经费	25724.6	(1.3)	23493.6	(2.3)
5. 其他收入	484268.7	25.4	151683.2	14.6

资料来源：农业部全国农村固定观察点办公室根据 2016 年的固定观察村统计报表所做的计算,下同。

此处,需要根据全国农村固定观察点办公室的指标解释,对表 6 和表 7 的统计数据略加说明。第一,表 6 中的"其他收入",指村（组）集体从列表细目以外的渠道获得的收入,如与外单位合营收入、收回在外资金、捐赠和各种罚没收款等。第二,表 7 中的"其他支出",指列表细目支出以外的村（组）财务支出,如支付罚款、向村内优秀者发放奖金、支付意外事故损失等。第三,固定观察村原始报表中的"其他收入"和"其他支出"项之下未列细目。因此，我们虽然注意到财务盈余村的"其他收入"项在财务总收入中占到25.4%，"其他支出"项在财务总支出中的占比达50.1%，却难以给出相应的解释。

表7　　　　2016年全国农村固定观察村的财务支出结构

项目	财务盈余村（样本数=230）		财务赤字村（样本数=109）	
	均值（元）	百分比（%）	均值（元）	百分比（%）
年内支出合计	1290932.6	100	1609051.1	100
1. 为农户提供生产服务支出	182471.5	14.1	93632.7	5.8
2. 上交上级部门	10523.9	0.8	6980.3	0.4
3. 公益事业支出	283462.4	22.0	606566.1	37.7
其中：植树造林费用	28592.6	(2.2)	9607.3	(0.6)
社会救济金的支出	9392.2	(0.7)	22537.1	(1.4)
村办小学的投资	47463.9	(3.7)	4389.9	(0.3)
预防保健费	1087.4	(0.1)	717.4	(0.0)
支持农村合作医疗投入	23610.9	(1.8)	42383.5	(2.6)
支持计划生育的支出	8327.0	(0.6)	34144.3	(2.1)
4. 行政管理费支出	168333.4	13.0	547293.6	34.0
其中：干部工资和补贴支出	116041.7	(9.0)	446902.0	(27.8)
5. 其他支出	646141.3	50.1	354578.4	22.0

这里着重指出的是，其一，财务赤字村的平均收入规模小于财务盈余村，但平均支出规模大于后者。其二，就财务赤字村在公益事业上的支出而言，其均值大于财务盈余村。尤其是，财务赤字村平均支出的社会救济金比财务盈余村的同一支出项目高出140%，说明其贫困人口多于后者。其三，财务赤字村平均支出的行政管理费特别是干部工资和补贴远超财务盈余村，占到总支出的34%。

政府下拨财务赤字村的干部工资总额约为每村 78645 元，实际支出则为每村 446902 元，差额之大非同一般。从表 8 来看，财务赤字村的平均总户数比财务盈余村的要多 34.8%（212.4 户），说明其平均规模较大。我们在实地调查中获悉，近年来的"合村并镇"措施，使得一些行政村实际上由地理位置分散的多个村落组成。① 上级政府一般按既定编制给村委会拨款，编外人员（村民小组长、巡逻员和保洁员等）的工资由村委会自筹。② 行政村所辖村落数目越多，其编外管理队伍就可能越大。

从表 8 的描述统计可以看出，财务赤字村的道路质量略高于财务盈余村，但在饮水安全和用电普及率方面则不及后者。村庄报表中未包含家居卫生设施指标，我们为了与农场数据的分析结果相对照，仅对两组观察村在安全卫生水和自来水普及率上的差异显著性加以检验。在两项饮水指标中，"安全卫生水"的标准较高，包括水质、水量、方便程度和保证率四个方面。③ 农村自来水分为公共管网（自来水厂消毒净化）和自打井两类，无论哪一类，都体现了农村供水体系的进步。对两组观察村在两项饮水指标值上的差异所做的秩和检验表明，它们在安全卫生水普及率上的差异（$P = 0.7783$），及在自来水普及率上的差异（$P = 0.8546$）均不显著。对这一检验结果的解释在于，自 2003 年始，国家持续投资于农村饮水安全设施；2005 年，又启动了农村饮水安全应急工程。到

---

① 我们课题组曾于 2015 年和 2017 年在海南做农场调查，得知海南省政府数次推行农场合并措施。然而，由于被合并的农场区位分散，非但未能明显地节约行政管理经费，反而增加了联络及沟通等组织成本。

② 山东省青州市何官镇张楼店村的村委会主任介绍，该村住户 320 户，常住人口 1170 人。村行政经费主要由镇政府拨款，每年拨付 5 万元。一是用于日常管理开支；二是用于 3 个干部的工资：村支书兼主任每月 1100 元，会计和妇女主任的工资相当于主任的 80%。他们任每人兼任一个村民小组的组长，还有一个小组的组长是村委会聘任的，每年工资 5000—6000 元。

③ 国家发展与改革委员会在《农村饮水安全工程项目建设管理办法》（发改投资〔2005〕1302 号）中强调："水质达到国家《生活饮用水卫生标准》或《农村实施〈生活饮用水卫生标准〉准则》要求；人均日生活供水量正常年份为 40—60 升，干旱年份或季节为 20—40 升；居民从公共给水点取水往返不超过 20 分钟；水源供水保证率为 90%—95%。"

2012年,国家累计完成农村饮水工程投资1786亿元。① 可见,当前农村社区的安全饮水保障水平,并不取决于村庄的可支配财力。

表8　2016年两组固定观察村的基本公共服务精选指标值对照

项目	财务盈余村(样本数=229)		财务赤字村(样本数=103)	
	均值	百分比(%)	均值	百分比(%)
年末总户数	609.9	100	822.3	100
饮用"安全卫生水"的户数	403.2	66.1	434.6	52.8
饮用自来水的户数	485.1	79.5	589.9	71.7
全村已用电户数	589.4	96.6	684.7	83.3
硬化道路占全村道路总长度的比重	79.2%		83.7%	

比较可支配财力强弱不同的两组农场和两组村庄的饮水安全状况,并在此基础上对照相关统计分析结果,我们已然可以判断,无差别地满足乡村社区人口对基本公共服务的需求,有赖于农场和村庄这些基层社会治理单元所获得的财政保障。在城乡之间和地区之间社会经济发展水平差异巨大的情况下,若主要由乡村社区为其基础设施建设和公共服务供给筹资,贫困地区和中低收入地区的乡村居民可能就难以获得关乎其生存和发展的基本条件。

那么如何定义这些基本条件呢?首先,联合国的千年发展目标和2030年可持续发展议程确认了这些条件的内容,它适用于世界上最不发达的国家和地区,因而也可以用来定义中国居民生存和发展的基本条件。其次,对每一项基本条件都须根据低收入地区的发展水平设定质量标准。以此为基准,国家对社区提供必要的财政支持,也就是底线财政保障。至于是否需要超出质量标准,即提供非基本的社区公共设施和服务,则应取决于社区成员的支付意愿而不是"长官意志"。再次,国家给予社区的底线财政保障还需具备可

---

① 于文静、李睿:《"十二五"我国将解决约3亿农村居民饮水安全问题》,新华社,2012年10月29日。

持续性。以往针对社区公共服务领域的专项投资很有必要，但仍带有"重建设轻维护"的倾向，以致同一问题周期性地重现。例如，供水设施老化失修使得已解决饮水困难的人口重返缺水群体。最后，即使没有农场的属地化改革，只要中央政府在下达有关"农村、农业和农民"的政策文件时，特意添加"农垦农场"，或多或少地也可以促使地方政府对农场与农村一视同仁，从而尽量避免公共资源分配中的制度性遗漏。唯此，才有可能保证乡村人口在全面实现小康社会的进程中"一个也不能少"，基本公共服务均等化和城乡融合发展也将指日可待。

五　讨论和总结

乡村社区公共服务供给，是满足乡村人口基本生活需求和维持基层社会稳定的必要条件。随着社会经济的发展，社区公共服务的内容日益丰富，服务标准也逐渐提高。特别是社区公共服务筹资制度，亦随着社会经济组织方式的变革和国家治理结构的转型而变化。2003年，中国农村税费改革启动。税费改革标志着乡村社区公共服务筹资制度发生转变：从政府直接向农民筹集资金，转变为政府向全社会筹集资金，然后经由行政系统自上而下地分配到乡村社区。几乎与税费改革同步，中央政府自2003年始，密集投资于农村、农业和农民的发展。我们课题组在2014—2017年的调查中注意到，政府分配到行政村的资源主要有两类：第一，村委会办公经费和干部工资。一方面，村级组织具有国家政权向基层社会延伸的功能；另一方面，它也是社区管理者和公共服务供给的组织者。第二，用于改善农业生产和农户生活条件的专项基础设施投资。其中，安全饮水设施、环境整治和道路改造等村庄基础设施投资，都与保障社区成员的生存与发展的基本需求直接相关。政府主管部门对项目资金的分配带有一定程度的弹性，故而村委会干部的公关能力，对于村庄获得项目的早晚和资源的多寡至关重要。如果村庄管理经费出现缺口，村委会往往用集体资产收入予以弥补。倘若在国家专项投资之余，村庄还有公共设施投资需求，村委会通常便启动"一事一议"决策程序，根据村民代表大会通过的决议向住户筹集资金。

在此间的公共资源分配中，农场社区常常被遗漏或是得不到与乡镇和村庄同等的财政支持力度。国有农场作为一种农业生产组织，很难像城市企业那样，在地理空间和社会联系上与员工的生活社区相分离。虽然，农场与农村社区同为国家的乡村治理单元，由于它还留存企业身份，与乡镇及村庄的行政隶属关系也不同，因此在属地政府的社会经济事务管理中处于边缘地位。与此相关，农场的社会管理和公共服务经费缺口远大于农村乡镇和村庄。其管理机构为了填补经费缺口，一是向农垦行政主管部门和属地政府争取同等政策待遇和项目投资；二是向经营家庭农场的农工收取地租；三是创造非农资产收入来源；四是举债；五是降低公共服务供给水平。

为了观察乡村社区可支配财力与其基础设施和公共服务供给水平的关系，我们对财力强弱不同的农场和村庄加以分组，着重对不同组别的农工家庭和农户的自来水普及率，做两两对照分析。所需数据来自本课题组的农场管理层问卷和农工家庭问卷，以及2016年农业部全国农村固定观察点的村级报表。在可支配财力较强的农场组，受访农工家庭当中的自来水普及率达92.5%；在可支配财力较弱的农场组，这个比率约为52.8%。对描述统计的非参数检验结果表明，两个农场组在自来水普及率上存在显著差异。与此相对照，在财务盈余村一组，农户的自来水普及率为79.5%；在财务赤字村一组，这个比率为71.7%。检验结果显示，两个村庄组别的自来水普及率在统计上无显著差异。

在我们的分析中，饮水安全被视为人类基本生存和发展条件的代表性变量。上述统计分析结果意味着，如果要保障所有居民都能获得基本的生存和发展条件，那就必须使得创造这些条件的基本公共服务供给，不再取决于社区财力。进一步讲，若要实现基本公共服务的均等化，还需国家对社区提供底线财政保障。为了测定这一"底线"，可以从联合国 2030 年可持续发展议程中筛选基本公共服务内容。在此基础上，根据中国的国情设定质量标准。这方面的范例，是水利部和卫生部着眼于现有的城乡和地区差距，分别制定《生活饮用水卫生标准》和《农村实施〈生活饮用水卫生标准〉准则》，并据此组织落实农村安全饮水工程规划。[①] 原则上，设置乡村社区底线财政保障标准也需因地制宜，与既定的基本公共服务事项及质量标准相对应。新型农村社会养老保险制度中的非缴费型养老金设计，即体现了这样的原则。中央财政按全国统一的基础养老金标准下拨经费；地方政府根据本地财力自主决策，是否提高标准以及调整幅度的大小，并为此筹集相应的匹配资金。[②] 参照这一案例，特定社区若要提供非基本的公共设施和服务，理应取决于社区成员的支付意愿而非"长官意志"。

农场社区在基础设施和公共服务资源分配中的边缘化，来自行政性的制度障碍。排除这些障碍的关键，在于实事求是地改换农场的单位身份并调整其行政隶属关系。除了负有屯垦戍边、稳定社会和维护国家统一使命的农场，例如新疆生产建设兵团，其他那些采取"大农场套小农场"方式而实质上以家庭经营为支撑的国有农场，在社会经济管理和公共服务供给方面，早已与农村社区趋同。[③] 所不同的主要是农场的土地为国有，农村的土地为集体所有。然而，在统一的土地租赁市场上，即土地使用权的流转过程中，不同所有权的土地只是被作为生产要素而同等对待。既如此，在农场的"政企分开"或"社企分开"改革中，又有什么必要继续为经营家庭农场的农工保留一套凌驾其上的生产经营班子呢？回

[①] 《农村饮水安全工程项目建设管理办法》（发改投资〔2005〕1302 号）。
[②] 《国务院关于开展新型农村社会养老保险试点的指导意见》（国发〔2009〕32 号）。
[③] 李玉凤、赵福春：《国有农场职能的变革—由企业到社区探析》，《农场经济管理》2006 年第 6 期。

顾农村经济改革中人民公社的"政社分离"过程便可知，这类农场的管理机构转为乡村基层政权组织，依然可以作为国家土地所有权的代表，行使对土地资源的管理。农场当前的"双层经营"形式，实质上与农业生产的生物自然属性和经营组织的效率取向背道而驰。①

以往一些省属农场并非没有实施过类似的行政改革，但在政府分配公共资源的过程中，多数历经行政改革的农场依然未能改变其边缘地位，原因有四。首先，省级政府与民政部门协调不到位，一些农场即使得到属地政府授予的相当于县政府或镇政府的行政许可和行政执法权，也未获得民政部门下达的行政代码。这一点之所以重要，是因为中央和省级政府下拨经费及下达投资项目，是通过行政单位的代码来管理的。没有行政代码的单位，意味着尚未与国家行政管理体系对接。那么，在政府行政系统自上而下地分配公共资源时，就难免被遗漏；在上级政府对下级的资源使用效果加以层层考核时，也难免被忽视。这些因素，无疑会进一步弱化农场的谈判地位。其次，最初的农场多为县（团）级建制，乡镇政府至今仍为科级。目前的农场领导名义上不再保留行政级别，但在农场归属地方政府管辖的情况下，属地政府与农场之间常有干部交流。无论是交流的哪一方，都不希望农场的行政级别"降格"。可以说，这也是农场行政改革不彻底的原因之一。再次，由于农场具有国企身份，职工便随之拥有参加城镇企业职工社会养老保险的资格。鉴于企业职工养老金的给付标准高出农民养老金许多，尽管农场及其职工已经遭遇缴费困难，仍愿保留现有的参保资格。最后，农场职工尤其是退休老职工，以及他们的家庭成员，对农场和农垦系统的光荣历史传统具有高度的认同感，因而不希望农场变农村。加之农民的社会地位至今低于其他职业群体，农场职工也不愿在职业身份上

---

① 韩朝华：《个体农户和农业规模化经营：家庭农场理论评述》，《经济研究》2017年第7期。

向农民靠近。①

可是，若不转换农场的单位身份，农场社区及人口就很难顺理成章地融入当前的属地社会经济治理系统，也就总得面临公共资源分配渠道不畅的难题。其结果，必然是继续妨碍乡村基本公共服务均等化的实现。以上所述中有碍农场行政改革到位的因素，多属技术性难点。有些可以通过中央职能部门与省级政府的协调予以排除，有些将会随着时间的推移而自行消解。眼下的关键在于，由国家最高决策层促使中央相关部委与省级政府会商，就深化农场行政改革达成共识并制定实施方案。在改革到位之前的过渡时期，还需中央职能部门在下达惠农文件时特别提示，政策对象包括国有农场。否则，在中共十九大之后新增的民生项目投资中，农场很可能又一次被忽略。

（原载《学术研究》2018 年第 2 期）

---

① 朱玲：《农业劳动力的代际更替：国有农场案例研究》，《劳动经济研究》2017 年第 3 期。

公共工程对乡村贫困地区经济增长、就业和社会服务的影响

——关于 20 世纪 80 年代以工代赈政策实施情况的典型调查*

20 世纪 80 年代的经济改革中,中国政府的反贫困战略发生了重大转变:由单纯补贴贫困地区政府财政和救济贫困人口,转向扶持贫困者改善生产条件和生活条件,启动这些地区内部的经济活力,逐步实现社会经济的发展。以工代赈政策就是这种转变中的一个组成部分。1985—1987 年,中央政府支出价值约 27 亿元的库存粮食、棉花、棉布,采取以工代赈方式(以实物作为劳动报酬),帮助贫困地区修筑道路、水利工程和人畜饮水设施。3 年间,共新建、改建公路、机耕道、驿道 12 万公里,其中新建等级公路 4.6 万公里;新建大中桥梁 7200 座(16.3 万延米);整治航道 1800 公里,新建码头 65 座;新增灌溉面积 259 万亩、改善灌溉面积 1055 万亩;完成除涝治理面积 362 万亩,水土保持治理面积 1701 万亩;维修加固水库 558 座,新增小水电装机 15.6 万千瓦;解决了 1450 万人和 971 万头牲畜的饮水问题。从 1989 年始,中央政府又以价值 6 亿元的中低档工业品实行 1989—1991 年的以工代赈计划。

基于对贵州和四川两省的典型调查,以下拟分别说明以工代赈修建县乡公路和人畜饮水工程的组织、运作机制,探讨以这种方式兴办公共工程对贫困地区社会经济发展的影响。

---

* 笔者在调研过程中得到国家计委地区司西部处、交通部工程管理司、贵州省交通厅和县乡公路局、水利部农水司、四川省水电厅和农水局、贵州和四川两省有关地区、市、县、乡政府和职能部门的大力协助,并得到所访谈的村民委员会和农民家庭的积极合作,特在此一并致谢。

一 贵州的筑路工程

（一）贵州简况

贵州处于我国西南亚热带岩溶（喀斯特）高原山区，全省面积 17.6 万平方公里，其中山地占 87%，平均海拔 1000 米。山高谷深，高原面和谷底高差达 300—700 米。交通不便一直是制约全省社会经济发展的主要因素之一。这里虽然矿产资源丰富，却只能以运定产，采掘工业因而并不发达，在全省工业总产值中的份额仅为 10.1%，而原料工业、制造业、农业和其他行业的经济指标也低于全国平均水平。1987 年全省人均社会总产值为 924 元，低于当年全国平均值 124%。

即使是在这样一个欠发达地区，二元经济结构的特征也已经显露出来。工农业总产值中，农业的份额为 42%，而农业劳动力约占全省总劳力（1436 万人）的 78%。全省人口 3400 万，乡村人口占 88%。至今仍有 92% 的乡村劳动力从事农业生产，而且主要从事传统的种植业劳动。然而，由喀斯特地貌所致，贵州地表破碎，土壤贫瘠，土地产出量低。1987 年全省耕地 2786 万亩（0.8 亩/人），平均亩产粮食 195 公斤，比全国平均产量低 20%。农民家庭人均纯收入 342 元，仅为当年全国平均值的 74%。而省内贫困地区的经济指标还更低一些。全省 87 个县中贫困县约占 1/3，贫困人口占全省总人口的 40%。苗族、布依族、侗族等少数民族占贫困县总人口的 43%。

与贵州的总体状态相似，这些贫困县的资源并不匮乏。山上盛产竹木和药材，地下富含煤、磷、铝、汞、锰和锑等矿产。可是，绝大部分资源并未变成商品，交通闭塞严重阻碍了商品经济的发展。根据贵州省政府 1985 年 7 月关于 18 个贫困县的调查，约有 60% 的村庄不通公路。平均每 170 平方公里才有一个集市，每个县有 15 个集市。农民销售农产品，购买生产和生活必需品，往返路程至少 30 公里。有些地区的运输全靠人背马驮,运费昂贵,贫困乡村的工业日用品价格往往高于全国平均价格数倍。以 1985 年的价格为例:

	单位	全国平均价格	贵州贫困乡村价格
食盐	元/公斤	0.31	1.00—2.80
煤油	元/公斤	0.71	2.00—3.20
煤炭	元/百公斤	0.42	6.00—6.60

不通公路的山乡基本上还停滞在自然经济状态。即使粮食自给有余,农户也不生产商品猪,因为请人帮工抬到城里去卖不划算;养鸡喂鸭也只是为了换取食盐和煤油,饲养规模若稍大一些,就将面临卖不出去的困难。山上的野生资源例如猕猴桃,运不出去也只能任其成熟腐烂。

到 1984 年年底,贵州全省公路通车里程达到 28000 公里,已通车的乡达 84%。但是,公路的技术标准低、坡陡、弯急、通行能力差,将近 7% 的路段晴通雨阻。通车总里程中,4 级以上的等级公路仅占 23%;[①] 铺设沥青或水泥路面的里程还不足 10%。此外,铁路密度仅为 0.84 公里/100 平方公里,公路交通是主要的运输方式,而密度仅为 17 公里/100 平方公里,公路网远远不足以承负城乡之间、地区之间商品交换所需的交通量。

为了解决交通不便这一难题,当地政府和人民已经进行了多年的努力,现有公路通车里程的 78% 都是 1949—1984 年的 35 年间修成的。然而,资金缺乏一直制约着公路建设的发展。自 1959 年开始,我国公路建设投资,除国防、边防公路外,没有列入国家基本建设预算,修路资金须由地方政府自筹和挤占养路费。贵州省的财政收入和征收的养路费都低于全国平均水平,能够用于公路建设的投资就极为有限了。1950—1984 年,全省公路建设投资总和约 2

---

① 我国等级公路标准中最低的一级是第 4 级。

亿元。与此相对照，1985—1987年以工代赈修路的各种资金总和达2.4亿元，不啻为改善该省的交通运输条件投入了强有力的启动因素，当地各级政府和交通部门也充分利用了这个发展的机遇，有效地组织了工程实施，使这笔投资发挥了良好的社会经济效益。

（二）工程实施期间对当地农民就业和收入的影响

运用这笔投资，3年期间修筑公路6567.7公里，建成桥梁491座（13799延米），隧道8座（2306米），渡口3处。共完成土石方7720万立方米，耗用工日1.1亿个。工程涉及82个县（占全省总县数的94.3%），实施过程中为沿线的乡村劳动力创造了短期就业机会。

这些工程的一个特点是密集的劳动投入。除小型工程指挥车外，全省仅配备了20台小型压路机（4.2万元/台）。工程的主要劳动投入是以民工建勤的方式完成的。

关于民工建勤，贵州省政府于1952—1982年颁发了3个文件，规定每个乡村劳动力每年必须投入公共工程（筑路、修水利等）的天数及每个工日的劳动津贴。以这种方式汇集的民工承担着劳动积累的义务，所得报酬低于其他工程支付同等劳动的工资。这3年以工代赈修路工程中，全省建勤投劳工日达6000万个。公路沿线（半径5公里）的劳动力平均每人每年投劳3—5个工日。[①] 有劳力而不能投劳的农户，则以资代劳。以民工建勤方式投入的劳动力主要担任普工工作。不同的县、乡工资水平各异，少则0.50—1.00元/工日，多则1.20—1.80元/工日。有的劳动者效率高，每天可能获得高于平均工资的报酬，效率低者所得低于标准工资。工程中需要的技工都是从农村征集来的工匠，例如木工、石工、铁匠和开山工，等等。技工工资最少则2.00—2.50元/工日，多则3—4元/工日。各县的大部分技工一般都组成了施工队，承包某些技术性的项目，例如修筑桥梁和隧道，常年施工。此外，平均每公里正在修

---

① 本文引用的"工日"均指工程设计中按土石方量确定的标准工日。

建的公路都配备有 1 名技术员。这些技术员的工资一般是 80 元/月。

借助表 1 提供的数据。可以估算出参与施工的农村劳动力所得的报酬总和约 9600 万元。如果按每个民工 3 年投劳 15 个工日计算，从工程中领取过普工工资的乡村劳动力人数约 400 万。技工一般每年参与施工 270 天左右。那么，3 年雇用的技工大约为 6 万人。以此推算，平均每个劳动者从工程中获得将近 24 元的报酬。

表 1   1985—1987 年贵州省以工代赈修路的投资来源和使用构成

投资来源构成[a]			资金使用构成[b]	
投资来源	投资量（万元）	百分比	用途	百分比
中央政府分配的粮棉布折款	20659	86.1	材料	50.0
省政府配套资金	2253	9.4	人工	40.0
地县政府及群众自筹	1088	4.5	工程指挥部	5.0
合计	24000	100.0	不可预见的费用	5.0
			合计	100.0

资料来源：a《以工代赈发展交通》，1988 年。b 笔者在贵州省交通厅、安顺地区交通局和普定县交通局的访谈。

无论是上述普工与技工的平均日工资，还是估算的工程参与者 3 年劳动所得，无疑都表明了工程所支付的人工费用之低。这里引用的是 1985—1987 年的平均价格。由于物价普遍上涨，1989—1991 年采用中低档工业品以工代赈修路的费用已经大幅度增加。1990 年普工的日工资平均为 3 元左右，技工工资为每日 4—5 元。当然，上涨后的贵州民工工资，仍然低于同类劳动的全国平均水平。民工们接受这个事实的主要原因在于，一方面，他们承认并承担政府规定的向公共工程投劳的义务；另一方面，施工主要在农闲季节进行，而此时当地大多数农民的劳动机会成本几乎为零。此外，由于商品经济不发达，农民的现金收入来源极少，参加修路则既有部分实物又有部分现金报酬。

参加修路的农民不仅获得了短期就业的机会，而且增添了筑路技能。一批能工巧匠在实践中脱颖而出。如前所述，由技工组成的施工队伍完成了本县的筑路任务，便去承包外县的工程。以工代赈项目的执行既改善了贫困地区的基础设施，同时又进行了人力资本投资，还促进了行业和地区之间的劳动力转移。筑路工程对沿线农民就业、收入和消费的影响，在以下实例中还可以得到更为具体的反映。

普定县武郎区猴场乡青岩村共有农户27户，其中有25户参加了修路，1987年每户所得收入由50元到6000元不等。收入最高的农户户主张兴文，现年54岁，全家5个男劳动力经营6亩耕地。1986年参加修建本县公路，得到报酬2000多元，1987年率4个儿子承包位于本村界内的一个路段工程，任务是打通一个长43米、高8米、宽7米的隧道，并修建隧洞前一段84米长的路。路宽7米，劈山而成，山岩高16米。修建这段127米长的路历时8个月，移动土石4000多立方米。这个路段以27000元的造价承包给张兴文，支出项目如下：（1）空压机租金2200元；（2）油料7000元；（3）雇工[①]7000元；（4）雷管、炸药、工具等4800元。张家净得6000元。

张用这次筑路所得的6000元盖了一间住房，为一个儿子办了婚事，还在公路三岔口建成2间铺面的一个小百货店。目前，张家经营小店的月利润平均为100元左右。

（三）竣工工程的社会经济效益

1985—1987年的以工代赈筑路工程有效地改善了贵州的基础设施，为全省尤其是贫困地区的社会发展和经济增长创造了有利的条件。也就是说，工程产生了显著的第二轮效用。

1. 促进了贫困地区商品生产的发展

3年筑路计划执行期间，投放到少数民族贫困县、乡的实物折

---

① 雇用本村劳动力，风钻工：5元/日，普工：2.50元/日。

款和配套资金占全省总投资的 61.2%，建成公路 252 条，通车里程 3422 公里，占全期竣工线路通车里程的一半以上。贫困山区的农、林、矿业由于公路延伸到资源产出地而迅速增长。从公路沿线的贫困县、乡运出的货物增量，可以视为生产扩大和商品量增加的一个指标。通车一年内，从这些地区运出的货物增量为：240 万吨煤，25.4 万吨矿石，7.2 万立方米木材，3 万吨烤烟。表 2 是贵州省交通厅对 1985—1987 年以工代赈修路项目效益所做的抽样调查，从中可以看出，2150 公里的公路沿线一年内就新建乡镇企业 1331 个。这些企业大多数是小型煤矿、铝土矿、铁矿、石灰窑等资源开发企业，没有现代化的技术装备，采用原始的采掘方法和技术。从而主要靠长期的劳动投入。平均每个企业就业人数为 100 左右，那么这 144 条公路沿线新增非农产业就业岗位大约为 133000 个。

表 2　1987 年贵州省 144 条竣工公路的年社会经济效益

地、州、市	新增通车里程（公里）	新增通乡数	新增开发资源和增加货运量				新建乡镇企业（个）	新建学校（所）	缩短运输里程（公里）	节省运费（万元/年）	增加经济效益（万元/年）
			煤炭（吨）	矿石（吨）	其他（吨）	小计（吨）					
安顺地区	275.3	36	455480	146440	23235	625155	188	16	229	242	1254
六盘水市	136.65	24	256000	53700	43225	352925	64	6	192	924	1968
毕节地区	529.10	55	331643	1120	59171	391934	406	7	388.5	4619	7194
黔南自治州	241.05	8	316200	41000	80671	437871	242	6		1737	2896
黔西南自治州	233.30	15	891127	8212	37764	937103	98	8	195.3	1028	1232
遵义地区	168.90	23	104026	845	61591	166462	69	16	187.3	277	1075.5
黔东南自治州	342.50	28	54728		97679	152407	52	9	311	525	1181
铜仁地区	166.80	19	17850	1450	20517	39817	183	6	40.2	128	1302
贵阳市	57.10	9	190640	32500	9094	232234	29	1	19	244	549
合计	2150.70	217	2617694	285267	432947	3335908	1331	75	1562.3	9724	18651.5

资料来源：《以工代赈发展交通》，1988 年。

2. 商品交易增加

交通条件的改善和生产的扩大带来了集市贸易的繁荣。据安顺、黔西南州等地区交通部门的调查，平均每个地区（州）新建公路沿线增加集市 15 个。一些原有的集市由于公路联网成为交通枢纽和商品集散地。例如，德江县复兴场，位于铜仁和遵义两地区交界处，居民 3000 人。自从以工代赈建成的公路将其与周围乡村连接起来，途经复兴场的客车由每日 6 班增加到 20 多班，昼夜交通量由 100 辆机动车增加到 300 多辆，蛋禽、生牛和百货 3 种商品的批发贸易因此而兴起。每次集市有大约 10 吨鸡蛋、3000 只鸡和 200 头生牛上市。百货从城市运到这里，再分散给附近的乡村。复兴场街上的商店由公路联网前的 4 个增加到 23 个，百货摊点达 104 个。

3. 节约运输费用

公路通到以往闭塞的山乡，结束了人背马驮运货的历史，从而大幅度地节约了运输劳动。以全长 14.1 公里的罗甸县独坡—平岩公路为例，沿线一个乡每年至少要出售农副产品 500 吨，购入化肥、农药和日用工业品 250 吨。由汽车替代人力，仅运输这些货物就节约劳动日 2 万多个。

贵州省以工代赈修路项目的一个重点是将原有的公路连接成网，缩短省际、县际、乡际之间的运输距离。这些联网线共计 64 条，总长度 1126 公里，建成后提高了原有公路的运输效益。例如 40 公里长的大坡至务卜公路沟通纳雍、织金、六技 3 县，缩短运距 58 公里，仅运煤一项一年可节约运费 600 万元，而修筑这条公路的总投资还不到 200 万元。

运输效率的提高，一方面使原来难以运进山的化肥、农药等生产资料和日用工业品有了比较及时和充足的供应；另一方面也使这些工业品的销售价格随着运费的减少而降低。例如，食盐、煤油和煤炭的价格都降低了近 50%。

4. 改善社会服务

县乡公路网的扩建促进了经济增长和乡村居民收入的提高，使地方政府的财政收入有所增加，因而可以抽出部分资金用于改善乡村文教、卫生等社会服务设施。从表 2 可以看出，144 条竣工线路经过之处新建学校 75 所（建校投资还包括受益农户提供的资金和义务劳动）。

每一条新建公路竣工，沿线商店、饮食店、小旅店、缝纫铺等生活服务设施也随之建立。这些设施主要由个人投资兴建。这意味着交通条件的改善既促进了山区资金的积累，又增加了第三产业的就业机会。

文化、教育、卫生和日常生活服务网点的增加，不仅方便了山区居民的生活，而且增加了他们的社会交往，有助于开阔眼界、更新观念。值得一提的是，由于交通条件改善方便了儿童上学，适龄儿童入学率显著提高。据不完全统计，在那些曾经不通公路的山乡，适龄儿童入学率在通路之后一般提高 13—20 个百分点，达到 70% 以上。可见，以工代赈筑路项目的执行，无论是对山区的成年人口还是对儿童而言，都是一笔间接的人力资本投资。

5. 宏观经济效益

为以工代赈项目调拨的实物都是制订项目计划时库存充裕的物资。1985—1987 年的粮棉布以工代赈计划，就是在 1984 年农业大丰收、这 3 种商品库存积压的背景下出台的。1989—1991 年的项目调用中低档工业品，正是由于市场疲软、这类商品滞销，而贫困地区尚有需求。用以工代赈方式将积压商品转化为投资，显然有着节约储存费用和加速资金流转的作用，在经济不景气时，以这种投资形式修建公共工程，无疑还有助于启动国民经济走出低谷。

（四）资金的使用效率

工程造价低是以工代赈修路的鲜明特点之一。1985—1987 年修的 4 级公路平均每公里造价 4 万元，相当于同期国家基本建设投资造价的 1/5—1/4。修建的公路总长度中有 62.9% 达到国家等级标准，17.7%达到贵州省制定的乡村公路标准，余者为简易公路。这些指标表明，与1949—1984年的筑路工程相比，采取以工代赈方式进行的投资有着较高的效率。究其社会经济原因，主要有如下几点。

1. 征地拆迁费用低

以工代赈项目的征地和房屋设施拆迁费用最多不超过国家基本建设投资筑路项目同类支出的1/10。在筑路项目的执行过程中，由交通部门负责施工，地方政府则动员劳力、组织征地拆迁。对此，公路经过的乡政府都正式行文作出规定。以普定县为例，对于因修路而拆迁房屋的农户给予低价补偿，新宅基地由农户所属的村民委员会从本村土地中划拨。公路占地则是无偿征用的。对失去土地0.3亩以下的农户仅减免农业税和农产品订购任务；若损失面积超过这一标准，则由村民委员会在全村农户之间调整土地。每个乡所减免的受损者的农业税和订购任务，转移给本乡公路沿线5公里半径范围内的受益村分担。

显然，受损失的农户并未得到足够的补偿，可是他们却接受了这个制度安排。在全省以工代赈项目执行过程中，尚未发生过与征地和拆迁有关的诉讼事件，所有的纠纷都在乡一级政府得到调解。原因在于首先，一方面，贫困地区农民深受交通不便之苦，迫切要求修路；另一方面，地方政府通过各种宣传形式，将"民办公助、民工建勤"修路的意图灌输给农民，将以工代赈投资方式解释为农民要修路，政府给予资助。因此，使当地居民对筑路工程产生"认同感"，即将其视为自己的事业。其次，遭受损失的农户毕竟是少数，而受益于公路的则是他们生活于其中的整个社区。在这种情况下，通行的就是"多数原则"，不成文的乡规民约自然形成一股压力，使少数人为着整体的利益不得不承受损失。

2. 人工费用和材料费用的节省

如前所述，工程是采用劳动密集型技术实施的。而由于贫困地区劳动机会成本低以及民工建勤原则的实行，对劳动者支付的报酬较低。这意味着公路的受益者们为工程提供了部分无酬的劳动积累。此外,工程所需的土木材料主要在当地开采,并尽量使用劈山开路爆破的废石,减少砂石开采的人工费和运输费。

3. 有效的计划、管理、组织和监督

在以工代赈修路计划的实施过程中,各级政府的组织工作严密、有效,因而节省了整个项目的管理费用。为了保证组织有效,各级地方政府都进行了必要的制度建设。一是建立专职执行机构;二是授权这些机构制定有关工程实施的各种规章、制度。

以工代赈项目的执行涉及计划、财政、银行、商业、粮食、物资、供销、农业、水电、交通、税务、审计、公安等若干个职能部门,只有各部门密切配合,才能保证资金、物资和劳力的供应,使工程按计划进行。省、地、县各级政府都成立了以工代赈工程领导小组,协调部门间的业务工作。每一条计划修建的公路,都有专设的工程指挥部负责项目的执行。指挥部由县交通部门的工程技术人员、财务管理人员和公路所在的区、乡领导组成,一般不超过10人。

工程计划和投资通过不同层次的领导机构分解到施工单位,自下而上都实行责任制。例如,每一个工程指挥部都与县领导小组签订合同,规定工程内容、施工期限、投资总额、付款方式、工程质量及验收办法、事故预防及处理等条款,明确双方各自的责任和义务。

在山区修路工程量大、技术难度高、而工程的主要参加者是未受过正式技术训练的农民,施工高峰期全省每天有24万人上工地。施工组织因而成为确保工程质量和建设速度的关键。关于工程财务管理、安全生产、物资保管和施工管理的各项规章制度,通过各级以工代赈领导小组层层下达,由每个工程指挥部负责执行。

虽然修建的并非是国道或省道,但是每一条线路都是由地区和县交通部门的技术人员选线,测量和设计,并有正规的设计图表和工程概算报批。依据工程设计,每个工程指挥部将计划修建的公路分成工段，每个工段由一个施工组承包，工程指挥部与施工组签订合同。合同条款包括工期、工程内容、质量标准、材料供应、路基、路面、挡墙、涵洞、桥梁等构造物的技术要求，等等。

施工组由沿线农民自由组合而成，有的以整个村民小组为单位，有的是几个农户联合在一起，还有的是一个农户出面承包，招募邻居做辅助工作，等等。各施工组自选1人为组长。工程指挥部通过每个工段的施工技术员和施工组长将各种制度传达到筑路民工中去，这四者又在合同执行过程中相互配合、相互监督。各施工组的报酬均按照土石方定额计件，只有当工程验收合格时，施工组才能领取全部应得报酬。

每条线路施工期间，都有交通部门的技术人员进行3—10次质量检查，并不定期地在施工质量高的工段召开现场会，用示范的方法推广效率较高的施工方法和工程组织经验。这也是中国农村组织运转费用最低的技术推广方式。

二 四川的人畜饮水工程

筑路项目主要是为贫困地区的经济增长创造条件，而人畜饮水工程则直接为贫困人口提供社会服务。就各省以工代赈项目资金的使用构成而言，前诸与后者的比例一般为8∶2或7∶3，人畜饮水工程所占的份额较小。然而，这类工程的组织实施及竣工后的管理，则尤具制度创新的特色。以工代赈人畜饮水工程项目也是从1985年开始执行的，为了便于说明与该工程有关的制度建设特点，这里仅以四川省为例，主要讨论中低档工业品以工代赈修筑人畜饮水工程计划（1989—1991年）的执行情况。

（一）缺水问题

根据水利部的规定（1984），近期人畜缺水的标准，是指从居住处至取水点单程1公里以上，或者垂直高度100米以上的村庄。

解决人畜饮水困难的标准要达到如下供水量：干旱期间，北方每人每日供水10公斤以上；南方40公斤以上。每头大牲畜每日供水20—50公斤，每头猪、羊每日供水5—20公斤。平均年降雨量在600毫米以下利用旱井、旱窖的地方，蓄水量以蓄积一年足够1—2年使用为宜。南方地区，70—100天不下雨保证有水吃。

我国人畜缺水的地方，主要分布在丘陵山区、黄土高原、滨海和牧区，多数为少数民族地区和边远贫困地区。1950—1970年，各级政府主要利用修建水利工程设施供应人畜饮水。20世纪70年代，北方各省通过打井抗旱又解决了部分缺水人口和牲畜的供水问题。截至1979年年底，全国脱离饮水困难的人口达4000万人，牲畜达2100万头。各级政府均拨出专款用于修建饮水工程。1980—1984年这项投资达96000万元，使3000万人和2100万头大牲畜脱离饮水困难。据不完全统计，到1984年年底全国共修建各类饮水工程150万处。其中，水窖、旱井100多万眼；蓄水池5万多处；土井、大口井7万多处；机电井4900眼；塘坝4万多座；提水站2万座；引水引泉、截潜流7千处。然而据1984年年底统计，全国还有5000万人、4600万头牲畜的缺水问题没有解决。其中，四川省缺水人口983万多人，缺水牲畜1097万头。

四川省总人口1亿多，全省面积56万多平方公里，年平均降雨量在500—1200毫米，境内水源丰富，河流众多。四川的缺水人口主要分布在成都平原以外的川北、川东和川西边缘地区，那里也多是该省的贫困山区。降水在时间和空间上分布不均匀，全年70%的降水量集中在6—9月是缺水的主要自然原因。人口急剧增加是缺水的主要社会原因。与1949年相比，四川省现有人口增加了1倍多，原有水源满足不了新增人口的需要。此外，人口增长的压力促使农民为了增加粮食产量不断提高复种指数。以往，平原或盆地的稻田冬季贮水，恰好解决了旱季的人畜饮水问题。如今增种一季小麦，部分地区就产生了季节性饮水供应不足的困难。就山区而言，直到 20 世纪 50 年代初期仍有大面积森林覆盖，涵养着水源，使"山高水也高"，足以供应当时为数不多的人畜饮水。随着人口的不断增长，农民不断毁林开荒，森林植被逐年减少，水土流失加剧，水源基流变小，水位下降，住在山上的农户就变成缺水户了。

四川缺水人口中，贫困山区人口占 72%，他们既然难以维持温饱，就更无财力解决饮水问题。这里的高山区（海拔 1000 米以上）多为石灰岩、沙质岩构造，地表水渗漏严重。丘陵区垦殖指数比山区要高，地表涵蓄水的能力更差。因此，深山区和浅山丘陵区的缺水季节都比平原地区长。缺水的村庄或农户每年平均要用 20%—24% 的劳动力取水。

这些地区现有的水资源尚且不足以供应人畜饮水，就更不能满足农作物正常生长的需要，也谈不上建立乡村工业。缺水威胁着人们的生存，无疑也就从各个方面制约着当地的社会经济发展。例如，急需的教师、医生、科技人员等专业人才难以引进，一些派往缺水乡镇的行政官员也不情愿上任。儿童上学必须自带饮水，一遇大旱，缺水严重，学校往往不得不停课。此外，在水资源稀缺的条件下，争水纠纷时有发生。

因此，解决人畜饮水供应问题对于贫困人口的生存和发展、对于改善贫困地区的自然环境和社会经济条件都至关重要。

（二）以工代赈修建人畜饮水工程的方式

从 1985 年开始，政府采取以工代赈方式投资于缺水地区的水源工程建设。资金投放重点是少数民族地区和贫困山区。到 1990 年 8 月底，四川全省修建工程近 7 万处，使 41.8% 的缺水人口和 44.4% 的缺水牲畜脱离了饮水困难，还解决了 6.5 万亩农田的灌溉用水（见表 3）。在工程投资、组织和用水管理方面，政府和农民都进行了制度创新，从而使工程发挥了显著的效益。

表 3　　四川省 1985—1990 年修建农村人畜饮水工程统计

投资 (万元)	政府					集体和个人			合计
	中央	省	地、县	农水费	其他	集体	个人	投劳折资	
	8660	1611	552	296	225	1350	3497	4442	20633
工程	打井 (眼)	蓄水池 (个)	引水渠		提灌站		其他 (处)		合计 (处)
			(条)	(千公里)	(处)	(千瓦)			
	21467	39430	5541	741	774	11346	1971		69183
供水 范围	人口 (万人)	牲畜 (万头)	灌溉 (万亩)						
	411	487	6.5						

注：为保持著者行文原貌，表格样式、数据除有考证外，均不作修改。下同。

资料来源：四川省水电厅农水局：《四川省农村兴建人畜饮水工程及投资统计表》，1990 年 8 月。

1. 投资方式

人畜饮水工程虽然也可以归为公共工程一类，但与公路相比，直接受益者范围比较小，或是单个农户，或是整个村庄。不仅如此，工程竣工就成为归单个农户或村社所有的固定资产。因此，投资原则是以受益者为主，政府补助为辅。实际上，由于贫困人口财力有限，投入的现金还不足投资总额的 24%，政府投资的份额达 55%，余者为受益者投入的无酬劳动，是按每个劳动日 1.2—1.5 元折算的。

中央政府以调拨几种特定商品的方式投资，目的主要在于用这些实物支付民工的劳动报酬。因此，要求地方政府至少以 1∶1 的比例投入配套资金。然而各省都没有达到这个比例，而是将部分调拨来的消费品指标转换为工程材料，填补地方配套资金的缺口。那么，领取中央调拨实物的就不仅是农民，还有负责执行项目的部门（工程指挥部）。这就使以工代赈项目的组织、管理更为复杂。如前所述，中央政府调用积压滞销商品进行以工代赈，有着减少库存、加速资金流转和援助贫困地区发展的双重宏观经济效益。为了获得这些效益，中央政府制定了一系列规则。以此为据，地方政府设计了更为细致、具体的制度，既在原则上体现了中央的意图，又使地方政府所做的变通有章可循，还能够降低项目实施过程中的交易费用。中低档工业品的调拨和发放过程便能够说明这一点。整个过程的运行方式与采用粮棉布以工代赈大致相同，其运行规则对于修路和人畜饮水工程也是通用的。

国家计委分配给四川省1989—1991年的以工代赈工业品金额达6000万元（修路与饮水工程的资金分配比例大约为8∶2）。依据该项目投资计划，该省计经委监制同等数额的工业品购货券（简称工业券），由省以工代赈项目领导机构分配给实施工程的县，经工程主管部门加盖公章后生效。工业券实质上是一次性货币。印制和发放工业券，由经办部门填写报告单，分送政府和银行等有关部门。县工程主管部门指定专人管理工业券，按工程进度发放，发放时将券面号数登记造册。工业券可以用来选购除有关部门规定的高档商品、紧俏商品和部分食品以外的工业品。

工业券只能在各县境内使用（券面印制号码包含着地点信息），可以在本县国营商业、农机、物资部门的商店、公司和县、乡供销社购买规定范围内的工业品。用工业券批发或零星购买工业品时，所发生的尾数由购物人用现金找补，售货单位不得支补现金。

物资供应部门将通过交易收回的工业券截角作废后，每10天1次交给工程主管部门，并填报"收回工业券清单"和"以工代赈工业品供应汇总表"。同时，还可以填报"以工代赈动用工业品核销贷款申报表"，与其他两份报表一起，经工程主管部门签章后，送专业银行，作为核销其贷款的依据。

县专业银行收到上述报告后，要在3天内会同人民银行进行会审，如审核无误即核销物资供应部门的贷款，并填制进账单，连同收到的报表一起送交人民银行县支行办理划款手续。这些款项经过人民银行各级营业机构逐级汇总上级至总行，由总行与财政部结账。

工业券使用有效期满（一般为半年或一年），县工程主管部门将回收的工业券全部清点无误后，填写销毁工业券报告单，由当地人民银行、计委等有关单位和上级主管部门派员到场监督销毁。中央政府的投资过程到此完成。

这一套有关工业券印制、发放、使用和注销的制度，无疑是为了防止伪造、贪污和挪用。为了便于推行以工业券付酬的方式，四川省政府还规定，用工业券购买中低档工业品，除已免征零售税的商品（如农机、农药）外，一律按市场零售价的九五折优惠。这5%的价格折扣来自对税务部门免征零售税3%，商业企业让利2%。

这些规章制度也是国家计委委托四川省政府于1987年进行工业品以工代赈试点的一个结果。为了正确执行上述规定，各试点县均采用有线广播、宣传车、电影放映前加映幻灯以及张贴告示等方法，将有关信息传递给当地农户。县商业供销部门还对国营商店的经理、乡镇供销社主任和营业员进行短期培训。

根据7个试点县1987年的工业券购物统计得出，这部分商品销售额的构成为：轻纺织品占32.7%，五金交电占13.1%，农机具占8.3%，日用杂品占13.4%，建筑材料及其他占32.5%。对一些乡供销社经营状况的调查表明，试点工程实施期间，商品销售额比1986年同期增长30%右，库存积压商品额降低25%，贷款减少38%，利润大约增加50%。试点县发放的工业券回收率达99.95%，未能全部回收的原因，是当地农民将小面值工业券留作了工程纪念。这一切都意味着，严密的制度建设和有效的组织运转使中央政府采用工业品以工代赈的意图得到了实现。

在政府对人畜饮水工程的投资总额中，地方政府的配套资金不足24%（见表3）。配套资金主要来自不同扶贫渠道（例如财政部拨给的支援不发达地区发展资金、水利部门的扶贫专款，等等），将各种扶贫资金集中于工程，就发挥了投资的规模效益。

对于每一饮水工程，政府原则上只补助材料费，其余的费用由受益农户自筹解决。根据工程设计的使用范围，乡政府或村民委员会编制花名册，向受益者集资。规则是住户按人口平均交款，学校不出钱但要组织学生投劳。据笔者在青川县的调查，农户投入工程的现金为 10—40 元/人。施工时，雇用的技工领取劳动报酬，每个工日大约 3 元。挖渠、运砂等简单劳动由受益户分担，不出工者则按 2 元/工日付款。由于受益者投入了无酬劳动，工程人工费一般仅占总成本的 1/3。

2. 项目组织

饮水工程与筑路虽然性质各异，项目管理规则却大致相同，故对此不加赘述。农村人畜饮水工程不计入基本建设投资计划指标，而且工程规模小、项目多，不易管理。但是四川省农水部门还是依据水利基本建设程序，把项目设计、审批、施工监督和竣工验收规定引入人畜饮水工程的实施过程，以保证工程既符合质量标准，又节约投资。

每个项目都有领导小组，由乡或村的干部、乡水利站的技术员和村民代表组成。该小组除了负责筹集资金、动员劳力和组织施工外，还参与工程设计方案的选择。根据水源、水质及工程造价等指标确定最佳方案。这种多方参与制度赋予饮水工程因地制宜、简单实用的特点。工程形式多样。工程设计的主导思想是以引水为主，引水和蓄水结合。动工前和竣工后都须由卫生防疫部门对水源水质进行化验，确认符合国家颁发的《生活饮用水卫生标准》(1976)，才予以动工和交付使用，交付使用后逐月跟踪检查 2 年。

(三) 用水管理

鉴于一些饮水设施因管理不善，使用几年就因损坏或水源污染而报废，各级水利部门、乡政府、村民委员会乃至村民小组对交付使用的饮水工程都制定了管理规定。目前四川省的人畜饮水工程均依据谁建、谁所有、谁管理、谁用水的原则，实行分级管理，明确权属，定权发证。凡一户或联户修建的饮水工程，归一户或联户所有，由县统一制发人畜饮水工程证书，任何单位或部门不得平调，他人不得侵占；集镇或村庄修建的重点人畜饮水工程，由乡水利水保管理站统一管理，对于居住异常分散的高山区农户，政府补助他们各自修建饮水设施，竣工后归为个人财产，也无须设立任何管理制度。多数工程是属于村民小组或集镇的公共工程，即使明确了所有权和管理责任，也需要建立有关使用、收费、养护、维修的具体制度，规范和协调使用者的行为，才能保证工程长期使用。在进行这一系列制度建设的过程中，农民们不乏有益的创造。

一个村民小组一般由20多个农户组成，居住相对集中。他们制定的规则多为口头协议。第一个特点是条款简单，例如，按人口平均收水费，每年收2次。正因如此，规则才容易贯彻，并且组织费用低。第二个特点是便于监督执行。用水规则都包括节约用水的条款，尤其是水源基流小的地方，都规定不许用饮水设施的水浇地。使用提水工程的小组，每日仅定时放水2次，便限制了用水量。采用引水设施的小组，每日引来的泉水有限，因此，从居住在蓄水池附近的农户中选一人查看总用水量，就可以根据经验判断是否有人浪费用水。第三个特点是用水制度既包含着对成本—效益的考虑，又体现社区生活中的公平原则。有的农户在修建工程时未参加投资投劳，建成后要求参与使用，则必须交纳一笔"搭水费"，相当于按人口分担的基本建设投资份额。对于村里的学校都给予优惠，仅收取规定水费的1/2。当学校超过规定的用水量时，才按标准收费。发现浪费用水者先由管水员给予口头警告，若第三次犯规，便处以罚款。

行政村或集镇的重点工程管理制度，虽然与上述原则一致，但相形之下要正规，复杂一些。重点工程一般要供应1000以上的人口用水，用水单位既有农户，又有行政管理机构、学校和企业。规则由乡政府（或村民委员会）、水电部门和用户代表共同商定，以文字形式提交乡人民代表大会（或村民大会）通过，印发给各用水单位。供水设施雇有专人管理。

(四) 工程效益

人畜饮水工程的建设显著地改善了贫困人口的基本生存条件，对于减少疾病流行，增进贫困地区居民的身体健康起到了积极作用。例如，夏秋季节肠道疾病发病率降低了 11 个百分点。工程还使取水费用大幅度降低，因为大多数工程都有简易自来水装置供水到户。据当地水利部门估算，修建工程前，缺水地区每供应 1 人全年饮水，至少需要 14 个工日。仅解决贫困人口饮水困难一项，采取以工代赈方式修建的人畜饮水工程每年就节约 5754 万个工日。

三 小结

当今世界有关反贫困战略的讨论倾向于这样一种设想：一方面，推行那些使贫困人口的劳动得到利用的增长模式；另一方面，向贫困人口提供基本的社会服务，特别是初等教育、基层保健医疗和计划生育。前者提供脱贫的机遇，后者则提高贫困人口利用这些机会的能力。除此而外，这种双因素反贫困战略必须由社会救济网加以补充，以帮助那些没有可能受益于上述政策以及突遭不测的贫困者（参见世界银行 1990 年报告）。

纵观中国政府 20 世纪 80 年代的扶贫战略以及继续运行的社会救济系统，不难看出，其中不但包含着上述因素，而且具有更为丰富的内涵。仅就以工代赈政策的实施而言，政府投资于贫困地区公共工程建设，对当地的社会经济发展主要有如下作用。

(1) 有效地改善了贫困地区的基础设施和社会服务，为当地的经济增长提供了必要条件。

(2) 加强了贫困地区的制度建设。采用以工代赈方式进行公共工程建设的执行机构和组织原则已经形成，只要有新的投资项目，这套机制就能有效地运转，使投资计划变为现实。

(3) 人力资本的增加。在这里，人力资本投资只是以工代赈项目的副产品。通过施工，农民学到了技术，行政干部学会了施工组织和管遇，交通和水利部门培训了专业技术力量。

(4) 工程建设期间直接为当地贫困人口提供短期就业机会和非农收入。

据此可以判断，中国政府的以工代赈政策是行之有效的。成功的决定因素首先在于其目标明确，专为援助贫困地区而设计，使贫困人口直接受益。其次在于选择了适宜于贫困地区资源状况的项目和技术。修建公路和饮水工程都可以就地取材；由于采用简单的劳动密集型技术，当地劳动力足以胜任，工程的实施就使得大量剩余劳动力得以利用。最后在于采用了多方参与制度。以工程投资为例，这种制度调动了中央和地方政府、村社和农民可供支配的资源，发挥了集中使用各方要素（资金、土地、劳动，等等）的规模效益。中国是个发展中国家，资金短缺是普遍存在的限制条件。贫困地区的投资报酬率低于全国平均水平，缺乏吸引投资的竞争力，其基础设施建设项目就更难获得资源。在这种情况下，中央政府的投资就如同"第一推动力"，促使地方政府尽可能地调集当地资源，并积极组织项目的实施。也就是说，中央从外部注入的要素启动了贫困地区现存的经济力量。若无这种具有一定规模的初始资金的吸引和启动，当地零散的资金不可能如此迅速地聚集，丰富的天然建筑材料和充足的劳动力也只能是沉睡的资源。对于中央政府来说，不动用基本建设资金而使用库存积压商品投资，不至于给中央财政造成沉重负担。就参加工程建设的贫困地区农民而言，从政府获得的实物和货币，不再是救济，而是劳动的报酬。除此之外，他们还用部分无酬劳动为当地未来的经济增长提供了积累。可见，这样的多方参与制，协调了各方的利益，调动和汇集了各方的资源优势。

组织有效，是贯穿以工代赈计划执行过程始终的决定因素。投资兴建公共工程，历来属于政府的职责范围，需要政府主持和参与。不似商品生产，更多的是需要政府提供制度和物质基础设施框架，而不是直接扮演生产者的角色。只要政府选择了职能范围内的角色，就有可能成功。

采用以工代赈方式修建的工程，虽然规模不小，建设过程中的商品交易活动并不很多，行政措施辅之以经济手段就能够调节其运行。而这也正是中国现行计划经济系统的优势。

当然，以工代赈政策实施中也存在着不少问题。主要有如下几点。

（1）修建和改善贫困地区基础设施，是一项长期的任务，不可能仅仅通过实施几次以工代赈项目来完成。而20世纪80年代的以工代赈，是贫困地区最近几十年来获得的最大规模的基础设施建设投资，地方政府和农民都对这类项目寄予强烈的预期，相互之间对投资的竞争十分激烈。因此，基层地方政府制订的工程项目计划往往超过投资计划。一些工程因财力不足不能按技术标准修建，反而降低了资金使用效益。这就需要将以工代赈安排为一种长期执行的制度，给地方政府以稳定感，以便相应地减少其短期行为。

（2）截至目前，除了京津沪三大直辖市和江苏省外，其余各省都参加分配中央政府的以工代赈投资。在各省分到的投资额随着投资总量压缩而减少的情况下，就难以取得投资的规模效益。比较经济的办法是将富裕省排除出分配行列之外，将这笔投资集中于贫困省。

（3）县乡公路未列入国家养路计划，由地方政府负责养护。但贫困地区养路费严重不足，而山区公路常有水毁塌方，不设专款养护，以工代赈公路建设项目不出几年就会前功尽弃。

（原载《经济研究》1990年第10期）

中国政府反贫困计划的宏观经济限制[*]

经济增长，在最近 10 多年来一直是中国经济学界关注的热点，而社会发展在讨论中则常常成为被遗忘的角落。产生这种倾向的原因也许在于，认为若无经济增长，就不具备支撑社会发展的实力。这种认识并非谬误，问题是它只道出了事物的一个方面。社会发展应该是经济增长的目的，在决策中忽视这一点就可能导致"有增长而无发展的弊病"。国内外的历史经验都已经证明，经济增长并不必然导致社会发展。缓解贫困和提高全体国民的生活质量，还有赖于政府运用收入再分配和公共投资手段进行干预。国际上一些著名的学者依据第二次世界大战后一些发展中国家的经历，把社会发展战略区分为"增长传递式"（Growth-mediated）和"公共支持式"（Supportled）两类。巴西在 20 世纪 60 年代虽然有过高速经济增长，却以其收入分配的极不均等和高贫困率，被看作忽视社会发展的国家的代表。韩国被视为增长传递式发展的典型，因为该国的社会政策是在达到一定的富裕程度之后才实行的。中国和斯里兰卡则是推行公共支持式战略的例子，其特点在于，它们并没有等到进入中等收入国家的行列，就已经采用政府干预手段改善社会服务，使人民的生活质量显著提高。

中国政府于 20 世纪 80 年代中期开始推行的反贫困措施，可以

---

[*] 本文写作过程中，国家计委、国务院扶贫办和世行驻华办事处曾提供必要的参考资料，农业部农研中心和中国社会科学院经济所的同事们参与过讨论，李月琴承担了计算机文字处理工作，在此一并致谢。

说是保持了公共支持的传统。对于这一时期的扶贫理论、政策和实践,作者曾做过综合评述(《管理世界》1992年第4期)。本文的目的则在于,探讨90年代中国的贫困问题和反贫困行动。

在以往的10多年中,中国经济虽然逐渐地、部分地引入了市场调节因素,本质上还仍然由计划经济运行机制主导。1993年,中国共产党第十四次全国代表大会和第八届全国人民代表大会明确宣布,把建立社会主义市场经济确立为改革的目标。这就加速了整个经济的市场化进程。面对这一剧变,便不能回避这样一些问题:市场化进程对贫困人口已经和正在产生着怎样的影响?变化着的宏观经济环境对推行反贫困计划有着哪些限制?采取何种对策可望继续趋近于缓解以至消除贫困的目标?为了对此作出回答,需要分别考察政府机构和农民对新的制度安排的反应,因为市场化不仅直接改变了农户所处的社会经济环境,而且通过政府的行为影响着农民家庭的生产和生活。以下拟分别讨论贫困人口的基本需求保障、就业和收入前景,并基于对目前宏观经济形势的估计,指出反贫困行动的艰巨性和长期性。

食品保障

就经济领域而言,到目前为止的改革措施促进了贫困地区的农业发展,尤其是粮食生产的增长。这些地区的粮食自给率从20世纪70年代末的60%,提高到90年代初的80%,明显地改善了当地人口的食品保障状况。这是与苏联及某些东欧国家市场化实践相左的一个中国特色。在那里,制度变革刚一起步食品短缺便给普通百姓带来生存威胁。除了中国城市化落后于这些国家以及大多数人口的食品消费依赖市场的程度较低以外,产生这一差别的一个重要原因,是中国政府在市场化进程中从未对食品保障领域采取"自由放任"(Laissez fair)的政策。贫困地区食品短缺的缓解,是政府和农民同时增加农业投入的结果。

家庭农业取代集体化经营，是 20 世纪 80 年代刺激农业增长的制度因素。它使每个农民由持有一份耕地使用权而自觉承担起家庭食品保障的责任。贫困户现金收入微少和市场粮价起伏较大的现状，促使农民寻求提高产量的途径来增加自己家庭的粮食供给。在这一点上，贫困地区政府的利益与农民恰好一致。在粮食购销改革中，中央政府逐渐减少了对粮食调入省的运输、储存和销售补贴，将一部分财政负担转移给地方政府。发达省例如广东省政府主要以减少乃至取消补贴并进口粮食为对策；欠发达省迫于财政拮据的压力则只能选择提高粮食自给率这条路。中央政府虽然减少了粮食销售补贴，却并未推卸促进粮食生产和扶助贫困地区农业向多样化发展的责任，因为食品保障一贯被视为保持社会稳定之必需。

正由于上述三方目标一致，共同推动新技术的采用和农业投入的增加，才促进了贫困地区粮食自给率的提高。20 世纪 80 年代后期由农业部组织的"温饱工程"即可证明这一点。温饱工程的内容是在中西部 17 个省的贫困县推广杂交玉米地膜覆盖栽培技术。除了配备专项贴息贷款外，中央政府每年还为实施项目调拨技术推广所需要的平价物资。仅在 1989 年，即为实现项目覆盖面积 1000 万亩的计划调拨平价化肥 22 万吨，地膜 3 万吨①。农业部和地方政府调动技术推广部门举办技术培训班，协助贫困户购买良种、农药、地膜和化肥等生产资料，并进行田间技术指导。采用这项技术。每亩玉米至少增产 100 公斤，有效地缓解了 1500 万山区人口的食品短缺问题（杨钟，1993）。

以上论述，并未真正涉及市场化对贫困人口食品保障的影响，而只能说明政府干预的作用。在 20 世纪 80 年代政府逐渐放松价格控制的过程中，农用生产资料和农产品价格均呈上涨趋势，1985—1990 年，二者分别提高了 57.7% 和 64.2%。可是贫困地区农户的

---

① 国务院贫困地区经济开发领导小组：《关于落实好贫困地区地膜玉米推广面积及扶贫地膜、化肥的通知》，1989 年 2 月 28 日。

商品率低，从农产品提价中能够得到的利益往往不足以抵销生产资料涨价带来的损失。进一步讲，他们的主产品是粮食，最常用的投入品为化肥、农药和地膜。1985—1989年，粮食零售价格提高80%，这些投入品的价格则上涨1倍以上。可以设想，倘若没有政府提供的生产者补贴，贫困户就难以增加对粮食生产的投入，也就不可能凭借所经营的那块土地改善家庭的食品保障。

根据市场价格形成的原理，补贴是对价格信号的一种扭曲，它最终将导致资源配置效率的降低。况且在多种价格制度并存的情况下，上述补贴方式往往为商品销售和分配机构留下寻租活动之机，截留贫困户应得的资助。目前，生产资料供销改革的趋势是消除多种价格制度并存的状况，代之以由市场供求决定价格。扶贫机构和贫困地区政府的官员们普遍认为这将加大扶贫费用和削弱优惠政策的效用。其实，单一价格制度能够立即显示出来的优越性，就是减少扶贫资金在传递系统中的渗漏。在政府以其他形式对贫困户尤其是特贫户提供技术和资金援助的前提下，取消计划价格物资供给制度对贫困人口将利大于弊。

贫困地区的耕地大多土壤瘠薄，在全国范围内只能算得上是边际土地。从理论上讲，如果政府资助土地肥沃的农业区进一步提高产量，而对贫困地区进行非农产业投资，也许能增加地区贸易的比较利益。可是贫困地区并不具备发展非农产业的优势。以强化自给自足小农经济的模式来缓解贫困人口的食品短缺问题，是政府在现存社会经济结构下不得不作出的选择。

增加非农就业的可能性

尽管贫困地区的非农经济起步维艰，为了增加贫困人口的就业和收入，中央政府还是通过设立贫困地区县办企业和乡镇企业贷款项目进行资助。在全国最贫困的120个县，1990年乡村企业的就业人数为农村劳动力的 4%。同年这一指标在全国范围内平均达到 22.1%①。可见依赖贫困地区的乡村企业解决就业问题几乎无异于杯水车薪。尤其不容乐观的是，大多数企业的产品成本高质量差，亏损严重，成为银行的欠款大户和吸纳财政补贴的无底洞。可以预见，随着市场经济的确立和全国统一市场的形成，这类企业难免要被竞争淘汰。不过，这一结局对贫困人口的直接影响并不严重。原因不仅在于它们提供的就业岗位本来就不多，而且还由于其雇员极少来自贫困户。作者在 1992 年的田野调研（field study）中注意到，这类官办企业优先招募的是与官员们有裙带关系的人。显然，无论是维持这类企业还是任其倒闭，损失最大的是政府财政和银行。这种由资源分配不当造成的浪费，最终当然危及贫困户获得贷款发展经济的机会，因为资金毕竟是稀缺的。

这并非意味着作者主张放弃发展贫困地区乡村企业，而是坦率指出推行投资体制和企业改革的必要性。沿用传统计划经济的模式在这里办企业，同样使它们面临大中型国有企业陷入的困境。贫困地区的非农产业尚处于起步阶段，如同一张白纸，更容易设计不同于传统模式的发展方案。一方面，现有的企业必须脱离政府的襁褓进入市场，改善经营管理在竞争中求生存；另一方面，政府应采取鼓励个人积极性的措施，刺激非公有企业的建立和发展。

实现这种设想，不仅需要资金，而且必须具备合格的技术和管理人才。问题是在市场化的过程中，这两种要素都不可遏止地向发达地区流去。据估计，1992 年通过股票、债券、彩票、集资、拆借等各种形式由欠发达省流向沿海发达地区的资金就有几百个亿。改革以前按照指令性计划分配到贫困县工作的专业人才目前已纷纷离去，有的县甚至只留下一两个 20 世纪 70 年代的大学毕业生②。要素向报酬率较高的地区流动，是市场配置资源的必然结果，非此

---

① The World Bank (1992) "China. Strategies for Reducing Poverty in the 1990s". Washington. D. C.

② 高鸿宾：《在全国扶贫办主任会议上的讲话》，1993 年 4 月 21 日。

就谈不上提高效率。因此，若无政府干预，不能设想要素会逆这股潮流而动。

政府调拨扶贫资金首先不是为了追求效率，而是将其作为维持社会公平的手段和对市场盲区的校正。在完全的计划经济中，资金一旦进入某地区便不可能流出去。可是目前的局部市场经济环境则给了银行将资金转往发达地区的机会，以及赚取贴息贷款所含资金差价之便[①]。所以，市场化带来的资金流动使贫困户更难获得需要的贷款，却使当地的金融机构受益。对此，除了设置独立机构监督银行的行为之外，鼓励农民建立合作金融组织，加强与银行的谈判地位，也不失为一种保护贫困人口利益的选择。

依据贫困地区企业的发展前景和稀缺要素的流向可以判断，在今后相当长的一段时期内，贫困人口增加就业和收入的一条重要途径仍将是劳动力向经济增长较快的地区流动。这与世界银行专家组对中国贫困地区就业问题的考察结论是一致的。可是，寻找就业的人们并非都能获得工作岗位。城市和发达地区能够提供的就业机会甚至远不足以吸收正在迁移的劳动力。今后10年，全国需要就业的劳动力总量为2.8亿人，其中城镇6800万人，乡村2.1亿人。1992年全国农村剩余劳动力总计8000万左右，目前每年约有1000万人出外寻找就业机会，其中得不到工作者占20%—30%。仅从百分比来看数字并不惊人，可是如果考虑绝对数，就会发现这些流动着却找不到就业机会的劳动者相当于一个欧洲大城市的人口。还值得注意的是，发达地区乡村企业吸收外来劳动力仍受村社壁垒的限制。企业的村社所有制自动产生对永久迁移者的排斥，因为一旦外来的就业者变成村民，就有权分享村社的资产报酬。在这种背景下，那些在国内竞争中站稳了脚跟的乡村企业开始趋向于用资本密集型技术替代劳动密集型技术，从而使新增投资可以创造的就业机会逐步递减。

---

① 刘远九、邱放杰：《机遇挑战与对策》，《开发与致富》1993年第6期。

除了劳动力需求的限制外，作为供给一方的贫困地区劳动力还因文化和体质较差而缺乏竞争力。现在的迁移者中绝大多数来自中等发达省，他们已成为非熟练劳动力市场中强有力的竞争者。这意味着贫困地区的劳动力必然在竞争中失败。作者 1992 年对山东临朐县、宁夏西吉县和四川旺苍县的抽样调查统计表明，出外经商工作或做工的人大约占劳动者总数的 20%，他们多为文化程度较高的劳动者。可见，尽管依靠劳动力流动增加贫困人口就业和收入的前景不容乐观，如果增加对人力资源的投资，也有可能使他们赢得更多的机会。

乡村社会服务

提到人力资源投资，这里将集中讨论与此密切相关的教育和卫生部门在市场化过程发生的变迁，因为它们提供的服务与食品保障一起对贫困人口的生存和发展起着决定性作用。国内外已有众多的研究证明，教育和医疗卫生服务的改善有助于控制人口增长、减轻环境压力，从而最终缓解和消除贫困[1]。为了便于叙述，作者用一幅简单的示意图说明当今中国贫困人口的经济活动与食品生产、卫生保健和教育部门的关系（见图 1）。其实，本文的讨论也正是沿着图 1 体现的逻辑展开的。

作者在此要强调的是 20 世纪 80 年代以来农村卫生医疗和教育的衰落及其严重后果。国外一些学者比较中国经济改革前后的人均预期寿命、5 岁以下的儿童死亡率、农村人口与医务人员的比率和文盲率等项指标，认为产生了社会服务倒退的现象。无论他们的结论正确与否，对市场导向的中国经济改革都不啻是敲了一声警钟。世界银行专家组在有关中国贫困地区的考察报告中，对最近 10 多

---

[1] Getubig, I. P. and Shams. M. K. (1991) "Improving the Design. Management and Implementation of Poverty Alleviation Programmes", Asian and Pacific Development Centre. Kuala Lumpur.

年来社会服务领域的变化进行了广泛的讨论，提出了更接近于现实的判断：20世纪80年代社会服务有实质性改善，但从中受益最大的是城市居民和农村的中—高收入组人口。绝对贫困者中间的高文盲率和营养健康不良的状况，与70年代末大致相似。这意味着不仅在收入方面城乡之间、地区之间和个人之间的差距正在拉大，在社会服务领域里情形也是如此。

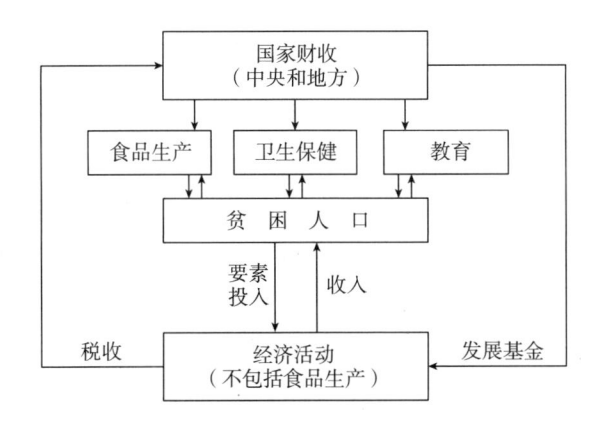

```
                    ┌─────────────┐
                    │   国家财收   │
            ┌──────→│ （中央和地方）│──────┐
            │       └─────────────┘      │
            │         ↓    ↓    ↓         │
            │    ┌──────┐┌──────┐┌──────┐ │
            │    │食品生产││卫生保健││ 教育 │ │
            │    └──────┘└──────┘└──────┘ │
            │         ↓    ↓    ↓         │
            │       ┌─────────────┐      │
            │       │  贫困人口    │      │
            │       └─────────────┘      │
            │         要素↓  ↑收入         │
            │           投入              │
            │  税收  ┌─────────────┐ 发展基金│
            └───────│  经济活动    │←──────┘
                    │（不包括食品生产）│
                    └─────────────┘
```

图 1　贫困人口的人力资源投资流程

教育对人力资源发展和整个国民经济增长的重要性，在决策层并非鲜为人知。近年来的全国人民代表大会上，总不乏有识之士为增加教育投资奔走呼号。从国家统计公布的数据来看，国家的教育支出额一直逐年扩大。可是，教育支出占国家财政支出的比率变化则形成一个倒U形。1980—1988年，这个比率从12%逐渐上升至16.4%。到1992年，它又降至20世纪80年代初的水平。可是投资的增加，并不必然导致全民受教育程度的提高。目前，我国有近2亿文盲，全世界每4个文盲中，就有一个是中国人。1980—1988年，全国中小学流失生达3700多万名。辍学事件绝大多数发生在农村，在每年400多万名流失生中，有1/4的学生是由于家庭贫困而辍学的。在作者的抽样调查中，7—15岁年龄组的文盲率达

25.7%，比 15—45 岁年龄组的文盲率（24.4%）还高 1.3 个百分点，证实了近年来贫困地区儿童失学现象加剧的问题。虽然从 1989 年以来，中国青少年发展基金会实施的"希望工程"每年资助贫困地区失学少年 10 万名，却终究难以解决其余近百万贫困儿童失去受教育机会的问题。①

教育投资增加和乡村教育状况恶化这一强烈反差产生的原因十分复杂。首先，它是"城市偏向"在教育领域的反映，表明投资在城乡之间、高等教育和初等教育之间分配不均。其次，财政体制改革以后，主要由地方政府承担当地的教育支出。在那些财政入不敷出的省和县，乡村教育经费严重不足，危及学校的正常运转，拖欠教师工资和校舍危房得不到改造的现象比比皆是。因此，不仅难以保持应有的教学质量，连教师队伍也难以稳定。在市场提供了其他报酬较高的就业机会的情况下，教师的流失与学生辍学一样触目惊心，例如，1992 年全国转行的教师大约有 45 万人②。再次，现有的农村教育仍以学院性导向的普通教育为主，缺少投资回收较快的职业教育。这样，除非子女有望考取高等学校。否则即使收入状况较好的农民家庭也倾向于让孩子早日参加劳动，而不愿资助他们接受普通中等教育。最后，贫困地区的儿童失学汇入文盲大军就是因为家贫而付不起学费，尽管那里的学校收费并不高，大约每个学生每学期 20—25 元，远远低于全国平均水平。这说明，近期内在贫困地区实行九年强制性义务教育几乎是不可能的。仅仅是为了达到"2000 年人人受教育"的目标，就需要政府为贫困儿童接受初等教育提供助学金，因为仅靠私人捐款是远远不够的。

公共卫生保健系统的变化与教育部门相似，在全国平均医疗服务水平提高的背景下，农村的服务未显示出实质性的改善。与乡村医疗保健服务的平均水平相比，贫困地区的状况更差。1989 年，

---

① 黄传会：《"希望工程"纪实》，《新华文摘》1993 年第 6 期。
② 《基础教育面临十年来最大困难》，《每周文摘》1993 年 10 月 27 日。

我国卫生部对 300 个贫困县医疗服务状况的调查表明，那里的婴儿死亡率平均为每 1000 人 68 例，产妇死亡率高达每 100000 人 202 例，分别比全国平均值高 50% 和 2 倍。产妇和婴儿的死亡多半是医疗护理不及时造成的，公共卫生事业开支的相对减少和农村合作医疗制度的衰落是解释这些现象的直接原因。

与教育系统不同，农村合作医疗与人民公社制度紧密地联系在一起。农业生产责任制虽然取代了公社组织生产的功能，却无法替代它管理和资助基层医疗保健事务的职能。在 20 世纪 80 年代生产制度发生变迁时，村小学仍保持着公共部门的性质，村级卫生室则成为最先实行个体经营的领域。基层卫生服务网络的"公共"性质减弱，代表它向政府索要资助的声音也必然变小。加之农民看病完全自费而贫困者往往难以支付，村级卫生服务质量的降低就成为大势所趋了。

此外，医药工业已经步入市场，而且由于垄断形成了药品的卖方市场，近年来药品价格成倍上涨，加剧了农民的就医困难。据调查，农民患者因无力支付医药费有 20% 不能及时就诊，68% 应住院治疗而不能住院[①]。

就整个医疗系统而言，由于卫生经费制度的改革，其资金来源中服务收费所占的份额增大，政府拨款额虽然逐年有所增加，但是占国家财政支出的比率则呈下降趋势：1982 年为 3.27%，1986 年降至 2.27%，1990 年和 1991 年进一步减少到 2.35% 和 2.27%。[②] 受此影响最大的是农村公共卫生、妇婴保健和防疫机构。经费不足使它们运转艰难，降低了应有的工作效率，结果有些已经控制的传染病和地方病重新猖獗起来。为此，从 1991 年起卫生部开始在全国范围内组织实施乡卫生院、县防疫站和妇幼保健站的改造项目。投资形式依然是多方参与制，贫困地区财政困难，因而有些县便将

---

① 冯同强、冯兆棣：《医疗服务面对市场经济的困惑》，《中国卫生经济》1993 年第 8 期。

② 同上。

以工代赈投资引入这一领域以解燃眉之急。

上述乡村教育和卫生保健领域出现的问题，既不能简单地归结为改革的失误，也不完全是市场化的结果，而是由多方面的因素共同促成的：

第一，这两个部门的资源配置在经济改革之前就存在着"城市偏向"。在改革中，由于乡村原有的社会组织被取消而新的秩序尚未建立健全，与城市竞争公共资源的力量大为减弱，这种偏向不仅没有得到纠正，反而有所加剧。例如公费医疗原本即为部分城市人口（全民所有制企事业就业者）的特权，占全国人口大多数的农民及其家庭则没有享受这份福利的途径。与农村基层医疗保健方面的公共开支随着合作医疗制度的衰落而锐减的情况不同，国家用于公费医疗的支出随着服务价格的上涨而增大，因为这一领域本质上还保持着改革前的制度。目前国家每年用于公费医疗的经费达40亿元，大约占国家财政卫生经费支出的1/4，而享受公费医疗的人数还不到1亿，即不足全国人口的1/11。可见资源的分配是怎样的不均等。

第二，中国经济至今在某种程度上依然如同一架由政府开动的机器，决策者的偏好有时能够左右资源配置的格局。20世纪80年代以来，政府决策层追求高速经济增长的倾向，促使公共投资更多地流向直接生产领域，周期性的投资过热和基本建设规模过大便是这种倾向的体现。与生产投资不同，教育和卫生保健等社会服务部门的投资效益往往不可能立即得以显示，它们对增长的贡献是在长期的经济发展中间接地表现出来的。当各级政府都把注意力集中到眼前的高速度时，社会服务在资源分配序列中就自然挤到末位。在扶贫计划中，资源配置的格局也是如此。因此可以认为，政府的决策偏好是导致大多数乡村和贫困地区教育和卫生保健服务不景气的一个重要原因。

第三，市场的神话或多或少地引导了教育和卫生制度的改革，教育和卫生服务的商品性质得到突出强调，这两个部门日益趋向于依赖提高收费来解决经费不足的困难。贫困地区的人口支付能力低下，教育和卫生服务供给因而随之萎缩。可以预见，如果政府不加干预，贫困人口的社会服务条件还将恶化。

这里的讨论并不意味着在公共服务领域应当排斥私人供给者和市场竞争，而是表明经济改革中社会服务的改善远远落后于经济的增长，这个领域里的制度建设还十分薄弱，因而未能保障社会中脆弱人群特别是贫困人口中妇女和儿童对服务的基本需求。消除绝对贫困的目标不仅包括食品保障，还应该把覆盖贫困人口的初等教育和卫生保健服务作为同等重要的内容，因为后者正是使这一人群脱贫之后不再返贫的保证。有鉴于此，在教育和卫生保健投资方面中央政府也必须实行向贫困地区倾斜的政策。

其实，即使是在一些实行市场经济的欧美发达国家，也没有任凭市场来调节教育和卫生保健，而是建立"双轨制"或"三轨制"来满足不同收入集团的需求。例如英国，学校和医院都有私立和公立之分。不同供给者的存在，有利于通过竞争改善服务质量。但正是公立机构为低收入阶层获得最基本的服务提供了保障。在许多国家，仅就医疗服务的收费制度而言，最高收入层往往完全自费，公费医疗只提供给脆弱人群，余者则由社会医疗保险制度（部分自费）覆盖。尽管对这类制度也不乏各种各样的批评，然而与我国目前这种穷人反而多付钱的状况相比，毕竟是一种较为合理和可行的制度安排。况且，在各级政府财政普遍困难而贫困人口数量众多的情况下，对通过扶贫计划所能保障的服务水平提出过高的预期，也只能是空想。

扶贫计划的宏观经济限制

对贫困人口的基本需求保障、就业和收入前景的分析表明，为了摆脱贫困，他们不仅需要发展援助，而且急需一张安全网（即包括救济、保险和福利在内的社会保障制度）来抵御市场化产生的各种冲击。稳定持续的经济增长与社会保障的均匀分配相结合，可以说是一种理想的发展状态。然而无论是进行制度建设，还是提供发展援助，都需要大量资金。这就不得不考虑宏观经济尤其是国家财政的限制，因为扶贫始终都将是一种公共行动，而且主要由公共资源来支持。

从 1985 年到现在，中国的绝对贫困人口已从 1.25 亿降到 8000 万。尚未脱贫的人主要居住在自然条件最恶劣和资源最贫乏的地区，消除这里的贫困还需要持久的公共行动。在以往的 8 年里，每年投入贫困地区的优惠贷款、财政拨款和中央各职能部门的扶贫资金，估计在 100 亿元左右。这些资金主要是经济援助，而为了改善社会服务还必须增加投入。世界银行专家组估算，至少需要每年花费 20 亿元，才有可能通过实施教育和卫生专项计划使 1500 万贫困儿童完成 6 年初等教育，并将母婴死亡率降低 1/3。需要投放的扶贫资金密度之高，由此可略见一斑。

然而就目前的宏观经济形势和国家财政状况来看，继续增加扶贫资金的可能性极为有限。历经 1989—1991 年的经济紧缩时期以后，新一轮追求高速增长的热潮使国家财政重新陷入困难的境地。1992 年，中央财政赤字达 200 多亿元。地方财政预算在编制时是平衡的，可是在执行过程中竟然出现赤字 300 多亿元。根据以往的经验判断，如果没有新的制度改革措施出台，这种状况就不可能从根本上得到扭转。

造成财政赤字的首要原因，就是政府驱动的投资过热。分散化的财政体制改革削弱了中央财政的宏观调控能力，却没有改变各级政府承当投资主体的状况。对于不承担投资风险却能从投资成功中获得利益的官员而言，地方政府权限扩大便从制度方面强化了这种投资冲动。由于现有企业已自成运转体系，负责投资的官员们一般对企业的改造和创新兴趣不大，而热衷于上新项目。仅以 1992 年为例，不少地方政府的基建支出都以 30% 以上的比率增长。由此而导致的资金紧缺和通货膨胀压力，每个中国百姓都有切身体会。

造成财政紧张的第二大类支出是补贴。1990年，补贴占国家财政支出的份额已将近1/3。补贴项目中价格补贴约占40%，主要用于补偿部分城市居民在生活必需品涨价中受到的损失，它可以视为一笔政策支出，即政府为了减轻价格改革的阻力而支付的费用。补贴的大头是企业亏损补贴。产生这类支出的背景是大约有2/3的国有企业都属于亏损之列，政府作为国家的代表扮演着企业所有者的角色，因而承担起维持它们生存的责任。

与此相关联的问题是国家财政来源衰竭。既然大部分国有企业效率不高，就不可能为国家财政提供丰裕的收入。非国有企业尚处于新生阶段，还没有成为支撑国家财政的主要力量。国家财政来源于非国有企业的收入大约只相当于国有企业的1/3。进一步讲，由于税收制度不严密，还有大量国家收入流失。这从国家财政的一些主要收入项目与税源逆向增长的现象中可以看出来，1993年1—5月，集体企业销售产值增长55.6%，而交纳的所得税下降10.7%；国有工业企业利润增长1.9倍，但盈利企业上交的所得税、调节税和利润下降30.1%。面临如此严峻的财政困难，长期性的对策将是产权、投资、金融、财税、企业和价格制度的全面改革，而政府能够立即采取的措施便是开源节流。那些关乎社会稳定的支出是难以削减的，例如国防、治安和政权建设支出；还有一些直接触及国民个人利益支出，例如补贴，也不可能迅速缩减甚至取消。那么，在财政资源分配中谈判地位较弱的社会服务（包括教育、卫生和科技）领域，就可能在紧缩中首当其冲，在这一背景下，对改善贫困地区社会服务的预期就不能不打上折扣。

即使保持现有的扶贫资金投放密度，也必须预见到贫困人口还有可能增加。首先，新增的贫困将会是与企业制度、就业和工资制度改革相关联的城市贫困。国家财政被国有企业补贴压得不堪重负，把企业推向市场已是大势所趋。如果由市场来选择，那些低效率的亏损企业终将破产，这将不可避免地产生数百万失业人口。即令配备了失业保险制度，也总会有些家庭落在贫困线以下。其次，新增的贫困中还可能出现以财产分配不均为基础的阶层贫困。既然在市场化过程中已有多种财产所有权形式出现，既然资产收入以日益增大的规模进入个人收入分配领域，阶层贫困就有它产生的必然性。因此，体制转换时期的贫困将不再仅仅局限于乡村，未来的反贫困计划还必须包括城市部分。

以上讨论表明，推行反贫困计划与改善宏观经济环境密不可分。后者的实现不仅为前者提供资金筹措的保障，而且最终将有助于贫困率的降低。可是后一过程本身意味着变局部改革为全面改革，在操作中不仅可能导致贫困率的提高，而且由于扩大改革范围所产生的新增财政需求还将加剧对反贫困资金供给的限制。例如，若要把国有企业推向市场，就必须辅之以与市场经济相适应的社会保障体系，而这个体系的建立便需要以强大的财政投入为基础。

尽管推行全面改革和减少贫困是一种两难境地，然而为了从根本上消除贫困就不得不作出继续推进改革的选择。在这一前提下，中国的贫困问题不可能是几年内就能够解决的事情，反贫困必将成为一种跨世纪的、持久的公共行动。

（原载《管理世界》1994 年第 3 期）

制度安排在扶贫计划实施中的作用

——云南少数民族地区扶贫攻坚战考察

扶贫行动不仅由资金和物资援助组成,而且还包括文教、卫生和科技等诸方面的综合投入,这在我国决策层、实际操作部门和学者之间均已达成共识。然而欲使援助有效地传递到扶贫计划的目标人群,还需要辅之以适当的制度安排,即进行制度的基础设施建设。这一点,国际社会已有广泛讨论,但在我国扶贫领域尚未引起充分的关注。依笔者之见,正是这种疏忽阻碍着目前扶贫效率的改善,故而拟通过对云南少数民族地区扶贫攻坚战的个案研究,概述信贷项目和基础设施建设中的制度安排,分析目前存在的主要问题,探寻进行制度创新从而改善扶贫手段的途径。

一 云南的贫困人口

任何扶贫计划的制订,都必须以明了贫困产生的原因、贫困人口的分布及特征为前提。随着体制转型过程带来的社会变动,目前我国既出现了与经济结构调整,企业制度、就业和工资制度改革相关联的城市贫困,又产生了以财产分配不均为基础的阶层贫困,还不乏由市场竞争导致的失败者的贫困,同时依然存在着因生态环境恶劣造成的地区性贫困。迄今为止的扶贫计划尚未包容除地区性贫困之外的其他类型,以下讨论因而亦局限在计划所指的目标人群。

提起云南的贫困,人们大概就会想到一些学者所刻画的"富饶的贫困"(王小强、白南风,1987)。其实,那多半是10多年前占全省面积不到6%的山间盆地的情景。在云南省39.4万平方公里的土地上，94%的地域由绵延起伏的大山和高原组成，这里的扶贫工程因资源贫瘠、交通不便和贫困人群居住环境封闭而异常艰巨。据统计，云南省的人口尚不足全国的3.3%，它的农村贫困人口却几乎占全国的10%，达700万人之多（以年人均纯收入不足300元为贫困标准）。这其中，70%以上为少数民族同胞（云南省以工代赈办公室，1995）。"七五"以来，中央和云南省政府以每年对每个贫困县直接投入1000多万元扶贫资金和实物的援助密度，支持贫困地区基础设施和社会服务的改善以及食品短缺问题的缓解，已使500万人迈出了贫困门槛（和志强，1994）。现在的700万贫困人口中有一部分当属社会救济范围，例如五保户、身体严重残疾或因遗传病、地方病而智力不健全的人。据南润、洱源和武定县计委的同志估计，这些失去正常劳动能力的人群大约占现有贫困人口总数的1/4。扶贫计划实质上是以具备正常劳动能力的人口为目标人群的，他们正如"八七扶贫攻坚计划"所描述的那样，绝大部分居住在深山区、石山区和高寒山区。曾有国际友人对这几个关于山区的词汇所表达的内涵发生疑问，以为它们指的是相同的意思，即高山和深谷。云南的例子恰好能够对此给予直观的注解。笔者所见到的深山区不仅交通不便，往往还缺少农业生产所必不可少的水源；石山区，尤其是岩溶地区土壤瘠薄，农民只能利用石头缝隙里的一抔抔黄土种庄稼；高寒山区的耕地不仅坡度陡峭、水土流失严重，而且因热量不足复种指数低而产出少。虽然每一类山区都可能同时具备另一类山区的某些特点，而且也许不只缺少一种生产条件，但"八七扶贫攻坚计划"提出的类别概念，至少是突出强调了它们各自与食品生产相关联的主要缺陷。山区贫困人口为获得食品保障所要解决的关键性难题依其居住的区位有别而大不相同，因而必须针对不同的人群制订有区别的扶贫计划。

二　发展计划与扶贫项目

如前所述，我国迄今为止的反贫困政策，基本上是围绕着缓解和消除地区性的乡村贫困这一目标设计的，公共援助的传递机制因而也一直采取区域瞄准方式（朱玲，1993）。这种方式的特点在于操作简便，确定重点扶持的贫困县以后，便可将财力物力集中投向列入名单的县域。然而即使不考虑城市和非贫困乡村地区，贫困县里也有非贫困、一般贫困和最贫困人群之分，一些设在贫困县的扶贫项目，也许对地区发展有利，却未必能使贫困人群直接受益。因此，区域瞄准机制还需要个人瞄准方式来补充，以便把援助便捷、及时、准确地传递到贫困人群手中，有效地防止传递过程中的"渗漏"。其实，这也是国际发展援助组织和众多发展中国家扶贫计划决策集团共同关心的一个主题。可是，"扶贫"这一概念在我国往往包含两个含义：其一，扶持贫困地区改变落后面貌；其二，帮助贫困人口获得食品保障，即解决温饱问题。根据国际社会通行的理解，前者显然属于地区发展的范畴，后者表达的才是扶贫概念的本义。目前的概念混淆不仅在理论上引起"富民"还是"富县"孰先孰后之争，而且在国际交流中给中国官员与外国同行的对话造成困难，因为中国人常常把发展计划当作扶贫项目提请资助，使评审专家困惑莫名。更重要的是，在实践中这种混淆还导致扶贫项目偏离预定的目标人群，也就是说使项目资源流向非贫困人群。发展项目虽然有助于减少贫困，但并不一定确保以扶贫为目的的资源直接用于贫困人群。可以肯定，发展计划与扶贫项目二者缺一不可。其根本原因在于，为了缩小地区差别以维护国家的统一，中央政府仍将运用区域瞄准机制向贫困县提供援助，那就不可能将非贫困者排除在受益范围之外。为了满足低收入人群的基本需求以保持社会稳定，那就有必要采取个人瞄准机制，救援最贫穷的人群。有鉴于此，笔者留意在田野调研中分别从地区发展和缓解贫困的角度考察云南扶贫项目，以下也将基于上述概念区分对观察所得展开讨论。

1. 以工代赈项目

在诸多扶贫手段中，以工代赈是最为巧妙地将地区发展和扶贫目标相结合的一个。项目的实施既为贫困人口直接提供短期就业机会从而增加他们的收入，又有效地改善基础设施，为当地的经济增长创造必要的条件。20 世纪 90 年代以来，云南平均每个贫困县每年获得的以工代赈投资，至少占其全部扶贫资源的 50%。现在的以工代赈项目，除了仍然包括原有的乡村道路和人畜饮水工程以外，还拓展到农田水利基本建设、造林、人工草场培育、电话线路架设、农村卫生站房屋更新、乡村小学危房改造、供销社网点水毁修复等领域，成为各贫困县影响最大的公共工程。只是项目所具有的"赈济"色彩越来越淡薄，资源被用作纯基本建设投资的倾向则越来越鲜明，因为某些财政困难的贫困县配套资金不足，便挪用应作为劳动报酬发给农民的代赈券购买工程材料。据估计，1994年工程参加者便因此而减少代赈报酬 3000 万元左右（云南省以工代赈办公室，1995）。对于贫困人群来说，倘若在参与以工代赈工程期间牺牲了其他增加收入的机会，那么以无酬方式参与工程反倒使他们在此期间更加贫困。

不过，在以工代赈形式下进行的农田基本建设和人畜饮水工程，虽然没有直接赋予贫困人群现金报酬，却增加了他们的家庭资产，并因而为之带来稳定的收入增长。这一类项目在以南涧彝族自治县为代表的亚热带山区效益最为显著。南涧县地处横断山脉纵谷区，在境内海拔 1000—2000 米的地带，种植业生产所需要的光、热、水、土等自然因素样样俱全。问题首先是坡地不易涵水、蓄肥、保土；其次在于此地不具备灌溉条件，而全年降雨量虽然平均达到 700 多毫米，却季节分布不均，70% 以上的降雨集中在 7—10 月，冬春和初夏的干旱不仅影响玉米、烤烟的栽种和出苗，而且造成严重的人畜饮水困难。这几个难题通过以工代赈项目的实施一并获得解决：第一，当地项目组织机构（县农业建设办公室）将雷管、炸药无偿发给项目区的农户，在统一规划下由农民将坡地改为梯田（在那些土层极薄的高寒山区，基本农田建设项目多半不经济。在那里，若将25度以上的坡地退耕还林，村民们几乎就都沦为无地农民；而实行坡改梯工程，则成本巨大却效益不高，还有可能进一步破坏生态环境。所以此类地域贫困人群的出路在于劳动力转移）。第二，推广良种和适用技术（例如农业部倡导的杂交玉米地膜栽培技术），调整作物结构，进行合理轮作。第三，组织农民修建小水窖，每个小水窖补贴价值500元左右的钢筋水泥（农户自筹1500元）。利用雨季一个小水窖可储水20立方米，浇地3—5亩（每棵玉米或烟苗用水1公斤）。每个农户一般至少修建两个水窖，一为饮用，另一为浇地。

　　这样将山区基本农田建设、微型水利工程建设与农业科技推广措施相结合，既解决了人畜饮水困难，又把旱作节水方式引入了深山区的种植业，使粮食亩产平均提高100多公斤。这其中，小水窖工程可谓扶贫行动中的一种技术创新。首先，它在技术设计上比作者在其他省（区）所看到的更为合理：用钢筋混凝土灌注成椭圆柱形，水泥抹壁，上覆窖盖，结构坚固，使用安全，节约材料。其次，小水窖也许是云南山区效率最高的水利工程。南涧县一个包括1万亩旱地的项目区，投资88万元于小水窖工程（不包括农户投资投劳）便解决了灌溉问题。倘若在同一项目区修建一个小型水库，至少需要上百万元。此外，还需要砌筑几十公里的引水渠。加之深山区地块零散，要将水流引到地里必得耗时费工建支渠。进一步讲，水库的管理与农户分别维护各自的小水窖相比，成本显然要高得多。最后，云南73个贫困县里目前还有367万人和257万头大牲畜饮水困难。在高寒缺水山区，小水窖即使不一定成为显著的增产措施，至少也可以迅速消除当地人民的季节性缺水之苦。可是，小水窖正因其微小而且散播在千家万户成为农民的资产而难以列入正规水利基本建设投资计划，这不能不说是一个很大的遗憾。因为如果仅仅依靠以工代赈项目投资，数万山区农户到20世纪末还依然得不到安全饮水。

还值得一提的是，以工代赈农田水利基本建设项目的筹资方式与20世纪80年代的路桥工程相比更趋多样化。除了中央、省、州、县配套投资和农户集资投劳外，还使用了专项扶贫贴息贷款，由项目执行机构县农建办（农业建设办公室）承贷并负责偿还。贷款用于落实科技推广措施，即转贷给项目区农户购买地膜、良种和化肥等投入品。只要不遇灾害，绝大多数农户都能按期还贷。尤其是在那些适于种烤烟的地域，农户往往在改土造地、修建水窖之后，收获一季烤烟便可清偿债务（种植烤烟毛利润：1700—2000元/亩）。

以工代赈项目的实施方式，采用的是政府组织公共工程的常规手段，项目执行期间更多的是由公共部门与百姓打交道。与其他发展中国家类似的项目相比，它在中国这样一个有着强政府传统的国度尤其显示出较高的组织效率。以此为前提，项目资源配置和使用亦显示出较为合理的成本—效益关系，微型水利项目的运作便是明证。

2. 信贷扶贫

与公共工程相比，以信贷手段扶贫事情就复杂得多了，因为这不仅要借助于金融媒介操作，而且还关系到借款者的经营状况和信用意识等诸多因素。在向市场经济转轨的过程中，几乎所有的银行和信用社都经历了因借款者拖欠而沉淀大量呆滞、呆账贷款的教训，相当一部分金融组织至今仍然承受着不良资产的巨大压力。于是在承担扶贫信贷业务的过程中金融机构就面临着一个两难的选择：既要把钱借给贫困人群，又要保证回收贷款，10多年来几经周折，目前似乎采取了一种两全其美的办法，那就是贷款给企事业机构，由它们承担扶贫任务。结果是农户被排除在直接贷款对象之外，具有借款资格者包容了贫困县绝大部分企业和职能部门（吴国栋，1994）。相对于农户信贷业务，金融机构贷款给企业和机构至少可以降低交易费用，县政府则既能通过企业的发展增加财政收入，又可以帮助下属机构维持运转。这样看来可以皆大欢喜了。可是，此类制度安排带来的第一个问题在于，企事业机构申请的项目多在贫困县内自然经济环境相对优越的地方实施，扶贫贷款因而基本上投到了路边、城边和工厂边这些"相对富裕点"，受益者并不一定是贫困户。如果考虑到借款者本身亦享受了贷款所包含的福利（贴息），得益于专项贷款者就包括承贷单位及其个人、参与项目的非贫困户和贫困户。第二个问题在于，借款者资格的变化，表明关于贷款用途的种种规定弹性变大，由此而引发出县政府与金融机构（主要是县农行）的冲突日益尖锐。前者从增强地区经济实力、增加财政收入和解决农民温饱问题、降低贫困率的全局角度立项，后者以金融机构保障信贷资金安全、流动和盈利的眼光遴选。不少项目经银行评估最终被否决，这就引起县政府的强烈不满。加之如今借款必须办理抵押或担保手续，更使原本习惯于将银行视为财政部门钱柜的县乡领导们怨声载道。以至于已通过银行批准的项目，大多数执行机构对专项贴息贷款到位迟缓、使用期限短亦颇有微词。论及扶贫信贷的使用效果，根据省扶贫办的统计，1986—1994年全省累计发放扶贫贷款 12.68 亿元，到期贷款回收率将近 60%，而省农业发展银行的计算结果，则比这一数据低了十多个百分点。不过，无论采用哪一家的信息，都可以确认一点，那就是扶贫贷款的回收问题不容乐观。

依笔者之见，尽管信贷扶贫项目也不乏成功的范例，其运行中一个关键性的弊病，就在于从贷款的分配、申请到发放的全过程都是政府、银行和企业的活动。贫困人群既不能参与决策，贫困户也没有资格直接申请贷款。现行的制度设计显然将贫困人群置于不可能主动利用正规金融市场的地位。贷款项目执行过程中，非贫困者与贫困人群一起受益；项目一旦结束，那些没有学会利用信贷服务独立从事投资决策的农民，将仍会是市场经济下需要救援的贫困人群。笔者在楚雄彝族自治州武定县高寒山区走访的特困户的农民几乎不发生借贷行为，因为无论是正规信贷机构还是其亲朋好友都清楚他们不具备偿还能力。其他贫困人群则主要依赖非正规信贷，因为信用社为确保贷款安全，一般要求以存单抵押或担保，贫困人群往往无所抵押，结交的穷朋友也无以担保，故而越是需要贷款的人越借不到钱。即使是在相对富裕的乡村，农户也很少利用正规信贷。例如西双版纳傣族自治州景洪县嘎栋乡曼回索村，家家户户发展多种经营，或养猪种菜，或种西瓜栽橡胶，或开作坊，年人均纯收入已超过 1000 元，却无论是生产投资还是消费急用，都靠各自的社会关系网借贷，在信用社只存款不借钱。主要原因是农民认为信用社手续麻烦，借款一次既要抵押存单或找担保，又要提交申请找村干部签字、到村委会盖章，还要到乡信用社跑几趟。用经济学术语来表述，那就是农民认为正规信贷交易成本太高。从嘎栋乡信用社营业人员那里笔者还了解到，1995 年信用社存款余额 630 万元，贷款余额 190 万元，贷款对象以个体商业户为主。这意味着大多数非贫困户也未被纳入正规信贷服务体系。可见，少数民族地区乡村一般信贷服务与扶贫信贷操作一样，需要进行制度性改善。

3. 减灾扶贫组织

可以肯定，从 1995 年 10 月下旬到 1996 年 2 月武定和丽江地区的两次大地震，已使全国人民都意识到，云南的贫困往往还与频繁的自然灾害相联系。即使是非贫困户，一遇天灾便陷入贫困；而那些走出贫困的家庭，每逢灾害打击便重返贫困。除地震外，云南的山区屡屡遭受旱灾、风灾、冰雹、山洪和泥石流袭击，抗灾减灾行动与扶贫计划的实施因而有着千丝万缕的联系。以工代赈显然是救灾行动中的传统手段，如今依然不失为援助灾民重建家园的有效措施。不过，政府的公共开支则是救灾行动的主要经费来源。这笔经费平均每人每年大约一元钱，远远不能满足救灾行动的需要。于是在 20 世纪 80 年代末期民政部门便拨款扶持农民成立互助储粮储金会（以下简称双储会），试图动员民间社会补充政府的公共行动，逢灾抗灾，无灾扶贫。这无疑是一种有益的制度创新。然而由于此类组织的外部环境及内部制度安排存在着种种不合理之处，它们中间的大多数都运行不力。以大理白族自治州洱源县为例，1987 年全县 12 个乡（镇）都成立了双储会，如今只有两个非贫困乡

(镇)的组织运转正常。

首先,所有的双储会都没有营业执照,不能像金融组织一样经营存贷业务。因此,甚至在定义自己的债权债务关系时都尽量避免"存款""贷款"和"利息"这些概念。为了体现与金融组织的差别,双储会将贷款利率压低到法定利率之下。为此,它们就不得不确定更低的储蓄利率,这就很难吸收高于其会员资格最低限的储蓄额。洱源玉湖镇鹅墩村成立双储会时,以农户为会员,按人头集股份,每股5元人民币或4公斤粮食,每户入股钱、粮总共20—30元,全村223户人家聚集资本不足7000元。自粮食市场放开后,粮价上扬储粮不如卖粮合算,双储会的粮食均已出售,该组织变成了储金会。其账目由乡民政员管理,储金以活期存款形式放在乡信用社,月息在3‰左右;贷款利率定为7.2‰。到如今,该组织的储金规模不曾扩大(如果考虑通货膨胀因素,它甚至还有些许缩小),抗灾扶贫的作用也就极为有限。到目前为止,借款户才有20多家,还不到全村总户数的10%。其次,存、贷利率之间的差额微小,不足以弥补储金会的日常运转费用,也难以支付管理人员的劳动报酬,自然削弱了他们拓展业务的积极性。最后,双储会既缺乏储蓄动员机制,也不具备强有力的违约惩治手段。因此,不少呆滞贷款或其他风险导致大多数组织日渐萧条。尽管如此,它毕竟是贫困地区成长起来的新生事物,表明少数民族同胞可以组织起来利用金融工具解难济困。如果允许它有一定的浮动利率权限,并将其置于金融监管之下,目前的情形也许就会换一个天地。

三　结束语

从以上讨论可以看出,我国扶贫计划实施中的制度安排大有值得改进之处。这不仅指政策法规的修订,而且还包括执行机构和组织的调整。改善的目标,应该是通过适当的制度安排保障扶贫计划设定的目标人群的权益,即尽可能地杜绝渗漏,使贫困人群直接受益。当前绝大多数国际发展组织都在从事"参与式"的扶贫项目试验。也就是说,广泛动员贫困人群主动参与设计和执行脱贫行动,信贷互助、生产或供销合作、妇女发展小组等即是与此相联系的组织。目前,云南省境内就有多种多样的国际合作扶贫项目。但是有相当一部分援助组织因强调其非官方色彩而没有(或者不愿意)得到政府系统的密切配合,许多项目设计本应对国内的扶贫政策提供参考,却由于难以进入大众传媒而鲜为人知,例如自助性小额信贷项目、参与式村社综合发展项目,等等。所以,国内扶贫机构有必要帮助它们走出这一误区,因为国际经验必须与中国的实际相结合才具有生命力。

就目前正在实施的反贫困措施而言,区分地区发展计划与扶贫项目至关重要。前者的受益范围可以包括非贫困、一般贫困和最贫困人群等整个计划区的全部人口;后者选择的援助目标应局限于贫困人群。以工代赈项目因其公共工程性质不可能排除非贫困人群受益,以扶贫为宗旨的信贷项目却应当把贫困户纳入直接贷款范围。这并非意味着笔者反对以优惠贷款支持贫困地区的开发项目或工商企业,而只是强调,应从现有的优惠贷款中至少划分出一定的份额,用于直接扶助贫困户。在这一领域,其他发展中国家(例如孟加拉国)的经验值得借鉴。为了解决既使贫困人群获得贷款,又能保证贷款安全的两难问题,类似自助性信贷小组的一些制度创新在许多国家应运而生。信贷小组活动于村社基层,交易成本低且包容了众多贫困户。小组内推行强制性储蓄并将此存入商业银行,同时以承担连带责任的方式申请贷款和还贷。关于农民信贷自助组织的利率如何确定的问题,一些乡村经济发展专家曾建议,应由每个组织自己确定它和会员之间从事存、贷交易的价格。利率至少应该足以弥补资金的运转费用和管理支出,还必须包括风险准备金和利润成分。银行与这些组织之间的资金使用价格,应采用市场利率,足以使银行弥补自己的费用、风险并获得利润(Kropp and Marx,etc. 1989)。这样,就把正规信贷与非正规信贷联结起来,扩大了正规信贷服务的范围。尤为令人振奋的事实是在严密的制度规范下,贫困人群不仅能够储蓄,而且可以在高于市场利率的条件下按时还贷,因为对于他们来说,最重要的是能否获得贷款,而补贴利率往往使非贫困人口率先得到好处,而且损害银行的健康运行(Zeller, Ahmed and Sharma, 1995)。笔者注意到,此类信贷小组的正常运行还有一个重要的前提,那就是小组成员必须从事能够获得现金收入的经济活动。这在我国商品生产相对发达的地区还不难办到,而对于那些依赖生存经济的贫困小农,例如云南资源贫瘠的高山、石山区里的贫困人群,几乎是不可能的事情。加之中国乡土社会特有的政治文化环境,一方面,从国外引进的非正规信贷组织的运行方式必须有所修正,才有可能正常操作(杜晓山、孙若梅和徐鲜梅,1995);另一方面,如果将中国农民自己的创造辅之于成功的国际经验,非正规信贷组织也许在乡村金融领域将会产生更加积极的作用。

针对少数民族制订的扶贫计划,更需要配合适宜于不同民族特点的制度建设。例如信贷扶贫,就需要将贫困人群组织起来,由知识人群坚持不懈地帮助他们学习信贷知识和获得现金收入的生产技能,寻找适合他们经营的生产领域进行投资。在文盲率较高的少数民族地区,信贷小组的培训不仅需要增加扫盲的内容,而且还应辅之以家政管理教育,不少已有的调研结果都已经提到,某些少数民族人群的文盲率至今高达70%左右,储蓄意识与合理消费习惯也尚未形成(中共云南省委农村政策研究室,1995)。这无疑显示出少数民族贫困人群脱贫的艰巨性,但并不意味着他们拒绝陌生事物。20世纪初曾有法国传教士在文盲率极高的少数民族地区传教,竟然留下了西方宗教的种子。这说明只要具备足够的勇气、耐心和吃苦精神,尊重少数民族固有的传统,是能够使他们改变原有的观念、习俗和生活生产方式的。新中国成立40多年以来培养的少数民族干部,足可以承担帮助贫困人群从事制度创新的角色。笔者相信,官方与非官方组织相配合、公共行动与个人积极性相补充,必将有益于集中和利用各方面资源,推进少数民族地区的扶贫事业。

(本报告主要基于 1996 年元月作者在云南省景洪、洱源、南涧和武定县的调研写成,调研中得到云南省计委以工代赈办公室、省民政厅和云南省委政研室的大力协助,大理白族自治州计委和民政局、西双版纳傣族自治州委政研室、4 个调研县的有关部门和调研农户也曾给予积极合作;本文由李月琴进行计算机文字处理。谨在此一并致谢)

参考文献

云南省以工代赈办公室:《呈报国家计委以工代赈交叉检查组的汇报提纲》,1995 年 7 月 27 日。

王小强、白南风:《富饶的贫困》,四川人民出版社 1987 年版。

和志强:实施综合开发扶贫工程加快经济社会发展步伐,《开发与致富》1994 年第 2 期。

朱玲:《论贫困地区以工代赈项目的受益者选择机制》,《经济研究》1993 年第 7 期。

中共云南省委农村政策研究室(1995):云南省农村固定观察点 1994 年调查材料汇编。

Zeller, M., A. I. Ahmed, and M. Sharma. (1995) Credit for the rural poor: Country case Bangladesh. International Food Policy Research Institute, Washington, D. C. Mimeo.

杜晓山、孙若梅、徐鲜梅:《格莱米银行模式和易县扶贫社》,《人力资源开发》1995 年第 4 期。

吴国栋:《中国反贫困信贷政策措施研究报告》(中国反贫困问题及对策国际讨论会论文)1994 年 12 月 4—7 日。

Kropp, E., and M. Marx, et al., (1989) Linking Self-help Groups and Banks io Developing Countries, TZ-Verlagsgesellschaft mbH, Rossdorf, Germany.

(原载《经济研究》1996 年第 4 期)

工业化城市化进程中的乡村减贫四十年[*]

一 引言

改革开放以来,中国在减少极端贫穷(即通常所说的绝对贫困)方面成绩斐然。2015 年 7 月,联合国驻华系统发布报告指出:"中国在落实千年发展目标上取得了前所未有的卓越成就,其中包括从 1990 年到 2011 年,帮助 4.39 亿人摆脱贫困,五岁以下儿童死亡率降低了三分之二,孕产妇死亡率降低了四分之三,将无法持续获得安全饮用水及基本卫生设施的人口比例降低了一半。"(联合国,2015)2016 年,世界银行的一篇政策研究报告提到,以每人每日收入/消费 1.90 美元为标准估算,中国的贫困发生率从 1981 年的 88%下降到 2012 年的不足 7%。该报告将这一惊人的进展,称为邓小平式改革的传奇(Gill et al., 2016)。2017 年,中国政府公布,最近 30 多年来,共有 7 亿多乡村贫困人口摆脱贫困,2017 年年底的贫困发生率下降到 3.1%[①]。

中国疆土辽阔,区域间社会经济自然条件和历史文化环境千差

---

[*] 合作者:何伟。本文是中国社会科学院学部委员资助项目"隐性城乡分隔对农村发展的影响"的阶段性成果之一。在写作过程中,作者受益于范小建、蔡昉、李实、陈少华、吴国宝、汪三贵、陈志钢、王小林、赵懂文、魏众、王震、王玉英和张佶烨所提供的文献,以及赵人伟、唐宗焜、蒋中一、韩朝华、杨春学和金成武的讨论,谨在一并致谢。

[①] 《2017 年末我国农村贫困人口减少到 3046 万人》,中国政府网,http://www.gov.cn/xinwen/2018-02/01/content_5262917.htm。

万别，加之以往四十年的分权化发展方式，各地政府和民众为摆脱贫穷所采取的行动，几乎囊括了世界上所有的减贫手段。而且，由于此间经历了从计划经济向市场经济的转型，从农业为主的国家向制造业大国的转型，中国在减贫中的经验和教训又独具特色。观察中国减贫历程的视角，也因此而多种多样。近两年的回顾和总结，多聚焦于2020年之前及此后的减贫战略，关注收入贫困线的调整和贫困标准所含维度的增加，分析贫困识别和瞄准机制的变化，并评估相应的政策实施效果。虽然，政策研究的结论几乎不约而同地指向城乡统筹扶贫，但工业化与城市化只是作为其中的前提或背景而着墨清淡（北京师范大学收入分配研究院课题组，2017；Chen et al.，2018；王小林，2018）。

《中国扶贫开发报告（2017）》曾专题讨论产业扶贫和就业扶贫，重点观察政府在推行"外部介入式全过程精准扶贫"的实践中，如何在贫困地区催生特色产业，以及怎样借助"扶贫车间"和省际"劳务协作"，促进贫困地区农业劳动力的转移（李培林等，2017）。不过，这些专题报告几近于忽略城市化进程和劳动力转移所牵涉的城乡关系。最近有关城乡、区域、行业和企业间劳动力转移的一项研究，重点置于揭示改革开放对阻碍要素流动的体制性藩篱的突破，带来了怎样的资源配置效率的提高，以及最终对经济增长的贡献上。至于其中的减贫效果，则多半存而不论（蔡昉，2018）。

还有一些研究，基于观察收入分配格局的视角，既阐明了劳动力流动的制度性障碍，又测定了贫困家庭劳动力转移的减贫效应。或许为研究目的和数据所限，分析的重点时段始自1988年，关注的焦点设在2012年以来的新动态，而非回顾和总结整个改革开放时期特定领域的变化及其动因（李实等，2017）。前述世界银行的报告回顾了将近四十年的中国改革和开放对于减贫的作用。但报告的重点并非是总结中国经验，而是将此案例视为1950—1970年形成的"东亚经验"在更大人口规模和更长历史时段的延续。在此基础上，进一步论证世行提出的"劳动密集型经济增长、人力资本投资和社会保障相结合"的减贫模式的有效性。对于中国经济发展中相关利益群体的行为，以及由此而导致的政策形成和实施后果，则略过不提（Gill et al., 2016）。

鉴于此，本文拟拾遗补阙，采取以下步骤勾勒叙述和分析框架。其一，循着改革开放的时序，追寻城乡分割制度被逐步破除的关节点。其二，以这些关节点为界，分阶段讨论对工业化城市化和减少贫穷发生决定性影响的重大制度性和政策性变革，阐明变化的缘由以及对贫困群体生计的影响。其三，改革开放历程中的扶贫战略和扶贫政策演进，以及政策实施中的经验和教训，只是作为此类变革的组成部分来回顾和总结。

采用这种做法的思维逻辑和历史事实还在于，第一，对于发展中国家而言，劳动力从农业向工业转移，从生产率较低的产业向生产率较高的产业转移，从就业机会较少的农村向就业机会较多的城市转移，既是二元经济增长和发展的应有之义，也是贯穿工业化城市化过程的主要内容（张培刚、方齐云，1997）。

第二，多数情况下，贫困人口纵然家徒四壁，仍拥有劳动力资源。就业，特别是转向报酬有望增加的工作，是他们缓解和摆脱贫困的一个有效途径。因此，无论是人力资本投资还是其他促进就业和劳动力流动的制度和政策，在缓解贫困的方向和作用上，都与扶贫战略和政策一致。至于缺少劳动力的贫困家庭，以及尚不具备劳动能力或丧失劳动能力的贫困个人，只能依靠包括社会救助在内的社会保障措施而免于深陷困境。

第三，如果说以上两点在理论上和实践中均具一般性的话，中国计划经济时期的城乡分割制度，便是一个相对于其他二元经济体的独特之处。政府在推行重工业优先和颇具城市偏好的发展战略过程中，通过粮食统购统销政策和人民公社组织制度，将农民及其家庭束缚在村庄，并下达计划指标落实"以粮为纲"方针，指令农民主要从事种植业生产。城市消费品凭票供给以及公共服务和社会保护与户籍相捆绑的政策，进一步强化了城乡之间的制度性壁垒。1977 年，农林牧渔业在国内生产总值中所占的份额为 29%，而在其中就业的劳动力则占全国就业总数的 74.5%。① 到 20 世纪 80 年代实行土地家庭承包制的时候，户均耕地仅半公顷左右。不难设想，若无其他就业出路，大规模拥挤在农业的劳动者，如何能摆脱隐蔽性失业造成的贫穷？正因为如此，改革开放以来的工业化和城市化，一直伴随着农业劳动力转移对城乡之间的制度壁垒的冲击。

第四，1954 年，全国人民代表大会通过了中华人民共和国首部宪法。宪法第三章关于"公民的基本权利和义务"明文昭示："中华人民共和国公民有居住和迁徙的自由。"② 然而在计划经济体制确立的过程中，农民自由迁徙的权利为诸多政策条文所剥夺。最近四十年来，他们为了谋求生活的改善，不约而同地以自己的主动性和创造性逐步突破城乡之间的制度壁垒（刘守英、曹亚鹏，2018）。但凡农民成规模的"以脚投票"行动得到政府的积极回应，他们也就成功地为自己选择的谋生方式拓展了制度空间。政府以政策文件形式对农民的创造性行为的认可，也就意味着赋予了这些行为的合法性。这一过程既是改革开放的重要内容，也是农民应有的权利渐次回归的历史，因而为我们即将分阶段展开的讨论提供了明晰的线索。

第五，迄今为止，计划经济体制遗留的那些阻碍农村劳动力流动的政策条文已大多废除，可是进城的乡村户籍人口仍未得到与城市户籍人口同等的权利。他们或多或少地为城市的公共服务和社会保障制度所排斥（都阳等，2014），为昂贵的居住成本所迫而不得

---

① 数据来源：中华人民共和国国家统计局网页国家数据栏目中的 1977 年度数据，http：//data.stats.gov.cn/easyquery.htm? cn = C01&zb = A0201&sj = 1977，下载于 2018 年 6 月 1 日。

② 参见《中华人民共和国宪法（1954 年）》（1954 年 9 月 20 日第一届全国人民代表大会第一次会议通过），中国人大网，http：//www.npc.gov.cn/wxzl/wxzl/2000 – 12/26/content_ 4264.htm，下载于 2018 年 6 月 1 日。

不聚居在城区边缘，甚至因"城市环境秩序整治"而遭受行政性驱逐。农村留守儿童人数高达 6877 万的现象（国家统计局等，2018），更是时时刻刻提醒政府和公众，隐形的城乡制度壁垒依然存在。

为什么农民争取应有的"城市权利"如此艰难？

首先，农民的社会政治经济地位早已在农业集体化运动中显著下降。中华人民共和国成立前夕，毛泽东发表《论人民民主专政》一文，全面阐述新政权的形态。其中提出一个著名的论断：严重的问题是教育农民。他的论据在于：农民的经济是分散的，根据苏联的经验，需要很长的时间和细心的工作，才能做到农业社会化。没有农业社会化，就没有全部的巩固的社会主义。1955 年，毛泽东在题为《农业合作化问题》的报告中，重申实行农业集体化，号召加速改造小农经济。这些理念付诸实践的一个突出表现，是将农民作为改造对象，强制实行集体化。以至他们在失去经济自由的同时，在社会政治事务中的决策权大为削弱，最终在资源分配中也处于不利地位。在以人民公社为标志的农业集体化时期，农民的贫穷和饥饿如影随形。"下乡务农"，不但被用作减轻城市就业压力的政策工具，而且还作为政治运动中的惩罚手段。这无疑是在国家层面，人为地矮化了农业人口的社会地位（朱玲，2017）。

其次，在目前的国家和城市社会经济发展决策过程中，农民的话语权还是相对微弱。以全国人大代表的选举为例，城乡选民同票同值的规定自 2010 年开始实行①。这已然是明显的历史进步，但农民和农民工（农村迁移工人）群体的代表性依然不足。据全国人大常委会办公厅联络局提供的信息，始自 2018 年的十三届全国人

---

① 1953 年，农村每 80 万人配置 1 个代表名额，直辖市和 50 万人口以上的省辖市每 10 万人配置 1 个名额。这意味着，农村每一选民的实际选举权仅为城市每一选民的八分之一。1995 年，这个比值提高到四分之一。直到 2010 年，修改的选举法中才有了"城乡按相同人口比例选举人大代表"的规定。但是，农民代表的数量并不因此而必然增加，十一届全国人大代表中的农民代表人数仅约 90 位（韩大元，2010）。

民代表大会共有代表 2980 名。其中，包括农民工在内的农民代表 228 名，占比为 7.65%。农民工代表 45 名，占比为 1.51%。如果仅考虑外出农民工的数量，2017 年的总数为 17185 万人①，占当年中国大陆总人口（139008 万人）的 12.36%，占就业人员总数（77640 万人）的 22.13%。这些比率，与农民工在全国人大代表中所占份额的悬殊差别，可谓一目了然。

进一步讲，在中央和地方政府制定政策的过程中，已越来越多地纳入基层调查、多方咨询、第三方评估和专题政策研究的成果。最终制定的政策条文，往往是多元社会群体角力和妥协的结果。农民及农民工的利益诉求通常经由政府农村工作部门、学界、非政府组织和媒体表达，但这种间接发声与农民及农民工群体的直接诉求相隔多远、耗时多长，本身就是一个问题。正是出于类似的考虑，早在 1980 年，农村政策研究的老前辈杜润生同志就建议，恢复农民协会，作为农民的代言人，以改善这一职业群体的政治经济地位（杜润生，2005）。

保证所有社会成员平等地实现其基本权利，是特定社会兼容市场经济自由（效率）和社会均衡（公平）的根本条件（朱玲、魏众，2013）。基于这种认识，本文对最近四十年乡村减贫历程的回顾，既讨论贫困群体的收入变化和基本需求满足程度，也关注他们的基本权利的实现状况。特别要回答的问题是，第一，哪些制度性的变化促进减贫，哪些阻碍减贫？第二，哪些变化出自农民对制度障碍的冲击，哪些变化源于政策制定者的相机抉择？第三，目前还有哪些制度安排不利于减贫？如何排除这些障碍？为此，以下将主要采用现有的政策文件、统计公报、专题研究文献和笔者以往的实地调查记录，作为陈述和讨论的基础。

---

① 参见国家统计局：《中华人民共和国 2017 年国民经济和社会发展统计公报》（2018 年 2 月 28 日发布），http://www.stats.gov.cn/tjsj/zxfb/201802/t20180228_1585631.html。

二 从消除饥饿到摆脱贫穷

如今,"脱贫致富"在中国官方话语和媒体表述中已成常用词。然而事实上,无论是国家和地区,还是贫困群体和家庭,从"脱贫"到"致富",通常都需经历漫长的发展过程。特别是,贫穷程度越深的群体,脱贫的难度也就越大。以往四十年的乡村减贫历程,体现出鲜明的阶段性。本节拟将这四十年分为五个阶段,围绕上节提出的焦点问题展开讨论。

(一)始自温饱追求的农村改革(1978—1985年)

根据2015年联合国对17项可持续发展目标的陈述,贫穷可以定义为"不仅是缺乏收入和资源导致难以维持生计,还表现为饥饿和营养不良、无法充分获得教育和其他基本公共服务、受社会歧视和排斥以及无法参与决策"(联合国,2015)。饥饿,不仅指维持一个健康的生命所需的热能摄入不足,而且还有营养素缺乏的含义(联合国粮食与农业组织,2017)。一个家庭和个人只要能有充足的食物,即使达不到营养均衡,也可避免食不果腹即热能不足了。在中国,人们常用"食不果腹"和"衣不蔽体"来表达极端贫穷的状态,而温饱正是维持人类存活的必要条件。1978年开始的农村经济改革,即出自农民对温饱的追求和政府解决当时"九亿人民的吃饭问题"①的政治意愿。

1976年10月,历时十年的"文化大革命"结束,社会秩序亟须恢复,各行各业百废待兴。1978年年末的中共十一届三中全会和此前的中央工作会议,以宣告工作重点转向经济建设和申明四个现代化目标的方式,重整旗鼓聚拢民心,启动了以改革开放为标志

---

① 参见《中共中央关于加快农业发展若干问题的决定(草案)》(中国共产党第十一届中央委员会第三次全体会议于1978年12月22日原则通过),载《新疆林业》1979年第S1期,第1—11页。

的重大历史转折。① 还值得注意的是,这次全会原则通过了《中共中央关于加快农业发展若干问题的决定(草案)》。其中明确指出,"农村生产力水平很低,农民生活很苦,扩大再生产的能力很薄弱"。"一九七七年全国平均每人占有的粮食还略少于一九五七年,农村还有一亿几千万人口粮不足"。为了扭转这一状况,该草案尤其强调发挥农民的积极性,"在经济上充分关心他们的物质利益,在政治上切实保障他们的民主权利"。这就为接踵而来的农地经营制度变革,提供了必要的政治条件。

中共十一届三中全会召开之前,安徽、四川、贵州等省的农民为了"吃饱肚子",已开始自发组织实行联产承包生产责任制,并得到地方主政官员的认可。安徽小岗村的"大包干",即土地的家庭承包经营方式,则进一步使农户成为相对独立的经营主体(陈锡文,2017)。对此,高层决策者的意识形态争论非同寻常地激烈和尖锐(赵树凯,2018)。能够促使他们逐渐达成共识的主要因素,一是消除饥饿的共同意愿;二是出于减少救济粮款发放从而减轻财政负担的考虑;三是对邓小平的政治权威的认同与服从;四是改革中农业和农村经济快速增长的事实本身即具有说服力(杜润生,2005)。

1982—1986 年,立足于扎实的调查研究和广泛的政治协商基础之上的 5 个中央一号文件,既肯定了农民在农地经营制度中的伟大创举,又及时回应了随之而来的社会经济形势变化。在放活农村工商业、疏通流通渠道、调整产业结构、取消统购统销、增加农业投入和调整工农城乡关系等多个方面,用一系列的制度创新激发了农村经济的活力。此间人民公社体制的消解,更是扩展了农民的经济自由,使他们得以凭借自己的努力,大幅度地减少了饥饿和贫穷。尤其需要强调的是:

---

① 参见《中国共产党第十一届中央委员会第三次全体会议公报》(1978 年 12 月 22 日通过),中央政府门户网站,http://www.gov.cn/test/2009-10/13/content_1437683.htm。

第一，农户获得了长时段的土地使用权和经营决策权，以及相应的剩余控制权和剩余索取权。农民将与此相关的收入分配制度变化，准确地概括为"交够国家的，留足集体的，剩下都是自己的"。这种制度安排，对于他们增加生产和提高收入，无疑是巨大的激励。

第二，农村土地的家庭承包经营制，实质上不仅赋予农民部分财产权，而且还使他们获得了支配自己劳动力的自由。这也为提高资源配置效率和促进农业劳动力转移，创造了前提条件。

第三，改革初期，伴随创新的土地经营制度，还有农业价格政策支持（主要是粮食收购和农资销售价格补贴），加之此前的农业基础设施和化肥生产投资正处于回报递增期，诸多有利因素刺激农业生产实现了前所未有的快速增长。世界银行的报告表明：1970—1978年，中国的农业生产率年均提高2.7%；1979—1984年，年均提高7.1%（Gill et al.，2016）。同期，粮食、棉花、油料、肉类和水产等主要农产品的总产量大幅增加，全国农民家庭的人均净收入平均每年提高11%（Zhu，1991）。这不但缓解了乡村人口的饥饿和贫穷，而且还丰富了城市人口的餐桌，为农村非农产业发展、城市工业服务业增长及相应的人口规模扩张，打下了良好的基础。

从1978年到1985年，农村未获温饱的贫困人口由2.5亿人减少到1.25亿人，他们占农村总人口的比重由30.7%下降到14.8%（中华人民共和国国务院新闻办公室，2001）。那些依然缺吃少穿的群体，多数是由于生存环境恶劣和人力资本缺乏而未能充分利用改革的机遇。他们居住的地区，或者是资源和基础设施条件均不利，或者是虽有资源潜力但基础设施薄弱。共同的现象是这些地区的社会经济发展状况与全国平均水平的差距逐渐扩大。因此，中央政府在推进农村改革的同时，于1982年在甘肃、宁夏开始实施扶贫计划，将目标设定为解决贫困人口的温饱问题。1985年年底，又将这一目标纳入全国性的农村扶贫战略（朱玲、蒋中一，1994）。

（二）对外开放和区域发展中的就业创造（1986—1992 年）

改革前农村存在的隐蔽性失业，在土地家庭承包经营制普及后转为显性。农民为了创造就业和增加收入，一方面调整农业结构，扩大那些足以提高劳动密集程度和产品附加值的生产分支；另一方面，积极发展非农产业，开辟新的就业领域。由于不同区域的社会经济发展条件本已千差万别，同一期间的发展模式不仅各具特色，农村人口遭遇的制度性障碍也各不相同。

历经土地经营制度改革而仍然遭受饥饿威胁的贫困群体，主要聚居在西部农村。因此，1986 年首次出台的全国性扶贫计划带有鲜明的区域瞄准特征，即中央政府拨款扶持的对象是贫困县。与计划经济体制下的落后地区援助方式相比，此时的扶贫战略充分显示了增长激励和效率导向的特征。第一，改变单纯救济的办法，赋予农牧民更大的经营自主权（例如自由销售）；减免税收，促使贫困地区的政府和人民因地制宜发展经济。第二，中央和地方政府投资、贫困地区居民投劳，多方合作改善当地的生产和生活条件。第三，由中央各职能部门组织对贫困地区进行综合性投入，例如科技、教育、医疗保健、林业和水利建设，等等。初始的全国性扶贫行动主要由政府动员，通过行政系统自上而下组织实施，这是不同于其他发展中国家的又一个特征。由于扶贫行动特别是基础设施投资，本身具有公共产品供给的性质，这种行政动员和实施方式在社会组织和市场机制发育不足的情况下，可谓别具优势。

不过，强大的外在行政力量干预也有可能与致贫因素一起，限制受援群体的创造力。20 世纪的农村扶贫战略设计，主要是在受援区域内及当地农业中寻找脱贫门路。1989 年，在国家重点扶持的贫困县当中，东部地区的县份已有 79% 越过了当年的贫困门槛（农民家庭年人均纯收入 350 元）。这个比率在中部为 35%，在西部仅有 18%。鉴于此，中央政府强调，把扶贫工作向深山区、石山区、高寒山区延伸，向少数民族地区延伸。在扶贫计划中，把解决缺粮问题置于首位，每年调拨 100 万吨以工代赈专用粮，投放于贫困地区的基本农田建设项目。目标是在"八五"期间（1991—1995 年），平均每人 1 亩基本农田，满足贫困人口的粮食需求（朱玲、蒋中一，1994）。

相形之下，沿海地区特别是长江三角洲和珠江三角洲一带的农民，已经开始从事多元化的经济活动。若非如此，在人多地少的条件下，他们也难以走出贫穷。20 世纪 80 年代后期的农村工业化，无论是在理论上还是在实践中，都为四十年的改革开放史留下了浓重的一笔。那时的城市国企尚在计划经济体制下实行以国家"放权让利"为标志的改革，并未给农村劳动力的区域和城乡流动留下多少制度空间。农村劳动者只好在本乡本村建立工业企业，成就了乡镇企业异军突起的局面。对此，中央政府曾以"离土不离乡，进厂不进城"的政策口号予以肯定。今天看来，这种行为更多的是制度扭曲下的权宜之计，而非工业化城市化进程中的必然阶段。

源头不同的乡镇企业在起步之初，遭遇的不仅仅是缺乏资金和人才的难题。制度性的歧视，是不同地域和类型的乡镇企业在发展中面临的最大障碍。人民公社时代的社队企业，就被限制在不与大工业争原料、争贷款和争市场的范围内。"文化大革命"之后，在社队企业基础上发展起来的苏南农村工业，又被"三就地"的指令羁绊，即只可就地取材，就地加工，就地销售。然而工商业的发展毕竟为农民创造了就业和收入，还为基层政府和社区管理机构贡献了财力。因此，这种有悖经济规律的指令，不仅受到基层干部和农民的共同抵制，也未得到地方政府的配合。1982 年和 1983 年的中央一号文件，以及 1984 年第 4 号文件（《关于开创社队企业新局面的报告》），向农民开放了更多的权利。不但乡镇企业随之快速增长，还出现了个体企业、合伙企业和私人企业（杜润生，2005）。

相对于以乡镇政府为主创办企业的"苏南模式"，起步于农民家庭工商业的"温州模式",由于其鲜明的非公有制色彩,不但在运行中被计划经济机制排挤,而且还受到来自意识形态领域的舆论"讨伐"。以致一些先行创业者锒铛入狱,支持家庭工商业发展的地方主政官员遭到贬黜(董辅礽,1986,2002;王运正,2018)。其实,对乡镇企业的限制和对家庭工商业的阻击,与先前对土地家庭承包经营制的否定,有着共同的思想渊源。那就是对社会主义所有制的先验理解,甚或是将斯大林模式下的苏联经验奉为圭臬。在这种模式下,社会主义所有制的高级形式为全民所有制,低级形式为集体所有制。个体所有制及其他形式的所有制,必须为全民所有制和集体所有制这两种公有制形式所取代。而且,低级公有制形式须向高级形式过渡,目标是建立全社会的单一的全民所有制。

在实践中,以全民所有制和集体所有制为基础的计划经济体制,乃国家行政权力和资源配置权力的结合(董辅礽,1979,1985)。农民突破计划经济体制及公有制企业形态的努力,不啻是对计划权威和行政权力的挑战。因此,对非公有制企业形态的压制,以及对非公有制经济中就业群体的歧视,既出自施压一方的观念障碍,又因为它们对农民的被剥夺状态缺少同理心,而且还恰恰手握行政权力。然而,农民不惜向政府让渡部分产权也要经营非公有企业的种种变通行为,以及2000万城市待业青年向政府请愿要工作,实际上都是在"用脚投票"。广东农民冒死逃港,更是用生命来表达自己的选择(萧冬连,2018a,2018b)。

对此,一些既体察民情又具备国际视野的中央和地方主政者的回应是,创新制度、发展经济。邓小平不仅早就号召"解放思想,开动脑筋,实事求是,团结一致向前看"①,而且还根据世界政治经济格局,认定必须从社会主义初级阶段的国情出发,快速推进工业化,才能抓住中国经济发展的窗口机会。引入境外资金、设备、

---

① 《邓小平文选》第二卷,人民出版社1994年版,第141页。

经营管理和技术人才，便成了一种顺理成章的决策。中央政府相继推出设立经济特区、沿海开放城市和沿海开放区的方案，赋予开放区的地方政府更多的自主权，以开放促改革，以改革促开放。在此背景下，非公有制企业形态中又增添了"三资"企业。

这些引进的现代工业企业，不仅充分利用了中国大陆劳动力资源丰富的优势，而且还带动了广东、福建等沿海地区出口导向型乡镇企业的发展。尽管"三资"企业及其他非公有制企业为政府提供了大量税收，为适龄劳动者创造了举世瞩目的就业岗位，还是屡遭质疑、非难和坎坷。1992年邓小平"南方谈话"，为多种所有制企业的发展，扩展了制度和舆论空间。他明确提出，要以是否有利于发展生产力、有利于增强综合国力和有利于提高人民生活水平，作为评判制度创新性质的标准。尤其是关于"计划经济不等于社会主义"和"市场经济不等于资本主义"的论述，为中国社会主义市场经济体制的确立，奠定了思想基础①。

1986—1992年，虽然改革开放的进程曲曲折折，农民还是从快速工业化及相关的非农产业活动中受益良多。农民家庭在收入水平提高的同时，收入来源也渐趋丰富。从工资性收入占全国农民家庭人均净收入的比重来看，从1983—1984年的10%左右，增加到1990年的20.2%（见图1）。此外，沿海地区的改革开放，促使一些成功发展工商业的村庄和乡镇，变成了工商小镇或规模不等的城市。城镇经济的高速增长带来的劳动力需求，又为此后欠发达地区农村劳动力的大规模跨城乡、跨区域流动，创造了必不可少的条件。

（三）农村劳动力区域性流动的减贫效应（1993—2002年）

1993年，党的十四大宣告了进一步改革的方向，即建立社会主义市场经济体制。中共十四届三中全会所做的决定不但提出："国家要为各种所有制经济平等参与市场竞争创造条件，对各类企

---

① 参见《邓小平文选》第三卷，人民出版社1993年版，第370—383页。

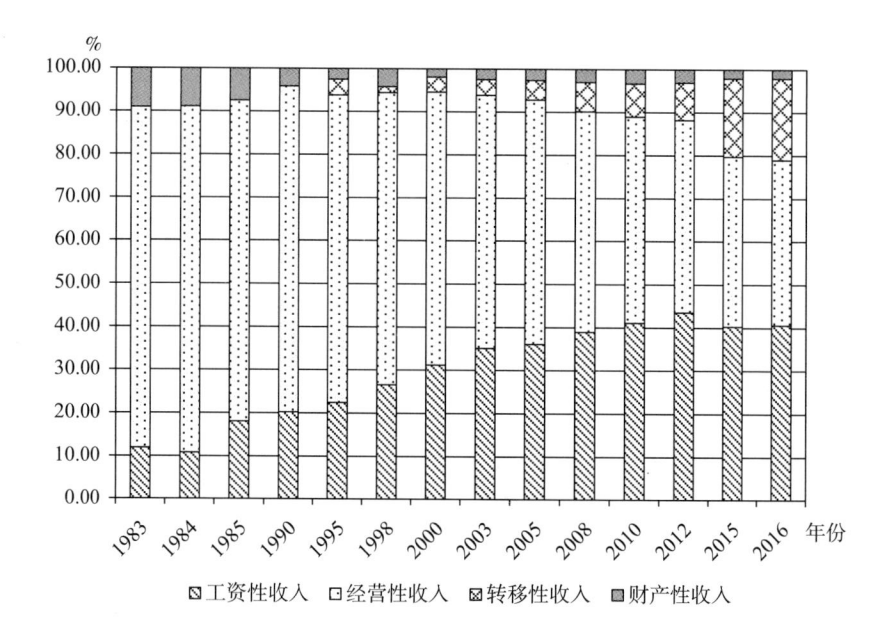

图 1　农村居民收入来源占比

注：2012 年及之前，统计口径是人均纯收入，之后是人均可支配收入；1983、1984 两年工资性收入的统计口径是劳动者报酬收入，包括从集体统一经营中获得的收入以及从经济联合体得到的收入；1983 年、1984 年、1985 年和 1990 年无分项统计的"财产性收入"和"转移性收入"数据。

资料来源：根据《中国统计年鉴 1986》第 673 页、《中国统计年鉴 2009》第 338 页、《中国统计年鉴 2005》第 359 页、《中国统计年鉴 2013》第 399 页、《中国统计年鉴 2017》第 168 页的数据计算而得。

业一视同仁"；而且还强调："鼓励和引导农村剩余劳动力逐步向非农产业转移和地区间的有序流动。"[①] 这就一方面强化了对非公有制经济增长的政策激励，从而为此间的工业化和城市化添加了"增量改革"的特征；另一方面为农村劳动力在计划经济体制的薄弱之处突破区域性流动的限制，开辟了一条可行的路径。其成效，

---

① 参见《中共中央关于建立社会主义市场经济体制若干问题的决定》（中国共产党第十四届中央委员会第三次全体会议 1993 年 11 月 14 日通过），中国共产党新闻网，http：//cpc.people.com.cn/GB/64162/134902/8092314.html。

在党的十四大之后城镇非国有经济就业人数大幅增加的趋势中大致得到反映。到 2002 年,城镇地区就业总数达 25159 万人,非国有经济吸纳的就业者占 71.5%（见图 2）。

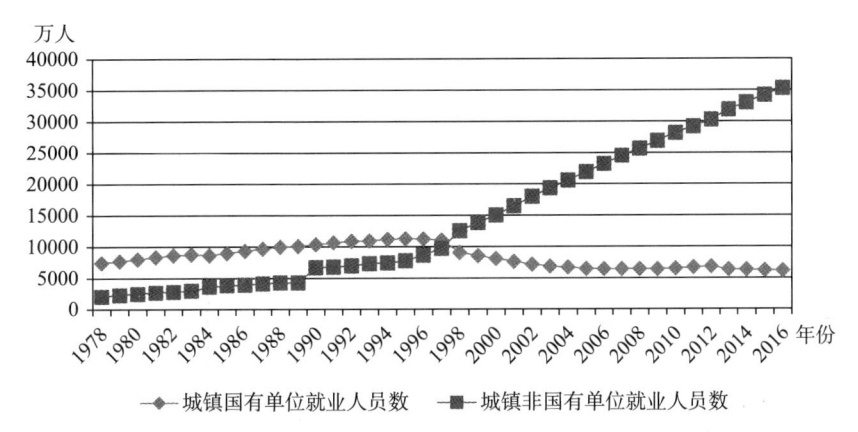

图 2　城镇地区国有和非国有单位就业人数（1978—2016）

注：2002 年开始,统计局对 1990—2001 年所公布的城镇地区就业人员总数进行了微调。这里是调整后的数据；非国有单位就业人数 = 城镇地区就业人员总数 - 城镇地区国有单位就业人数。

资料来源：相应年份《中国统计年鉴》。

理论上讲,农村劳动力向工业（包括服务业）聚集的城市转移,本身即包含减贫效应。因为转移的动机,既来自城乡收入差距的"拉力",也出自农村内部的收入差距对收入较低的群体产生的推力。收入较低的农村劳动力转向城市就业,既能增加其收入,又可提高人力资本水平,结果还将促进二元经济发展。然而在中国的现实中,跨城乡的劳动力转移不仅受阻于计划经济遗留的制度性壁垒,而且还遭遇城市户籍居民的排斥和城市政府新增的政策性障碍。即便是在改革开放的前沿深圳,"离土又离乡"的农民来此务工经商的历程也非一帆风顺。仅从 2017 年深圳市政府宣布失效的一些规范性文件的名称,即可略见一斑①。

---

① 深圳市人民政府关于宣布失效一批市政府规范性文件的决定（深府规〔2017〕5 号），http://www.sz.gov.cn/fzb/xxgk/qt/gzdt/201710/t20171027_9442764.htm。

其一，1979—1984 年，文件中逐渐出现"外来民工"的称谓，对外来就业人员的政策规定，从"清理"转向收费管理。例如：《关于不要雇请汕头菜农作临（时）工、合同工的通知》（深革发〔1979〕171 号），《关于从严掌握使用临时工的通知》（深革发〔1980〕64 号），尤其是《关于清理外来人员的通知》（深革发〔1980〕84 号），明显包含拒人于城外之意。《关于加强对外来人员管理工作的补充规定》（深革发〔1981〕131 号），《批转市劳动局〈关于特区企业合同制工人劳务费收缴问题的请示〉的通知》（深府〔1982〕180 号），以及《关于外来民工的疟防工作的管理规定》（深府〔1984〕88 号），既表明接纳外来工的意向，却又以收费措施增加企业用工和外来工就业的成本，从而反映出市政府限制外来工数量的政策倾向。

其二，1988—1991 年，对外来工的管理在政策摇摆中有了一定程度的社会包容。这表现在出现频率较高的文件用语上，便是时而"整顿、清理"，时而"安置、培训"。例如，市政府先后下达了《关于严格控制使用外地临时工的紧急通知》（深府〔1988〕319 号），《转发市公安局、劳动局关于整顿外来劳动力，清理"三无"人员，控制暂住人口膨胀的工作意见的通知》（深府〔1988〕383 号），以及《印发〈关于整顿清理暂住人口的工作方案〉的通知》（深府办〔1991〕239 号）。其中，压缩外来人口规模的意图可谓不言自明。同期，还有《关于印发〈深圳特区暂住人员安置区建设管理试行方案〉的通知》（深府〔1990〕259 号），《关于停止对企事业单位和暂住人员收取管理费、治安费的通知》（深府〔1991〕11 号），以及《批转市劳动局关于深圳市工人职业技术培训十年规划和"八五"计划的通知》（深府〔1991〕478 号）。从这些标题不难看出，市政府不但主动减轻了施加给用工单位和外来工的缴费负担，而且还为外来工的人力资本投资做出了制度安排。

其三，1996—2002 年，沿海开放地带的工业化和城市化突飞猛进。此前，粮油票证等消费品配额供给制度已在全国范围内废除，极大地方便了区域间的劳动力流动，涌向沿海地区的"民工潮"随之成为20世纪90年代的一个热点事件。与此相对应的深圳市政府文件,在更大程度上显示了对外来民工的制度性接纳。《关于做好春节期间组织民工有序流动工作的通知》(深府〔1996〕348号),以及《深圳市人民政府关于办理2002年劳务暂住证有关问题的通告》(深府〔2002〕27号),便是恰当的案例。

深圳作为典型的新兴工业城市,本地户籍的劳动人口就业几乎不受外来工流入的影响。因此,城市管理制度的社会包容度随着经济市场化的进程日益增大。至于老工业城市,对农村迁移人口的社会包容度则狭窄了许多。1993年之后,以"抓大放小"、建立现代企业制度为特征的国企改革迅速推进,企业所有制形态转而由"国有"和"非国有"来区分。一方面,相当一批中小型国企和集体企业转制,成为私人持有的民营企业,并游离出大量剩余人员;另一方面,大型国企在公司制改造过程中,也在削减冗员。数量可观的"下岗工人"安置和再就业,因而成为市政府优先考虑的一个问题。

不过,下岗工人原有的技能和就业意愿与新增的岗位需求并不完全匹配,这就给进城务工经商的农村迁移劳动者留下了就业和创业机会。城市政府为了既保护本城户籍人员的就业岗位,又吸纳经济增长所需的低成本劳动力,纷纷针对农村迁移劳动者设计"制度栅栏"。这种制度栅栏的开合及其疏密程度,由城市管理者控制。其变动多半取决于市政府和本城户籍居民的利益变化,外来就业者并无发言权。即便是在同一城市就业多年,他们也难以参与城市的政治决策而只可能得到部分经济权利。这一点,在中国最大的工业城市上海市的外来工管理文件中,就有颇具代表性的反映。

第一,外来劳动者只能进入本地户籍劳动力不足的就业岗位。1993年的《上海市单位使用和聘用外地劳动力管理暂行规定》中的第五条便如此要求[1]。很明显,外来劳动者甫一进入上海劳动力

---

[1] 参见《上海市单位使用和聘用外地劳动力管理暂行规定》(1993年12月18日上海市人民政府批准),《新法规月刊》1994年第3期。

市场,其就业和发展机会就被这样的前提规定削减了不少。

第二,通过行政程序规范用人单位的基本招聘标准。1994年的《上海市外地劳动力务工许可证管理试行办法》规定①,用人单位申领《务工证》必须提交6份材料,除了用工审批文件、劳务合同和务工人员的身份证明外,还须提供受雇者初中以上的学历证明、上海市卫生局指定医院出具的健康证明,以及公安部门核发的《寄住证》。考虑到自1994年秋季全国才开始普及九年义务教育,这些规定无异于促使用工单位如同"撇奶油"一般,从当时的农村迁移劳动者中仅选择优质劳动力。

第三,有关《务工证》的申领办法,强调用工单位和外来务工人员双双提交证明材料,无形中增加了外来劳动者从事非正规就业活动的困难。这恰恰反映出,在劳动力市场尚未发育的条件下,城市管理者对就业形式的多样化认识不足。或许出于类似的原因,1994年,市政管理部门设立上海市遣送站分站,把拾荒者也纳入收容遣送对象(李丽焕,2010)。这种状况,在1996年的《上海市外来流动人员管理条例》(以下简称《条例》)② 中有所改善。最明显的是,增添了有关家政服务人员申领就业证和个体工商户申领营业许可证的规定。

第四,对领到务工证(就业证)的农村迁移劳动者,城市管理部门亦提供一些基本的入门服务,帮助他们适应城市化和工业化的社会。譬如1996年的《条例》即规定,用人单位应对外来人员进行法律知识、职业技术、劳动安全、社会公德等方面的教育培训。此外,还规定外来就业者领取暂住证后,十五日之内体检;其中的育龄妇女还须到计划生育部门验证。

第五,设立蓝印户口制度,从外来人员中筛选财富精英和知识

---

① 参见上海市劳动局:《上海市外地劳动力务工许可证管理试行办法》(1994年1月18日发布),110法律咨询网,http://www.110.com/fagui/law_271144.html。

② 上海市人大常委会:《上海市外来流动人员管理条例》,《新法规月刊》1996年第11期。

精英（有一定财力的投资者、商品住宅购买者和单位急需聘用的科技人员和管理人员），给予一定程度的上海市民福利待遇。例如，"在入托、入园和义务教育阶段的入学、申领营业执照、安装煤气和电话等方面享受本市常住户口者的同等待遇"。①

第六，借助劳动监察和居民管理网络以及罚款措施，保证上述政策性规定的实行。

纵然进城就业面临的制度环境近乎苛刻，源自中西部农村的民工潮依然浩浩荡荡。据2001年《中国的农村扶贫开发》白皮书公布的消息，四川是全国劳务输出最多的省份，每年有800多万人实现异地就业，通过邮局寄回家乡的资金每年约200亿元（中华人民共和国国务院新闻办公室，2001）。那么，这些跨地区、跨城乡的迁移劳动者属于贫困人口吗？首先可以肯定，他们未必都来自极端贫困地区也未必是最穷的人，因为极端贫困群体或者支付不起迁移费用，或者由于人力资本水平太低而很难逾越城市劳动力市场的门槛。其次，农村迁移劳动者多为家乡的低收入者，进城务工期间明显是城市里的穷人。若按国际贫困标准衡量，属于尚未脱贫的群体。若非如此，很难设想他们会含辛茹苦背井离乡，从事城里人不愿做的高风险、高强度、劳动环境不佳的工作。最后，已有的研究表明，迁移劳动者在贫困地区农村劳动力中的比重，从1997年的19.9%上升到2000年的25%，涉及的家庭由39.9%增加到51.1%。而且，贫困家庭的成员在迁移就业后，通过收入转移显著地降低了其他成员的贫困发生率（蔡昉等，2006）。

1993—2002年，贫困地区留守农户的生活状况又如何呢？《国家八七扶贫攻坚计划》（1994—2000）的目标基本实现，贫困地区粮食产量年均增长1.9%，农民人均纯收入年均增长12.8%，绝大多数农户解决了缺粮问题。截至2000年年底，贫

---

① 《上海市蓝印户口管理暂行规定》（1993年12月23日上海市人民政府批准，根据1998年10月26日《上海市人民政府关于修改〈上海市蓝印户口管理暂行规定〉的决定》修正），http://www.shanghai.gov.cn/nw2/nw2314/nw2319/nw2407/nw26170/u26aw27256.html。

困地区通电、通路、通邮和通电话的行政村分别达到 95.5%、89%、69% 和 67.7%。在 592 个国家重点扶持的贫困县中,有 53.7% 的县基本普及了九年义务教育和扫除了青壮年文盲。这就为进一步促进当地的经济发展和缓解贫困,创造了必要的人力资本和基础设施条件。

(四) 社会保障体系的扩展与扶贫行动的深化 (2003—2011 年)

20 世纪 90 年代,中国经济在市场取向的改革中逐渐融入了经济全球化的进程。市场化和全球化相互推动,带来了更多有利于增长的因素,经济体量迅速增大。与此同时,社会经济转型中累积的矛盾日益尖锐。进入 21 世纪,"农民真苦,农村真穷,农业真危险"的呼声,以及城乡之间、地区之间、行业之间、不同群体(户籍、性别、职业和地位)之间的收入差距和福利差距的扩大,均引起高层决策群体和公众的注意。2003 年春,SARS(传染性非典型肺炎)疫情暴发,成千上万的农村迁移工人争先恐后逃离城市回乡避灾,疫情扩散风险因而加大的情形,更是暴露了农村人口缺少社会保护的事实。此外,疫情因国际旅行人流密集而造成全球性的健康风险。故而中国社会政策改革滞后于经济改革的状况,也引起诸多国际组织的关注。对此,党的十六大所做的一系列决策给予了积极的回应。

在完善社会主义市场经济体制的主题下,中共十六届三中全会突出强调统筹兼顾,协调改革进程中的各种利益关系①。在提出的诸项改革任务中,"建立有利于逐步改变城乡二元经济结构的体制"和"健全就业、收入分配和社会保障制度"也位列其中。对比中共十六届三中全会宣告的具体决策和社会经济现实,一些决策至今尚未落实。例如,"形成城乡劳动者平等就业的制度""在城市有稳定职业和住所的农业人口,可按当地规定在就业地或居住地登记户籍,并依法享有当地居民应有的权利,承担应尽的义务",

---

① 《中共中央关于完善社会主义市场经济体制若干问题的决定》(2003 年 10 月 14 日中国共产党第十六届中央委员会第三次全体会议通过),http://www.gov.cn/test/2008-08/13/content_1071062.htm。

等等。但是在健全社会保障制度、改善公共服务和缓解贫困方面，实际取得的成就超越了中共十六届三中全会的预期。

第一，2003年，近乎乡村社会医疗保险的新型农村合作医疗制度（以下简称新农合）开始向全国推广。各级政府按比例向合作医疗基金拨付财政资金，农民缴费在基金筹集中的比重不高于30%。到2006年年底，全国乡村都已建立医疗救助制度。2011年，新农合覆盖的农村人口已将近98%，在一定程度上，降低了因病致贫的风险（朱玲，2014）。

第二，2009年，中央政府相继制定了农民工参加城镇企业职工基本养老保险的政策，以及建立新型农村居民社会养老保险制度（以下简称新农保）的方案，并于翌年开始试点。特别值得一提的是，新农保制度中包含着非缴费型公共养老金（基础养老金）。公共养老金来自中央政府拨付的定额财政资金，地方政府可根据本地财力予以资金匹配。这种制度设计，既可保证对老龄贫困人口的包容，又不失为一种行政成本较低的选择，因而深得贫困地区政府和人民的认同。2011年，笔者在西藏昌都边远农牧区调查时注意到，为了能按规定领取公共养老金，那些一直未办理身份证的农牧民，纷纷前往公安机关排队履行身份证申领手续。

第三，2007年，最低生活保障制度（以下简称低保）开始向全国农村推广。这就使那些家庭人均纯收入低于当地最低生活保障标准的农村居民，特别是缺少劳动力而难以参与生产性扶贫项目的贫困户，得以稳定地受益于社会安全网。

第四，2003年税费改革之后，"乡统筹"和"村提留"名义下的农民缴费负担与农业税一起废止。农村社区基础设施建设和公共服务供给主要由政府投资和拨款，这就为大幅度地减轻农民负担提供了制度性的保障。与此同时，政府对农村、农业和农民发展的投资日渐密集。这其中，农户安全饮水设施和村庄环境整治投资，无疑有助于改善农村人口的健康状况从而提高他们的人力资本水平（朱玲，2018）。

第五，社会保障体系从城市向农村的扩展，以及社区公共服务筹资制度的改变，更多地惠及贫困地区。2001—2011 年，中央和省级政府向重点贫困县的财政转移支付力度明显增强，扶贫政策的综合性进一步提高。政策目标从解决温饱问题（主要是消除收入贫穷），拓展到缓解多维度的贫困。《中国农村扶贫开发纲要（2011—2020 年）》将此通俗地概括为"两不愁、三保障"，即稳定实现扶贫对象不愁吃、不愁穿，保障其义务教育、基本医疗和住房安全①。相应地，政府以"整村推进扶贫开发"的方式，将扶贫政策的瞄准对象，从贫困县下沉到乡镇、村庄和农户。国际组织和国内民间组织的扶贫理念与项目和资金一起，也同时向贫困地区集中（中华人民共和国国务院新闻办公室，2011）。

此间，以下事项在国际上引起了广泛的反响。其一，2004—2010 年，中央政府拨付 30 亿元，实施名为"雨露计划"的劳动力培训项目。接受培训的贫困家庭劳动力超过 400 万人次以上，其中 80% 以上的人实现了非农就业。这意味着，他们通过培训增强了从经济增长中获得机会和分享收益的能力。其二，贫困地区 5 岁以下儿童的低体重率和生长迟缓率，从 2000 年的 15.8% 和 36.9%，下降到 2010 年的 8% 和 20.3%（见表 1）。鉴于儿童营养状况对家庭食物保障程度更为敏感，这两个指标值的下降趋势表明，中国已趋近消除饥饿的目标。同期，邻国印度 5 岁以下儿童的低体重率和生长迟缓率均在 40% 以上（卫生部，2012）。2011 年，笔者从德国波恩大学发展研究中心举办的国际会议获悉，印度总理为扭转这一状况，借助立法手段发起了全国性的儿童营养改善行动。其三，2011 年，中国政府将农村贫困线提高到年人均纯收入 2300 元，比 2010 年的贫困标准提高了 80%。这就将此前处于贫困线边缘的家庭和刚刚脱贫的群体，一并纳入扶助对象，以便更有效地预防和减少贫困。

---

① 参见中共中央、国务院印发《中国农村扶贫开发纲要（2011—2020 年）》（国务院公报 2011 年第 35 号），http://www.gov.cn/gongbao/content/2011/content_2020905.htm。

表 1　1990—2013 年中国农村 5 岁以下的儿童营养状况　　单位：%

年份	低体重率			生长迟缓率		
	全国农村	非贫困地区	贫困地区	全国农村	非贫困地区	贫困地区
1990	16.5	—	—	40.3	—	—
1995	14.1	—	—	40.8	—	—
1998	9.8	7	14.5	27.9	23.4	36.4
2000	10.3	7.4	15.8	25.3	19.1	36.9
2002	7.8	—	—	24.8	—	—
2005	6.1	4.4	9.4	16.3	13.9	20.9
2008	5.1	3.9	7.3	13.7	10.9	18.9
2009	4.6	3.7	6.6	12.6	9.4	18.3
2010	—	—	8	—	—	20.3
2013	3.1	2	5.2	11.2	7.5	18.7

注："—"表示无可供使用的数据；1990—2000 年和 2005—2010 年的数据引自 Chen et al.（2011）。2002 年和 2013 年数据引自 Yu et al.（2016）。

还需指出的是，社会保障体系（社会救助、社会保险和社会服务）的基本功能，正在于通过社会共济预防和缓解贫穷、减少不平等和增进社会包容。与市场经济正常运行相匹配的社会保障制度安排，不但有利于劳动力流动，而且还与优化资源配置和促进就业的目标相兼容。在城乡收入差距巨大的情况下，分城乡建立社会保障制度是一种不得已的政策选择。然而为了应对劳动者在跨城乡、跨地区和跨行业转移中遭遇的贫困风险，就需要建立全国统一的"底线"社会保障平台。非缴费型的公共养老金和普惠制的社会医疗保险制度，以及与户籍脱钩的常住人口社会救助及公共服务供给制度，当为构筑这类底线社保平台的组成部分。

多数农村迁移劳动者游离于城市养老和医疗保险之外的事实说明，这样的底线社保平台尚未形成。2011—2012 年，在农村迁移劳动者当中，参加城镇企业职工养老和医疗保险的比率还不足 30%。参保率如此之低，根本原因在于制度设计本身即社会包容性不足。其主要表现，一是农村迁移劳动力当中多为非正规就业者，收入低且不适合针对正规就业者而设的保险制度。二是这两类保险尤其是养老保险缴费率过高，以至用工单位及迁移工人亦尽可能避免承担其缴费责任。三是城市社保管理机构缺少充分的正向激励，妥善解决养老保险权益便携性不足的问题。因此也就很难保证，参加城镇职工养老保险的迁移工人退休时能否充分享有其养老金权益。这是因为，大多数企业仅使用青壮年迁移工人。正规就业的农村迁移劳动者往往刚过盛年，就不得不转向非正规就业状态从而脱离企业职工社会保险。

可见，2003—2011 年，无论是社会保障体系的扩展，还是扶贫行动的深化，都是在社会领域实施"增量改革"，并未触及城市管理制度对农村迁移人口的社会排斥。这种排斥，归根结底源自农村人口在权利分配中的不利地位及由此导致的权利缺失。它表现为横亘在城乡之间的制度性障碍，因而也只能靠制度性的改革予以拆除。可以说，这是二元经济转型过程中绕不过去的关键一步。

（五）精准扶贫中的收入再分配（2012 年至今）

进入 21 世纪以来，中国步入收入高度不均等的国家之列，居民收入的基尼系数一直处于 0.4 以上的高位。到 2007 年，总人口中 10% 收入最高的人群获得的收入，占全体居民总收入的比重在 33.7%—40.3%[①]（李实等，2013）。自 2010 年，收入不均等程度增加的趋势发生逆转。2013 年，基尼系数为 0.433，与 2007 年的 0.486 相比，大约下降了 11%。城乡收入差距对全国总体收入差距的贡献份额，从 38% 下降到 15%。这种积极的变化，与社会保障、公共服务和扶贫开发等公共政策力度的不断加大，以及劳动力市场供求关系的逆转直接相关（李实等，2017）。

党的十八大（2012）以来实施的精准扶贫方略，更是全方位地朝着减少贫穷和缩小收入差距的方向加力。中共十九届三中全会

---

① 依据加权样本数据计算的结果为 33.67%，对城镇高收入人群样本偏差加以修正后计算的结果为 40.34%。

有关公共资源分配的决定,强调了同样的原则:"促进公共资源向基层延伸、向农村覆盖、向边远地区和生活困难群众倾斜,促进全社会受益机会和权利均等。"① 此间最为鲜明的制度性变化莫过于,为了实现 2020 年消除农村绝对贫困的目标,"十三五"规划(2016—2020)把现行标准下的贫困人口脱贫作为五年规划的约束性指标。据此,省/区/市党政一把手向中央签署《脱贫攻坚责任书》,并层层立下军令状(中华人民共和国国务院新闻办公室,2016)。这种方式,近乎自上而下地制定指令性计划。为了达到计划指标值而投入的人力物力及组织资源,规模之大可谓前所未有。对此,国务院扶贫办发布的报告《中国减贫的新进展》(中国国务院扶贫办,2017)提供了系统的信息。基于其中的数据和信息,以下主要从稳固现有减贫成果和预防贫困风险的角度,着重讨论精准扶贫行动中的收入再分配措施,以及与此相关的公共资源配置效率。

第一,间接性财政支出。这里指的是推行精准扶贫政策的行政成本,因涉及面广泛而难以收集完整的数据,此处仅采用人员派遣信息加以说明。首先,为了精准识别帮扶对象,2014—2016 年,各级政府共组织了 280 万人(次)进村入户,共确认了 12.8 万个贫困村,2948 万个贫困户、8840 万贫困人口。在此基础上逐一建档立卡,以便精准帮扶、分类施策。其次,为了落实扶贫到户,党中央要求,每个贫困村都要派遣驻村工作队,每个贫困户都要有帮扶责任人。全国共选派 77.5 万名干部驻村,18.8 万名干部到贫困村和基层党组织薄弱涣散村担任"第一书记"。按照 2018 年中部地区(湖北省)乡镇政府副职年薪 4 万元的标准估算②,这 96.3 万名选派干部的工资总成本平均每年在 385 亿元左右。

---

① 《中共中央关于深化党和国家机构改革的决定》(2018 年 2 月 28 日中国共产党第十九届中央委员会第三次全体会议通过), http://www.gov.cn/zhengce/2018-03/04/content_5270704.htm?trs=1。

② 参见《村干部的收入变局,谈村干部待遇问题》,今日头条网页,https://www.toutiao.com/a6573089604176445966/,下载于 2018 年 7 月 1 日。

第二，中央财政专项扶贫资金。对这部分资金的用途和分配，财政部曾予以说明①："采取因素法进行测算分配，用于支持扶贫发展、少数民族发展、以工代赈、国有贫困农场扶贫、国有贫困林场扶贫、'三西'农业建设等方面。""分配给中西部22省份的资金规模占总规模的比例达到97.4%。""进一步加大了对西藏和四省藏区、南疆四地州、凉山、怒江、临夏等深度贫困地区、民族地区的支持力度。"2017年，中央财政专项扶贫资金将近861亿元，大约相当于2010年资金规模的3.87倍（见表2）。

表2　中央财政专项扶贫资金投入及农村贫困人口规模（2010—2017）

年份	中央财政专项扶贫资金投入（亿元）	贫困人口（万人）	贫困发生率（%）	资金的减贫边际效果（万人/亿元）
2010	222.68	16567	17.2	—
2011	272.00	12238	12.7	87.77
2012	332.05	9889	10.2	39.12
2013	394.00	8249	8.5	26.47
2014	432.87	7017	7.2	31.70
2015	467.45	5575	5.7	41.70
2016	670.00	4335	4.5	6.12
2017	860.95	3046	3.1	6.75

注：中央财政专项扶贫资金投入数据来自中华人民共和国国务院新闻办公室，2016，《中国的减贫行动与人权进步》，http://www.scio.gov.cn/zfbps/32832/Document/1494402/1494402.htm；贫困人口和贫困发生率数据来自《中国统计年鉴2017》；2017年中央财政专项扶贫资金投入数据来自中国政府网，《中央财政拨付2017年财政专项扶贫资金860.95亿元》，http://www.gov.cn/xinwen/2017-06/08/content_5200771.htm；2017年贫困人口和贫困发生率数据来自中国政府网，《2017年末我国农村贫困人口减少到3046万人》，http://www.gov.cn/xinwen/2018-02/01/content_5262917.htm。

表中"资金的减贫边际效果"指的是，每增加亿元中央财政专项扶贫资金对应的贫困人口减少的数量（万人），计算方法是（上年贫困人口－本年贫困人口）/（本年财政资金－上年财政资金），单位是（万人/亿元）。

贫困标准为2011年调整后的标准，也是现行贫困标准，即每人每年净收入2300元（2010年不变价）。

---

① 参见《中央财政拨付2017年财政专项扶贫资金860.95亿元》，http://www.gov.cn/xinwen/2017-06/08/content_5200771.htm，下载于2017年6月8日。

第三，东西部地区对口财政转移。在党中央、国务院部署下，省际对口支援机制已启动多年，涉及的领域除了干部人才交流、产业发展和劳务对接以外，还有教育、文化、卫生、科技等方面的合作。短期见效且又常见的帮扶方式，是东部省份通过实施公共项目，投资于西部对口省份的基础设施建设。笔者在西藏和新疆多地调研时，都曾见到以援建省份的名称命名的道路及其他工程设施。2017年，这种对口帮扶机制延伸细化到县际。在中央政府的安排下，东部地区267个经济强县和西部地区406个贫困县，启动"携手奔小康"行动。此外，还有320个中央机构定点帮扶592个贫困县，军队和武警部队定点帮扶2000多个贫困村。鉴于作为援助方的公共资源来自财政，直接向受援方输送的人力或物质资源，必然包含财政转移的因素。

第四，中央职能部门组织实施的公共投资项目。无论是交通、水利、电信等基础设施建设，还是针对脆弱人群的健康和教育项目，对贫困地区和贫困人口的投资力度都进一步加大。例如，在2012年启动的"贫困地区儿童营养改善项目"中，中央政府最初拨款1亿元，每日为27万婴幼儿（6—24月龄）提供免费营养包。此后政府的投入逐年增加，到2016年已累计投入19亿元，有450万婴幼儿受益。

第五，行政指导下的企业收入转移。国务院国资委组织中央企业开展"百县万村"扶贫行动，全国工商联动员2.2万家民营企业开展"万企帮万村"行动。企业不仅捐资捐物，还与受援地区的政府合作，派遣人员参与职业教育培训、易地扶贫搬迁、电商扶贫和旅游扶贫等精准扶贫工程（李静、韩缙，2017）。

以上列举事项，并未穷尽2012年以来扶贫行动中强化了的收入再分配措施，但也足以显示高层决策群体对于消除绝对贫困的强烈政治意愿。此间，农村贫困发生率从2012年的10.2%（9889万人）下降到2017年的3.1%（3046万人），贫困人口规模每年减少1000万人以上。减贫幅度之大，无疑令人瞩目。不仅如此，国家统计局的贫困监测还表明，贫困地区农户的家居条件也显著改善。2016 年，农户当中开通有线电视的约占 94%，开通宽带的达 80%；居住钢筋混凝土房或砖混材料房的农户比重为 57%，使用管道供水的比重为 67%，独用厕所的比重超过 94%（国家统计局住户调查办公室，2017）。

不过还需注意的是，同期财政扶贫资金的减贫边际效果明显递减。鉴于尚无可供使用的全部类型的财政扶贫资金统计数据，而且中央财政专项扶贫资金为主力资金，我们可以假定其他类型的资金增量不变。那么，每新增 1 亿元中央财政专项扶贫资金对应的贫困人数的减少，从 2012 年的 39 万人，降至 2017 年的不到 7 万人（见表 2）。这或许是因为，脱贫越晚的人口贫困程度越深从而脱贫难度越大，或是因为相当一部分专项扶贫资金并非可以短期见效。但无论如何，减贫边际效果明显递减的现象足以警示，调整现行扶贫战略的时候到了。在这一关节点上，亟待相机抉择的问题如下：

其一，贫困发生率降到 3% 的水平，即可采取以社会救助、社会保险和社会服务为主导的办法，实现消除极端贫穷（绝对贫困）并预防贫困风险的目标。由于天灾人祸很难避免，贫困风险始终存在，"消除极端贫穷"在数量上的定义未必是贫困发生率等于零。从世界银行的政策报告来看，它很可能定义在大于零和小于 3% 的区间。一方面，该报告把 2030 年全球消除极端贫穷目标下的贫困发生率设为 3%（2.5 亿贫困人口）；另一方面，在介绍东亚减贫经验时估计，1990 年前韩国已消除极端贫穷，其贫困发生率在 3% 以下，因为亚洲金融危机之前，领取公共援助的人数还不到韩国总人口的 1%（Gill, Revenga, Zeballos, 2016）。据此也可以推测，韩国最终消除 3% 以下的贫穷，主要依仗的是社会保障措施。实际上，韩国并无专门的扶贫战略。其贫穷的减少主要通过"间接路径"实现，即凭借加快经济增长和提高人口能力的办法。

其二，采用社会保障措施并不意味着放弃扶贫政策，而是针对深度贫困群体的致贫因素，继续增强社会救助及人力资本和基础设施投资。现存深度贫困人口，或是缺失劳动能力，或是不善经营，或是山高路远而外出艰难。甚或外出务工，也因人力资本和社会网络薄弱而收入低下（李实等，2017）。因此，对于阻碍现有贫困劳动力进入市场的因素，还须借助基础设施建设及就业培训、指导和中介等服务予以排除。对于劳动能力过低甚至缺失的家庭，仍需予以救助。更重要的是，必须从增加儿童早期发展项目的公共投入做起，改善孕产妇及婴幼儿的营养和照护状况，提高贫困青少年的健康和受教育水平，以阻断贫穷的代际传递。

其三，培育和发展合作社经济。政府主导的产业扶贫项目在实施过程中不免遇到这样一些问题：首先，是由市场力量还是由行政力量配置资源？其次，项目落实到户后，谁做经营决策人？最后，谁来承担投资和经营风险？贫困程度深重的群体由于在居住区位、信息获得、观念开放、健康状况、受教育程度、劳动技巧和经营能力等方面均处于不利地位，实施精准扶贫战略前很少得到投资项目。目前，一些地方政府规定，财政扶贫基金中70%要用于产业开发，产业开发项目资金中70%要直接到户。现存的贫困户多属极端贫困群体，经营失败的风险远高于平均水平，这就不免造成公共资源的浪费（贺雪峰，2017）。

事实上，相当一部分失败的投资经营项目由地方政府推动，乡村基层干部和驻村帮扶人员越俎代庖为受援者决策。结果是项目一哄而上，产业同质化严重，产品供过于求而经营收益低，或是干脆无销路而经营亏损（郭建宇，2017）。至于外来帮扶人员组织下成功实施的项目，受援群体却因缺少人力资本而难以自主经营。一旦外来者撤离，生意的可持续性就成了问题（李小云，2018）。更值得注意的是，投资项目中隐含的信贷风险。以支持产业扶贫项目的小额信贷为例，在部分贫困县，政府不但出资贴息，还承担了70%—80%的违约还款责任，并为余下的20%—30%贷款数额购买违约保险，几近于将金融活动财政化。项目一旦失败，而县政府和受援者又无力还款，则银行也会被拖累。

那么是否还有必要扶持贫困户发展生产呢？回答是肯定的，但帮扶方式必须改变。促进合作社经济发展，就是一条顺应市场经济环境的路径。这里所说的合作社，既非 20 世纪 50 年代"合作化运动"产生的集体组织，也不是近年来的"公司 + 农户"模式，而是人们自愿联合的自助、自立、自治的经济组织。它不但能使小生产者获得规模经济效益，而且可在市场交易中获得抗衡垄断者的谈判权力（唐宗焜，2012）。笔者在危地马拉的贫困山区曾见到农户组织的销售合作社。社员共同决策，雇用专业经理人员经营销售。不但弥补了农户人力资本的不足，而且打开了产品销路，还增添了农户的市场谈判砝码。仅就与农户的社会经济关系而言，这样的专业经营管理人员，与政府派驻的帮扶干部显然不是一回事。

其四，用社会工作者服务网络替代干部驻村帮扶队伍。政府派遣行政干部驻村，既有人才输入之效，也有助于通达村民与政府职能部门之间的联系。除非这些干部属于本机构的冗员，否则抽调驻村后将不但影响其原机构的正常运转，而且还有可能干扰村民自治。加之派驻人员并非都具备企业家才能，却被赋予农户脱贫的责任，那就既可能增大农户经营决策失败的风险，又会造成减贫主体错位的结果。"坐在门口晒太阳，等着政府送小康"，或多或少地反映了部分受援者的消极心态（汤敏，2018）。这里之所以强调社会工作者服务网络，就是因为它可以在村民自治组织之外，采用各种专业知识、技能和方法，帮助贫困家庭解决社会问题。仅此而言，中国香港地区的社会工作者服务体系，便是一个国内外公认的范例。

其五，提高城市化政策与扶贫政策的兼容性。截至目前，农村劳动力自发地向城市转移所具有的减贫效应已无争议，但决策者对于由此而产生的中国经济增长点和增长动能还缺少充分的认识（韩朝华，2017）。尽管中共十八届三中全会已经决定："稳步推进城镇基本公共服务常住人口全覆盖，把进城落户农民完全纳入城镇住房和社会保障体系","建立财政转移支付同农业转移人口市民化挂钩机制"。① 但农村迁移人口市民化的进展微乎其微,甚至出现城市政府以整顿环境和保证教育质量为名排挤迁移人口的现象。这在政策方向上,与不断强化的扶贫行动显然背道而驰。进一步讲,缺少双亲照护的留守儿童数量并无明显减少。而缺少母亲照护,正是儿童营养不足和发育不良的一个决定性因素(Chen et al., 2011)。这类儿童成年后,健康脆弱性远高于一般水平,陷入贫困的风险也会高于其他群体。相形之下,日本和韩国在工业化和城市化过程中,并未出现大规模的乡村留守儿童现象(刘新宇,2017)。可见,城乡分割完全是人为的制度设计所致。鉴于此,巩固现有的减贫成果和降低未来的贫困风险,仍将取决于高层决策群体清除城乡间制度壁垒的政治意愿。

三 结论

中国的改革开放,是在乡村人口大规模地处于贫穷饥饿的状态中启动的。四十年过去,饥饿已基本消除,共有7亿多贫困人口摆脱贫穷。这既是亿万农民挣脱计划经济体制束缚、谋求生计改善的结果,也是国家高层决策群体回应公众诉求、引领人民转向市场经济并实现高速经济增长的成就,同时还是逐步增加基础设施和人力资本投资,并将社会保障推广到全国城乡的回报。在工业化城市化快速推进、社会经济长足发展的四十年间,针对那些因区位及人力资源条件极为不利而难以分享发展机会的上亿乡村人口,不间断地采取综合性扶贫措施,也是消除饥饿和贫穷的关键性因素之一。进一步讲,乡村减贫的过程,也是农民在农业集体化运动和计划经济体制确立中丧失的权利渐次回归的过程。以下几个时间段内的制度

---

① 参见《中共中央关于全面深化改革若干重大问题的决定》(2013年11月12日中国共产党第十八届中央委员会第三次全体会议通过),http://cpc.people.com.cn/n/2013/1115/c64094-23559163.html。

性变化，对此产生了举足轻重的作用。

第一，1978—1985年，农民为摆脱饥饿而在生产组织方式上的创新，与政府解决人民吃饭问题的政治意愿一起，触发了影响中国命运和前途的农村经济改革。改革中形成的农村土地家庭承包经营制，不仅赋予了农民部分财产权，而且还使他们获得了支配自己劳动力的自由。

第二，1986—1992年，沿海一带农民在强大的计划经济体制边缘，创办了多种类型的乡镇企业、个体企业、合伙企业和私人企业，从非农产业中获得了新增财产和收入。在高层决策者支持下的经济特区，还引入了"三资企业"，并出现了农村劳动力跨区域流动的端倪。多种所有制企业形态的出现，在实践中冲击了计划权威和行政权力；在理论上，挑战了社会主义所有制形式为单一公有制的教条。邓小平对特区经济的肯定和关于社会主义市场经济体制的论述，既为多种所有制经济的发展开拓了舆论和制度空间，也为广大乡村人口带来更多的经济自由。

第三，1993—2002年，伴随着社会主义市场经济制度确立和中国经济融入全球化潮流，城市建设和工业服务业迅猛发展，创造了巨大的劳动力需求。中西部欠发达乡村的青壮年劳动者抓住这个机遇，以史无前例的规模，突破了计划经济遗留的阻碍和城乡间劳动力流动的制度壁垒。尽管城市政府新增了多重政策性障碍，迁移劳动者还是获得了事实上的跨城乡、跨地区就业的权利。

第四，2003—2011年，中国经济高速增长中的收入不均等程度显著加大，农村人口缺少社会保护的状态在一场疾病疫情中充分暴露。因此，中央政府从完善社会主义市场经济体制的角度，加快弥补社会政策的短板。一方面，相继制定新农合、新农保、农村低保和农村迁移工人参加城镇企业职工社会保险的制度；另一方面，推行农村税费改革，在废止农业税和大幅减轻农民缴费负担的同时，农村社区基础设施建设和公共服务供给筹资转由政府承担主要责任。乡村人口分享经济增长成果的权利由此而明显增加。

第五，2012年以来，精准扶贫战略的推行，使得农村贫困人口参与经济发展和分享增长收益的机会大为增加。此间向贫困地区密集投入的物质资源和派遣的干部人才，达到1986年开展全国性扶贫行动以来从未有过的规模。贫困地区的交通、水利、电信等基础设施建设进一步强化，针对脆弱人群的营养、健康和教育等公共服务供给日益改善。贫困人口规模每年减少1000万人以上，2017年减少到3046万人；贫困发生率从2012年的10.2%下降到2017年的3.1%。

值得注意的是，以中央财政专项扶贫资金计算的减贫边际效果明显下降。每新增1亿元专项扶贫资金对应的贫困人数的减少，从2012年的39万人，降低到2017年的不到7万人。这说明，现行扶贫战略还需调整。首先，以社会保障措施为主，帮助现存深度贫困人口实现吃穿不愁，以及基础教育、基本医疗和住房安全有保障的目标。其次，培育和发展农户自助自治的合作社经济，排除行政力量对农户和企业经营决策的直接干预。再次，用社会工作者替代驻村干部，以便引入专业知识和方法，帮助贫困家庭和个人解决所遭遇的社会问题。最后，消除城乡户籍居民在城市公共服务和社会保障获得权方面的不平等，促进贫困家庭的劳动力转移。

城乡之间的发展水平差距，需要几代人的努力才可能弥合。但消除城乡居民的权利不平等，则可以凭借短期内的政治决定明显见效。这一点，以城乡不同利益群体之间平等的社会协商为前提。

参考文献

联合国：《联合国赞赏中国实施千年发展目标的进展情况及其最终报告》，2015年7月24日，https://news.un.org/zh/story/2015/07/239632。

Gill, Indermit, Ana Revenga & Christian Zeballos (2016). Grow, Invest, Insure: A Game Plan to End Extreme Poverty by 2030. *World Bank Policy Research Working Paper*, No. 7892.

中国国务院扶贫办：《中国减贫的新进展》，2017 年减贫与发展高层论坛发布的中英文报告，2017 年 10 月 9 日。

Chen, Kevin, Guobao Wu, Xiaojun He, Jieying Bi & Zimeiyi Wang (2018). From Rural to Rural Urban Integration in China: Identifying New Vision and Key Areas for post - 2020 Poverty Reduction Strategy. A Research Project Report of International Food Policy Research Institute (IFPRI), prepared for Ford Foundation.

北京师范大学收入分配研究院课题组：《促进社会公平，缓解贫困：2020 年后中国贫困标准与减贫战略》（提交联合国开发计划署驻华代表处的总报告），2017 年 8 月 31 日。

王小林：《改革开放 40 年：全球贫困治理视角下的中国实践》，《社会科学战线》2018 年第 5 期。

李培林、魏后凯、吴国宝：《中国扶贫开发报告（2017）》，社会科学文献出版社 2017 年版，第 149—194 页。

蔡昉：《中国如何通过经济改革兑现人口红利》，《经济学动态》2018 年第 6 期。

李实、岳希明、史泰丽、佐藤宏等：《中国收入分配格局的最新变化——中国居民收入分配研究 V》，中国财政经济出版社 2017 年版，第 190—217、327—348 页。

张培刚、方齐云：《经济发展与二元经济的改造》，《求是学刊》1997 年第 2 期。

刘守英、曹亚鹏：《中国农民的城市权利》，《比较》2018 年第 1 辑。

都阳、蔡昉、屈小博、程杰：《延续中国奇迹：从户籍制度改革中收获红利》，《经济研究》2014 年第 8 期。

国家统计局、联合国儿童基金会、联合国人口基金：《2015 年中国儿童人口状况——事实与数据》，联合国儿童基金会网站，http://www.unicef.cn/cn/index.php?m=content&c=index&a=show&catid=226&id=4242，下载于 2018 年 6 月 1 日。

朱玲：《农业劳动力的代际更替：国有农场案例研究》，《劳动经济研究》2017 年第 3 期。

韩大元：《"城乡按相同人口比例选举人大代表"的规范分析及影响》，《国家行政学院学报》2010 年第 2 期。

杜润生：《杜润生自述：中国农村体制变革重大决策纪实》，人民出版社 2005 年版，扉页、第 100—146 页。

朱玲、魏众:《包容性发展与社会公平政策的选择》,经济管理出版社 2013 年版。
联合国:《可持续发展目标—17 个目标改变我们的世界》(目标 1: 在全世界消除一切形式的贫困), https://www.un.org/sustainabledevelopment/zh/poverty/,下载于 2018 年 6 月 8 日。
联合国粮食与农业组织:《我们离"零饥饿"还有多远?》(世界粮食安全和营养状况 2017), http://www.fao.org/state-of-food-security-nutrition/zh/,下载于 2018 年 6 月 7 日。
陈锡文:《我国农村改革的历程》,《新华文摘》2017 年第 9 期。
赵树凯:《"大包干"政策过程:从"一刀切"到"切三刀"》,《华中师范大学学报》(人文社会科学版) 2018 年第 2 期。
Zhu, Ling (1991). *Rural Reform and Peasant Income in China*. London: The Macmillan Press LTD.
中华人民共和国国务院新闻办公室:《中国的农村扶贫开发》(白皮书), http://www.scio.gov.cn/zfbps/ndhf/2001/Document/307929/307929.htm。
朱玲、蒋中一:《以工代赈与缓解贫困》,上海三联书店、上海人民出版社 1994 年版。
王运正:《突破藩篱写春秋:我所经历的"温州模式"形成前后》,人民网,2018 年,http://politics.people.com.cn/n1/2018/0613/c1001-30055556.html?form=rect。
董辅礽:《关于我国社会主义所有制形式问题》,《经济研究》1979 年第 1 期。
董辅礽:《再论我国社会主义所有制形式问题》,《经济研究》1985 年第 4 期。
董辅礽:《温州农村发展非农产业的问题》,《科技导报》1986 年第 4 期。
董辅礽:《温州模式与中国民营经济的发展》,《宏观经济研究》2002 年第 9 期。
萧冬连:《放权、让利和松绑:中国经济改革的起步》,《中共党史研究》2018 年第 3 期。
萧冬连:《国门是如何打开的—中国对外开放的起步过程》,《中共党史研究》2018 年第 4 期。
李丽焕:《回眸 90 年代上海外来流动人口潮的涌动与疏导》,载唐培吉、刘慧恕主编《我与新中国 60 年》,上海辞书出版社 2010 年版,第 185—192 页。
蔡昉、王德文、都阳、张车伟、王美艳 (2006)(2014),《转向适应市场经济运行的社保体系》,《劳动经济研究》第 4 期。

朱玲：《改革与发展中的乡村社区公共服务筹资制度：国有农场案例研究》，《学术研究》2018年第2期。

中华人民共和国国务院新闻办公室：《中国农村扶贫开发的新进展》，2011年，http：//www.scio.gov.cn/zxbd/tt/Document/1048386/1048386.htm。

Chen, Chunming, Wu He, Yuying Wang, Lina Deng, Fengmei Jia (2011). Nutritional Status of Children During and Post-Global Economic Crisis in China. *Biomedical and Environmental Sciences*, 24 (4), 321-328.

Yu, Dongmei, Liyun Zhao, Zhenyu Yang, et al (2016). Comparison of Undernutrition Prevalence of Children Under 5 Years in China Between 2002 and 2013. *Biomedical and Environmental Sciences*, 29 (3), 165-176.

卫生部：《中国0—6岁儿童营养发展报告（2012）》，2012年5月31日发布，其节录载于《营养学报》2013年第1期。

李实、佐藤宏、史泰丽等：《中国收入差距变动分析—中国居民收入分配研究Ⅳ》，人民出版社2013年版，第100—101页。

中华人民共和国国务院新闻办公室：《中国的减贫行动与人权进步》，2016年，http：//www.scio.gov.cn/zfbps/32832/Document/1494402/1494402.htm。

李静、韩缙：《政企合力整体脱贫攻坚的典范—恒大集团整体帮扶大方县案例研究》，载李培林、魏后凯、吴国宝主编《中国扶贫开发报告（2017）》，社会科学文献出版社2017年版，第355—382页。

国家统计局住户调查办公室：《中国农村贫困监测报告》，中国统计出版社2017年版，第10—65页。

贺雪峰：《中国农村反贫困问题研究：类型、误区及对策》，《社会科学》2017年第4期。

郭建宇：《我国产业扶贫的进展与挑战》，载李培林、魏后凯、吴国宝主编《中国扶贫开发报告（2017）》，社会科学文献出版社2017年版，第149—173页。

李小云：《扶贫能让穷人致富吗》，搜狐财经网，2018年，http：//www.sohu.com/a/232581140_774978。

唐宗焜：《合作社真谛》，知识产权出版社2012年版。

韩朝华：《农业人口转移背后的隐忧和动能》，"中国乡村发现"网页，2017年，http：//www.zgxcfx.com/zhubiantuijian/105650.html。

刘新宇：《人是资源不是负担——日本为什么没有留守儿童》，2017年，http：//

dajia. qq. com/original/japan/lxy170519. html。

汤敏:《没有任何国家像中国这样在扶贫工作中取得巨大成功》,2018 年,http: //www. ccdi. gov. cn/xbl/wkt/201805/t20180502_ 171045. html。

(原载《劳动经济研究》2018 年第 11 期)

经验研究中的关键细节

本文论及的经验研究，专指那些基于田野调查信息所做的乡村经济发展研究。以下将主要以笔者从事此类研究的经验教训为例，从实际操作的角度对研究过程中的关键细节加以提示。这样做的原因在于，研究质量的保障往往靠的是细微之处的功夫。读者若要了解经验研究的一般方法，可以翻阅现有的教科书。

一　明确定义研究主题

笔者在阅读国内经济学文献的过程中，常常会遇到一些题目宽泛的专著或论文，例如，论国有企业改革、社会保障制度改革、二元社会转型、西部地区开发，等等。读起来感觉作者好像什么都议论了，但似乎什么都没有研究；与题目相关的事情看似都提及了，可就是没有作者独到的贡献。撇开学风因素不谈，这种弊病至少与作者缺乏"问题意识"有关。在我看来，所谓问题意识就是研究者基于已有的观察发现并提出问题，而这些问题没有现成的答案或是现有的思想材料尚不足以给出令人满意的解答，这才需要将其作为研究的主题。正因为如此，在确定主题的时候，必须对其加以明确的定义。例如，经济转型期间乡村收入不均等程度加剧的问题，农村儿童辍学率上升的问题、农民因病致贫的现象增多的问题、村庄基础设施和社会服务筹资困难的问题，等等。所有这些现实中存在的问题，都需要确认其现状、追溯其原因、预见其发展，这就分别形成了单项研究内在的逻辑主干。

为了将研究引向深入，还需要尽可能地缩小选定的主题，也就是说添加更多的限定来明确研究对象。以农村儿童辍学率上升的问题为例，我们首先可以将关注的群体设定为某个特定区域的农村儿童；其次可以限定进入考察范围的儿童年龄或是学习期限，例如小学1—6年级的儿童；最后还可以把研究聚焦于某个影响儿童辍学率的重要因素上，例如政府对农村基础教育的支出、学杂费、儿童家庭劳动力规模或收入状况，等等。如此这般，研究者尽可以在研究经费规模、计划期限和研究队伍能力等限制条件下，继续从外延和内涵方面多次定义所选择的主题，一直到它既具体，又明确，而且还足以使研究者按照时间表预定的节奏完成为止。

中国历史上的文人多半有做大题目的传统，动辄即著文纵论天下大事。不过，他们所论及的"天下"往往指的是中央政权附近的地域，所分析的大事牵涉的因素也极为有限，因而这些题目与当今世界面临的问题实则不可同日而语。即使如此，热衷于纵横论的倾向往往也使历代文人容易流于空谈。事实上，定义狭窄的专题与大题目相比反倒容易做得饱满充实。例如，有关儿童辍学原因的研究，可以将经济制度改革、教育筹资方式变化、地域差别、性别不平等、收入限制和教育投资回报等多种因素纳入分析框架，据此收集信息进行统计分析，很可能从不同角度探寻出导致儿童辍学的决定性因素，并由此得出令人信服的结论。这样"小题大做"可以说远比"大题小做"来得实在，至少不会使读者看过研究报告觉得上当受骗或浪费时间。

二　广泛收集和筛选文献信息

在我看来，信息的收集和筛选贯穿于研究过程的始终。只不过研究主题一经确定，信息收集工作就不大会耽于漫天撒网，信息筛选也就有了衡量的尺度。虽说笔者一贯重视通过田野调查收集第一手资料，但信息收集的起点却是阅读文献。所收集的文献可以分为如下几类：

第一，与研究主题相关的专著、论文和研究报告。如果自己对选择的主题感到完全陌生，我会从阅读教科书起步。例如，刚开始做农村合作医疗制度研究时，我先找来一本健康经济学教科书精读，然后循着教科书提供的参考书目线索寻找该领域的经典论著。在已经具备某项专题研究基础知识的情况下，我会直接从阅读已有的研究报告和经典论文开始。例如，20世纪90年代初我做扶贫信贷政策研究时，先翻阅了一些国际组织发布的有关农业信贷制度的国别研究报告。在阅读中注意到，Joseph Stiglitz关于借贷双方信息不对称的一篇论文曾多次被引证。因此，随后就精读了这篇文献。读过之后，便明白信贷制度运行的关键在哪里了。

可以说，优秀的文献既能帮助研究者"站在巨人的肩膀上"开阔视野，尽可能避免无效劳动；又能刺激研究者独立思考，注意现有思想资料的不足之处，寻找那些有可能使自己的研究有所突破或者说创造出新意的切入点。值得注意的是，现在查找文献的途径很多，图书馆、书店、互联网都能提供线索，几乎围绕任何一个专题的图书、刊物和其他文字资料都可谓汗牛充栋。这就对研究者的筛选能力提出了考验，即首先确认阅读范围，其次区分必读文献和选读文献，分别用精读和浏览的方式来处理。只有这样，才有可能在阅读中举一反三，防止自己的思维能力和创新意识被文献所淹没。此外，研究者在感到阅读收获最大的时候，最好及时写出文献回顾或者书评，以便梳理思路，构建专题分析框架。

第二，收集与研究主题相关的国家和地方法规、中央和地方文件、政府部门工作报告、简报，等等。从这些文献中不但能够了解特定专题的社会经济政治环境，而且可以知晓与此有关的组织结构和行为主体，这往往就为田野调查提供了"路标"。举例来讲，我在做"农地分配中的性别不平等"研究时，阅读了中华人民共和国成立以来的土地法、婚姻法、继承法和妇女保护法等法规，查找到改革开放以来有关家庭联产承包制的一系列中央文件，还搜集到一些调研省、县政府制订的土地承包和调整方案,以及它们所做的有关农地分配工作的汇报。从中获得的信息,足以用来勾勒农地分配过程的决策程序以及不同参与者所起的作用。根据这条线索,我曾在田野调查中对调研县农委(农工部)、村委会、不同性别的农户户主和家庭主要劳动者分别进行访谈,很快就了解到土地承包权在法律上性别平等、在现实中性别并不平等的原因。

第三,为了对考察的地域和事件有一个概括的了解,需要在田野调查的过程中收集地方志、政府部门档案及其他有关当地人文、地理和经济历史的文献。例如,为了弄清合作医疗制度为什么缺乏可持续性的问题,我翻看过许多调研县的县志,了解到这一制度在人民公社时代就不曾稳固过。这与以往国内的宣传和国外对中国农村医疗制度的历史评价都大相径庭。为此,笔者在浙江、安徽、吉林、河北等地调查的时候,曾与不少经历过那个时代的农民攀谈,他们的回忆证实了县志资料的准确性。这个结果,便将我们的研究从分析农户参加合作医疗制度的意愿,向探讨其他健康风险管理方式推进了一步。

总之,文献回顾工作不但能够提供进入新领域的理论路径,而且还能引领研究者从现实社会经济生活中收集、筛选和加工新的信息,从而在研究过程中有所发现、有所创造。

三 减少调查误差

研究者从事田野调查的目的,在于围绕研究专题了解现实情况。从这个角度来看,调查误差可以定义为研究者获得的田野调查信息与真实世界的差别。为了尽可能准确地收集信息,从调研设计到田野工作的每一个关键环节都需要采取措施,力求减少调查误差。近20年来,我做田野调查时一直采用典型调查和抽样调查相结合的方法,故而以下讨论的调研环节实质上是抽样调查过程的重要组成部分。

田野调查的第一个关键环节，是调研地点的选择。倘若是做政策研究，课题组最好与行政主管机构协商确定调研地点，因为这些机构不仅可以提供必要的文献，而且还可以帮助研究队伍在最短的时间内进入专题信息密集的地域。如果是做非政策性专题研究，也需要通过官方或民间渠道寻找那些调研事件集中发生的地方。当然，对于所有这些机构推荐的地点，研究者还必须根据课题的需要、以往的经验和试调查的结果加以判断和选择。与此相关，抽样调查最好在曾经进行过试调查的地域进行。这点提示，恰恰来自我曾经有过的一次选择失误所留下的教训。

1996年以前，我在选择调研地区时往往避免典型调查和抽样调查的地点相重合，为的是尽可能利用有限的科研资源扩大调研地域。这样做了10年都不曾有过意外，没想到1996—1997年组织的一次抽样调查出了差错。当时，我与农业部农村政策研究中心的同行合作研究劳动力转移对贫困农村妇女地位的影响。此前我们曾在云南、四川、湖南、山东等省的贫困地区做过个案研究，在此基础上设计出问卷并在河北做了试调查。修改定稿后决定在山西省进行抽样调查。这项决策的理由在于，其一，山西是我国最重要的煤炭基地之一，距离京津唐地区又较近，这对农村劳动力转移可谓是得天独厚的条件。其二，农业部农村调查系统在山西11个县设有长期固定观察点，这些观察点均匀分布于全省发展程度不同的区域，其中包括太行山和吕梁山贫困地带。这一带的妇女有参与社会经济活动的传统。其三，当地调查队伍质量可靠。调查队负责人是北京大学图书馆系毕业的老大学生，自农村调查系统开始运转以来，一直承担观察点的数据收集工作，具有丰富的抽样调查经验。尽管一切都看起来近乎完美，然而到我们对村干部和农民进行访谈的时候才知道，在山西煤矿打工的劳动者大多数来自四川、河南和山东，当地农民外出打工的人数反倒很少。他们认为外出前景不确定，在本地下矿井风险太大，所以宁可在家靠种地为生。我们跑了几个县，注意到只是在那些距县城较近的村庄，本地农民从事非农劳动的情况才较为明显。这个结果岂止是令人大跌眼镜,而是抽样数据不能满足项目设计要求的问题。可是,调查已经在 11 个县展开,想更换抽样地点都来不及了。在生米煮成熟饭的情况下,应变的办法只能是调整研究主题。事情的结局是,原定专题改为"欠发达乡村经济中的性别不平等"。

田野调查的第二个关键环节,是问卷设计。当然,并非所有的田野调查都需要问卷,近年来流行的参与式调研法往往以开放式访谈为主。但是在不同地点用这种方法收集到的信息,难以综合处理。因此,我通常只是在问卷设计前的典型调查、问卷设计后的试调查、抽样调查过程中的随机访谈以及个别补充调查中,采用参与式调研法。在可供使用的数据不能满足专题研究需求的情况下,我还是倾向于借助问卷进行抽样调查。抽样调查需要资金和劳动双重因素的密集投入,问卷设计的质量和篇幅将在很大程度上决定科研资源使用效率的高低。设计过程中需要注意的要点如下:

一是要注意问卷篇幅不可太大。问卷访谈最好以 1 个小时为限,受访者多半在超过这个时限后开始思维涣散,即使有意中断访谈、休息片刻后再接着提问,他们往往也会由于不耐烦而给出不准确的回答。

二是问卷包含的内容不可太复杂,否则就会扰乱受访者的思维逻辑。再者,内容复杂的问卷也不能不超出正常的篇幅。这个环节在研究队伍较大的情况下尤其不易处理妥当。同一课题组的成员常常具有不同的特殊兴趣,每个人都想使自己提出的问题搭上问卷这趟车,结果就可能产生上述弊病。

三是要用调研地区的常用语简练地提出问题,例如对以工代赈项目中的基本农田建设工程,四川农民称之为改田改土,陕西农民则将其叫作小流域治理。我们在这两个地方抽样时,分别根据当地农民特有的语言改写问卷,而这并不影响每个问题原有的编码和问卷回收后的数据录入程序。又例如,1992 年和 1996 年我在沂蒙山区调查农作物产量时得知,当地许多农民既不用"市斤"也不用

"公斤"计量土豆（马铃薯）产量，而是习惯用麻袋数作为计量单位。因此，我们在问明一麻袋土豆的平均重量后，就把问题改为："去年您家收了几麻袋土豆？"显然，到了将数据输入计算机的时候，稍加折算就可知晓样本户的土豆产量。也许，读者会认为每一麻袋的土豆重量都会有误差。然而在明知农民对其收获的作物不做精确称量的情况下，我们只能根据他们印象最深刻的记忆来选择误差较小的信息。

四是既不询问那些迫使受访者经过计算才能回答的问题，也不设计那些经过长久的回忆也难以准确回答的问题，例如对农民提问"前年种植业收入有多少"。如果今年年初询问农民去年的收支状况还不难得到回答，若问前年或更早些年的事情，除非农户存有账本，否则即使说出数字来也难保证其准确性。仅就种植业收入的问题而言，最好是分解成几个小问题："去年你家一共种了几亩地？""种的什么庄稼？""收了多少小麦（或其他农作物）？""去年当地市场的小麦（或其他农作物）平均多少钱一斤（公斤）？"等等。只要问明农户一年之内收获的各种农作物产量、产品销售价格、农户花费在种子、化肥、农膜、雇工、机器、水电等项目上的成本，输入计算机做一番处理就可以知道家庭种植业的毛利润（收入），那为什么还要占用宝贵的访谈时间要求农民心算呢？

五是如果要了解同一个村庄的农户所共有的特征，最好设计村级问卷从村委会成员那里采集信息，而不必把这些问题包含在农户问卷中去询问每个样本户，例如，村庄区位、基础设施、社会服务，等等。

六是在同一项专题抽样调查中，最好将同一个问卷母本根据不同地域的特点修改成专用问卷，以便了解特定地域特有的信息，同时省略特定地域受访者根本不可能回答的问题。例如，在近两年的产业结构调整中，四川马边县的农民栽种茶树，陕西丹凤县的农民种植中药材，他们主要的生产和销售活动分别围绕各自的特色农作物展开。因此，我们在当地做过试调查之后，立即在县里修改打印问卷，分别用于两个地域的抽样调查。这两种专用问卷只是在农业生产分支方面的问题不一致，丝毫不妨碍调查结束后的数据处理。然而，这样做可以大大减少调查员和受访者浏览与他们无关的问题时可能产生的疑惑。

田野调查的第三个关键环节，是选择和培训调查员。在仅凭课题组人力难以完成问卷访谈计划的情况下，就需要事先组织调查员队伍。大学生、当地统计局调查员、政府工作人员、村委会成员和村民小组长，等等，都属于优先考虑的调查员人选。无论从节约调研成本还是从提高信息准确性的角度来看，在调研乡镇和村庄聘请受教育程度相对较高的青壮年做调查员，都是一个理想的选择。一般情况下，挑选调查员的标准可以是性别中性，但若要做性别敏感的专题调查，例如妇女教育和培训、妇女就业、妇女生殖健康，等等，就必须在选择调查员时持有性别视角。我在组织前述山西农村妇女抽样调查的时候，只考虑到利用现有固定观察点的便利之处，却没有注意到调查员都是男性。结果，不少受访妇女都不大愿意回答问卷中有关自身健康状况和生育决策的问题。由此看来，做这类调查没有请当地妇联组织帮忙着实是失策。

调查员一旦选定，就要集中培训。培训的目的在于，一是使他们理解调查意图和问卷中的每一个问题以及填写要领；二是告知调查员预期的最优询问对象和抽样规则（最好在问卷上注明特定的询问对象，例如村会计、农户户主、妇女、老人、村卫生员、村小学教师，等等）；三是借助调研员熟悉当地社会经济生活和民俗语言的优势，把问卷中的问题转化为当地农民容易理解的语言；四是把培训本身当作一次试调查，请调查员质疑问卷，以便在抽样调查开始之前做最后一次修改；五是在与调查员的交流中建立相互信任关系，尽可能激励他们对即将承担的任务产生兴趣，在实地调查中发挥主动性和创造性。

为了确认调研员是否能够正确填写问卷，我和同事们曾经通过研讨会的形式先行讲解问卷，然后请调查员填写，从中发现问题即当场讨论解决。但在实际调查过程中，总有一部分调查员面对要求填写代码的问题不知如何是好，或者诱导受访者像学生猜测正确答案一样回答问题。为此，2002 年我和几个博士生一起培训调查员的时候，改用示范的办法：在研讨会上随意挑选一个来自样本村的调查员，根据问卷上的问题对他进行访谈，将每一个问题和他的回答都写在黑板上。在示范过程中，其他调查员随时对问题的提法发表评论，或者提出填写建议。有的调查员了解受访者的家庭情况，还情不自禁地和他（她）一起提供信息甚至纠正受访者对问题的回答。事实表明，这种方法优于以往所有的培训方式。当我们进村走访已经接受过调查的样本户时，发现户主夫妇都知道问题代码或选择性回答是怎么回事。数据输入和清理结果也显示，问卷填写错误极少。

　　田野调查的第四个关键环节，是与前述调查地点的选择相关的，但这里着重讨论的是样本的选择。在绝大多数情况下，我们的调查重点是村庄和农户。在选定调研省和调研县后，最好请县里负责农村事务的职能部门，根据专题研究的需要推荐调研村名单。例如，做农民收入调查时，需要能够代表当地不同区位、不同人口规模的村庄；做政策效果评价时，需要特定政策干预行动覆盖的村庄和未覆盖的村庄（对照村）；等等。至于从调研村里选择样本户，教科书里介绍的随机抽样方法当然最理想。然而贫困地区的农户通常居住分散，一个聚居点上只有 3—5 户人家，若用标准的随机抽样法则不能满足所需要的样本户数。此外，调查期间还时常遇到访谈对象不在家的情况。因此，我们只能事先确定农户抽样原则，由调查员根据这些规定选择抽样户。

　　例如，2002 年我和课题组的同事们在进行以工代赈项目执行情况调查时，为了保证抽取的农户样本包括足够多的项目参加户和非参加户，决定在每个调研县选择 4 个规模较大的村庄进行抽样，每个村抽取 60 个样本户。我们在培训调查员的过程中获知，就一个行政村而言，明显的高收入户和低收入户所占的比率一般分别接近20%，余者尽管相互之间收入有差别，但通常都被视为中等人家。于是我们请样本村所在的乡政府负责人把调查员分成小组，要求每个小组从各自将要调查的村子里选择10个高收入户、10个低收入户和40个中等收入户进行问卷访谈。由于调查员都熟悉村里的农户生活状况，所以在培训期间就讨论决定了抽样户名单，并在组内确定了每个调查员所要访谈的人家。我们在回收问卷时曾询问调查员对访谈户进行分组的依据，她（他）们回答说，是先前观察到的家庭房屋、耐用电器、家具、劳动力数量、主要劳力的文化程度、承包地规模、大牲畜饲养量等综合情况。这些不正是反映家庭财产和人力资源状况的指标吗？当我们利用计量模型进行收入统计分析的时候，这些指标几乎都是不可忽视的解释变量。由此我们不能不佩服调查员对社会经济生活敏锐的直觉和出色的判断力。毫不夸张地说，即使我们自己去抽样，也未必会比他们做得更好。

田野调查的第五个关键环节，是回收问卷。在这个环节上既节约时间又保证工作质量的办法，是研究人员在调研区域分批回收和检查问卷。我曾委托调查队邮寄问卷，结果遇到两个问题：一是问卷有缺失；二是个别调查员填写的问卷出差错。当在异地发现并试图纠正这些问题的时候，麻烦可就多了。此时打电话常常找不到特定调查员；即使找到人，对方也可能回忆不起来差错是怎样发生的。为此，在调查员培训班结束之前，就需要与每个小组分别约定问卷的回收时间和地点。问卷回收时，每个研究人员负责检查一定量的问卷，专门核查容易出错的地方，尤其要留意那些给出非正常回答的问卷。如果发现问题，当下就和调查员讨论。同时，询问调查员在访谈中所遇到的特殊问题或是观察到的特殊现象，并加以记录，因为这些信息对于数据清理、统计分析和研究报告的写作往往至关重要。

田野调查犹如艺术创造，在追求完美的过程中总能发现不完美的地方。就我迄今为止所参与的专题研究而言，那些我自认为设计周到、组织严密的田野调查都留有遗憾。因此，总是免不了要在统计分析阶段做些补充调查。有些缺失的信息，可以通过个案调查来回溯。例如，我在做农村健康保险需求调查的时候，没有在问卷中包含足够的保险供给问题。不过，在弄清调研地区现有的保险制度安排后，课题组通过几个典型调查获得了必需的信息。然而有些遗憾却在短期内难以弥补。例如，我在上述农户问卷中没有对个人健康状况的主观评价提问，以至于后来不得不放弃对个人健康状况影响因素的计量分析。这种失误，源自我在问卷设计期间专题知识的缺乏。发现这个问题，是在研究走向深入的时候。虽然纠正这个失误只能有待于下一轮抽样调查，但是它足以作为一个警示，时常提醒我在问卷设计前须竭尽可能去挖掘专题文献。

还需要强调指出的是，研究者对于乡村社会毕竟是匆匆过客，所做的专题调查只不过是撷取这个社会某个层面的部分特征。正因为如此，调查误差肯定存在。这就要求研究者除了采用技术手段减少误差外，还必须尽可能多地了解数据的背景。为此，需要在田野调查中把视野扩展到经济领域之外，全身心地感受当地的社会经济政治文化特征和风土人情，并及时记录自己的所见所闻。只有这样，才有可能在后期数据处理过程中敏锐地把握数据之间的逻辑关系，在分析过程中明晰地解释计量结果，在研究报告中写出内容丰满的篇章来。

不少研究人员虽然选择了农村经济研究专题，却不屑于做田野调查，厌烦其中包含的那些琐碎细致的工作，甚至根本不愿意去农村。这或者是因为没有消除自身的城市偏好，或者只是把研究作为实现某种个人目标的手段，或者是由于对单纯计量手段的迷信，等等。无论出于何种原因，敷衍田野工作的行为中都隐含着一种倾向，那就是认为只要拿到数据，就可以做出论文来。事情确实如此。然而此类缺少田野工作基础的论文，往往充其量徒具学术形式，实质上却难以称得上优秀研究成果。否则为什么不少学术刊物会充斥着隔靴搔痒的文章甚至文字垃圾呢。在现实经济生活中，处于转型期的中国农村充满新事物新现象，其中不乏对现有理论的挑战,这为当代经济学人提供了绝好的思想创造机会。田野调查属于创造的基础,只能从细微之处做起,正所谓"不积跬步,无以至千里"。这对有志于献身农村经济发展研究的人们来说是必由之路。

四 避免"统计谎言"

统计谎言这个概念并不包含对研究者个人品质的价值判断,而是指这样一种现象:统计数字显示出来的事物关系实质上并不存在。记得一篇趣味短文曾提到,经济景气状况与女性的裙长成呈相关关系。这两组数字或许真能形成如此统计结果,然而无论是时装生产者还是消费者都未必对其认真。这里之所以要提及这个例子,只不过是为了强调指出,在数据处理过程中研究者必须保持对统计失误的高度警觉。

首先,在将问卷数据录入计算机的时候,需要有意识地避免操作失误,防止由错误的数据引出荒谬的统计结果。关于这一点,曾有人建议将同一套问卷数据由不同的操作员分别录入计算机,形成两套数据文件,然后通过对照比较找出录入错误。这在小样本调查的情况下倒是不难做到,可对于样本量和数据规模较大的调查,就有个预算约束和时间约束的问题了。目前,与数据录入和清理有关的程序越来越先进,降低失误的关键已经不在于技巧,而是取决于录入人员的认真程度和研究人员对数据特征的了解。记得 1992 年的以工代赈问卷数据是由人民大学两个硕士生输入的。数据盘送来之后,我和熟谙计算机操作的同事用逻辑检验的办法进行数据清理。检验中发现部分农户的肉猪饲养量都在 200(头)以上,于是断定录入员把"销售重量"这行数据输进"饲养头数"名下了,因为我们在田野调查的时候就知道样本村没有这样的养猪大户。尽管如此,我们还是拿出原始问卷来查对,事情果然不出所料。问题是采取措施纠正了这些失误后,发现接下来的数据还是不对头。那位同事编了好几个程序才核对出来，另有几块数据张冠李戴。问题出在录入员把 A 村的部分数据接在了 B 村数据下面。结果，我们不得不重新输入这两个村的农户数据。

其次，倘若不熟悉中国农村现状，也可能会根据"想当然"的假设进行计量分析，以至于出现常识性的统计失误。例如，将农民家庭是否享有安全饮水作为解释其生育决策的变量之一。这类常识性缺陷不仅需要研究者加强田野调查实践来弥补，而且还需要借助对专题理论分析框架的把握来校正。这与"功夫在诗外"的道理是一致的。

最后，研究者在获得与理论预设相反的统计结果时，最好反思自己的假设条件，而不必非要为了证明自己的设想去摆弄统计游戏。下面的例子可以说明，质疑自己原有的设想，往往会获得预想不到的进展。在我分析农村公共卫生服务状况的决定因素之前，曾从国内学术交流活动和文献中获得这样一些信息：近年来由于疾病预防服务和健康教育经费不足，这些服务的覆盖面降低。这些信息包含的逻辑在于，预防服务和健康教育覆盖面的增大，取决于政府投入的增加。为了证明这一点，我对样本农户获得的单项公共卫生服务分别进行评分，将加总后的分数作为被解释变量，把县乡政府的预防和健康教育支出、村卫生员获得的补贴以及农户区位等作为解释变量，做了一些回归分析。然而统计结果并没有显示政府投入与公共卫生服务覆盖面有正相关关系。为了解释这种现象，我先是用描述统计和 Logistic 模型观察单项服务供给状况与这些因素的关系，然后向一些预防医学专家请教，同时翻查田野调查笔记，发现自己的假设中没有包含对公共卫生资源使用效率的考虑。事实上，调研地区政府的支出主要用于预防人员工资，开展预防活动的经费极少。而且，这些人员提供医疗性预防服务可以收费，例如注射疫苗；从事非医疗性预防服务却难以收费，例如进行健康教育。结果，免疫服务覆盖率很高，而健康教育覆盖率极低。这表明，县乡政府的预防支出和村委会提供的补贴，实质上对卫生人员从事公共卫生服务还没有形成有效的激励。显然，这个结论为我们的研究注入了新意。

总之，数据处理如同连接田野调查和研究报告的桥梁，必须通过严谨细密的数据录入、清理、分析和检验工序构筑基础，容不得半点儿草率。否则，研究人员即使拥有再高超的统计技巧，也难免会不自觉地制造出统计谎言。

五　读者取向的研究报告

这里所说的研究报告指的是表达研究结果的经济学专著、论文和讨论性文章等多种文字体裁。无论选择何种体裁，研究者在写作之前都需要先确定为谁写作，或者说确定作品未来的读者群。心中有了特定的读者群，就知道用什么样的表达方式与读者对话。例如，本文预期的读者群是经济系专业的大学生、研究生和涉足研究领域不久的青年学者，他们熟悉教科书介绍的理论，欠缺的主要是研究经验。正是基于这种判断，本文才用举例的办法来说明研究过程中需要特别关注的细节。

一般来说，有关农村经济发展问题的经验研究都具有较强的现实性。因此，为了增进不同群体对特定专题的了解，研究者有必要将研究结果送交本专业同行，将特有的发现告知公众，将有政策含义的信息和结论传递给政府部门。以专业研究者为读者对象的研究报告，最好按照学术专著或论文的程式去做。至于具体的程式，经典著作和著名期刊近期发表的论文都可以作为学习的范例，故而无须赘述。这里只针对近年来国内学位论文一些最常见的缺陷提出如下注意事项：

第一，文献回顾没有紧扣主题。有相当一部分作者回顾的并非是对特定专题做出贡献的文献，而是与专题相关的整个领域的发展，以至于文献回顾曲曲折折占用不少篇幅，而真正进入正题的文字却不多。这可能还是由于研究主题失于宽泛，或者说作者缺乏问题意识。如果在回顾文献的过程中始终尝试从理论上说明研究主题的来龙去脉，同时为自己的分析框架做好铺垫，至少不会离题太远。

第二，分析方法复杂却不得当。有些作者欠缺对论文思想深度的开掘，而只是偏好追求流行的高难度计量方法；有些论文罗列一堆复杂公式并非为了将其用于数据分析，而只是用于表达简单的逻辑关系，以至于研究结论与计量分析脱节。这些做法也许仅仅为了表现论文难度，而不是为了解决研究伊始提出的问题。对于分析方法的选择，物理学家丁肇中先生有过一席精辟的议论：最重要的不在于是否选择复杂的方法而在于是否选择适当的方法①。如何判断方法是否适当呢？还是要视研究什么问题而定。进一步讲，最好用简单的方法解决复杂的问题，而不是反其道而行之。这对于作者来说，可以节约科研资源、提高科研效率；对于读者而言，便于理解作者的意图、节省阅读时间。

第三，语言晦涩、用词生僻甚至文理不通。这类语言弊病产生的原因可谓多种多样，或是由于作者对自己所研究的问题缺乏透彻的理解，或是出于汉语功底薄弱，或是因为生搬硬套外语词汇，或是为了标新立异创造另类提法，等等。不过结果却是一致的，那就是降低论文的可读性。论文写出来就是为了让别人读的，即使是专为学术圈而做，也要对新概念或论文专用范畴加以注解，并力求通篇论述文字凝练、语言流畅，使同行读者在了解专业信息的同时获得阅读的享受。

为了做到这一点，最简单的办法就是与同行讨论写作提纲，向非专业人士叙述自己的思想。经验研究专题往往需要课题组成员通力合作，尽管写作是单个人的劳动，但是课题组成员之间通过讨论所引发的思想碰撞，却足以将集体智慧注入单个论文，这样不仅提高它的质量而且改善它的可读性。从白居易把诗句写得街上的老太

---

① 2002年丁肇中先生来华参加物理学家大会期间接受中央电视台《东方之子》栏目采访时的谈话。

太都可朗朗上口的例子推想开来，如果我们把自己的研究结果讲述得令非专业人士感兴趣，那么写出来的文字必定简明易懂。

若要向公众普及研究成果，那就除了需要采用简洁明快的语言外，还必须省略专业性较强的计量分析。在我看来，这类文字相当于科普作品。它不同于实际部门的调查报告，研究者最好把专题研究涉及的基础知识、研究中观察到的事实、分析过程所依从的逻辑和结论，在文章中通俗地表述出来。此外，这类通俗的研究性文章也区别于新闻报道。它叙述的事件必须以研究为基础，以冷静的观察为前提。如果想把研究结论传递给决策群体，那就必须从整个研究结果中抽出关键的脉络，用 3000 字左右的篇幅提纲挈领地把事情讲清楚，因为这个群体通常没有时间阅读长篇大论。

研究报告的写作是专题研究过程的最后一环，可是有相当一部分研究人员到了这个收获思想成果的时节，却对所做的课题兴趣大减，这与经验研究的周期较长有关。如果研究者以特定的读者群为对象去回顾所经历的研究过程，将写出的章节请同行批评，与志趣相投的朋友谈论未完成的篇章，就可能重新燃起写作欲望并保持创造激情，从而为整个研究项目奏出雄壮昂扬的尾声。

参考文献

Cochran：《抽样技术》，张尧庭、吴辉译，中国统计出版社 1985 年版，第 543—600 页。

李小云主编，2001：《参与式发展概论》，中国农业大学出版社，第 140—224 页。

Gujarati：《计量经济学》，林少宫译，中国人民大学出版社 2000 年版，第 9—19、446—448、493—499 页。

朱玲、蒋中一：《以工代赈与缓解贫困》，上海人民出版社 1994 年版，第 1—6 页。

朱玲：《农地分配中的性别平等问题》，《经济研究》2000 年第 9 期。

朱玲：《健康投资与人力资本理论》，《经济学动态》2002 年第 8 期。

（原载《经济研究》2002 年第 11 期）

文献研究的途径

近年来，我在评审多部博士论文时注意到，作者在参考文献目录中罗列的著作，堪称经典文献或专题精品的不多，学术价值和信息量稀薄的报纸宣传文章不少。还有相当一部分列出的著作，并未在其文献综述和正文中有任何涉及。对此，我特意找了一些博士生询问究竟，方知原因在于一是作者没有下功夫搜寻和阅读文献，二是可能为了凑字数，就把良莠不齐的发表物一股脑儿地收了进来。更令人诧异的是，有的文献综述通篇提到的几乎都是经典论著，可在论文末尾的目录中却不见这些文献的踪影。大家推测，这种首尾不相顾的情况，极有可能是作者聘用不同的"枪手"分工"捉刀"所致。本文的目的，是与青年经济学人探讨文献研究的基本方法，因此以下讨论撇开"枪手"案例不谈。

我理解，文献综述和参考目录对于其作者，是一种思想形成过程的记录；对于读者，则是一种特定专题研究线路的标识。尤其是学位论文中的文献综述，它既不是用来出示作者读书成绩的证明，也不是展现其博闻强识的工具，而是扎扎实实从事学术论著写作的开端。因此，针对经济学博士论文中常见的文献研究问题，本文拟将围绕相关的文献搜寻、鉴别、学习和综述等环节，逐一说明注意事项。有鉴于博士生一般均已掌握文献搜寻的技术手段和应有的阅读技巧，所以我把文章的重点置于辨识、学习和综述写作方法上。

一　精品文献的特征

形象地说，搜寻文献如同研究者在寻找前人的足迹，以便从他们驻足的地方起步继续前进。不过，只有精品文献才有可能使后人"踩着巨人的肩膀"攀登。发现精品的前提，是把握此类文献的创新特征。20多年前，我从董辅礽先生那里听到一番与此相关的精辟议论。他认为，能够使博士论文出新的要素有3个，即新思想、新方法和新资料。① 由此我理解，那些堪称精品的文献或者是具有独到的思想和视角，或是创造和发展了某种分析工具，抑或是蕴含着从当时来看前所未有的信息材料。仅以健康投资理论为例，美国经济学家 Fuchs 在他的论文集中，把健康视为经济和社会选择的结果；贝克尔在《家庭经济分析》中明确指出，为了获得良好的健康，居民户和个人必须投资；Phelps 在专题论文中进一步讨论，健康还取决于个人行为决策。Grossman 则依据人力资本理论，用经济计量模型对健康投资问题做出具体的数理分析。② 这些文献在拓展经济学研究领域和研究方法方面，具有程度不等的开创性意义。但凡受过经济学专业训练的人，只要仔细研读这几篇文献，就不难理解如何把健康因素引入人力资本研究。作为发展中国家的经济学人，只消稍微动动脑筋，就能借助人力资本理论建立起健康经济学与发展经济学之间的联系，探寻出与此相关的专题研究路径来。

以提供第一手资料为特征的精品文献，很可能超越经济学的范围。然而，只要这些文献能够提供专题研究所需要的信息，研究者

---

① 参见朱玲《伴随发展的脚步》，山东人民出版社 2005 年版，第 264 页。
② 参见 Fuchs, Victor R.《谁将生存？健康，经济学和社会选择》（Who Shall Live? Health, Economic, and Social Choice），罗汉、焦艳、朱雪琴译，上海人民出版社 2000 年版，第 82—86、94—95、214 页；Phelps, C., 1978, Illness Prevention AndMedical Insurance, Journal of Human Resources, Vol. 13, pp. 183 - 207；贝克尔：《家庭经济分析》，华夏出版社 1987 年版，第 74—85 页；Grossman, M., 1999, The Human Capital Model of the Demand forHealth, NBER Working PaperSeries, www.nber.org.

就大可不必拘泥于学科分野。近年来我参与藏区发展研究，因而不由自主地关注所有与调研地区相关的文献。在我迄今为止浏览过的信息性著作中，任乃强先生所著的《西康札记》无疑是一篇浓缩了原始资料的经典之作。[①] 任先生是一位开创中国近代康藏研究之先河的历史地理学家，[②] 这本只有110个页码的32开小册子，也许只能算是他诸多创造性学术劳动的副产品。我之所以视之为精品，是因为任先生以自己的见闻，极为凝练地刻画出清末民初调研地区的社会、经济、人文和自然环境特征。这从以下几个例子中即可看出来：

其一，"天主堂垦地"篇不仅涉及康定、泸定和巴塘县（时称巴安县）河谷地带的农地所有权，而且还显示出法国教会势力的扩张："泸定最肥美富庶之地……其水田殆全由天主教堂收买开垦。现在每年收租约二千石，除供该县教堂费用外，并供康区各县教堂费用。""康定现在农业区域……半属喇嘛寺与锅庄，半属于天主堂。自康定城至榆林宫三十余里之河谷，皆天主堂用银三千余两向明正土司收买，招人领垦者。包垦每亩八圆，垦后照播种数量收租，上土加倍，最上熟土有加至十余倍者。现已开垦十之五六，尚在招雇垦户。闻巴安教堂垦地尤多。"

其二，"牛厂娃"一篇是对游牧部落社会的记载。其中，寥寥数语便勾勒出游牧组织、家庭财产和人力资源特征："牛厂娃生活大高原中，依牛为命"。其部落组织为："数十户为一家，数十家为一村，各有世袭首领以统制之。"各部游牧地域受草场所有权限制："其地无主权者，任意游牧，水草无禁。"至于有主权的地域，则是不能随便放牧的："各村有一

---

① 任乃强：《西康札记》，新亚细亚月刊社1932年第2版。
② 四川大学历史文化学院网页：任乃强先生简介，www.scu.edu.cn home lishixueyuan history older rnq 01. htm，下载于2006年1月13日。

定地域，不能互犯，犯则相仇；通常劫其牛马以示罚，他村又必报复之。或有杀人者，则仇至数世不能解。"牧民的财产以牲畜为主，"无储蓄，无仓箱，有所需，则负乳酪或驱牛马向都市易之"。就牧民的健康和游牧技能之外的知识状况而言，任先生的描述既具体又形象："人与风露雨雪烈日相习久，体极顽健。妇人产子即自抱往水边浴之……无所谓'月母子'也。""牛场娃无理性，好窃小物，悍者为匪，知有官，知支差徭，知不可越界放牧，知完牲税，此外一无所知。"

其三，以多幅短篇描述不同民族之间、阶层之间以及社会角色之间的关系。例如，"名山木匠""农业和蛇"与"王剃头"这几篇，记载了进入川边地区的汉族百姓如何凭借专长技艺谋生，又怎样融入少数民族社会。还有系列个人案例，讲的是从事各种贸易甚至贩卖鸦片的汉族商人。"康定乞丐"和"记泸定张菩萨事"说的是汉族盗抢团伙和骗子的案例。"陈遐龄之罪恶"和"康定团丁"两篇，绘声绘色地描绘了官员腐败、土司贿赂官员以及兵丁敲诈勒索藏族百姓乃至任先生一行的案例。

需要特别指出的是，这本札记中的 50 多个短篇，看似山川风物或人物事件的白描，实则以标志性原始材料反映作者的研究思路。这种差异，就把访谈记录和案例故事区别开来；把鲜活的、富有立体感的民间历史，与那些近年来日渐刻板笼统的大部头地方志区别开来。2005 年我曾带队在康藏地区调研，今读任先生的札记，不禁联想到上述某些社会特征至今还或多或少地留有遗迹。欣赏全篇，更是深切地领悟到任先生综合观察事物和细致记录实地调研信息的方法。从这个意义上可以说，精品的价值还在于历久弥新。不过，这一点只能靠学人自己在阅读中去体会。

二 文献搜寻路径

一个研究者必须善于依据既定的研究方向去搜寻精品文献。以下几条搜寻路径比较常见：

第一，从经济学辞典中找线索。不少经济学辞典都是延请名家撰写条目而成，那些词条本身就包含着专题文献综述，条目末尾还列有主要参考文献目录，例如德国的 Gabler Wirtschaftslexikon 和英国的 The New Palgrave 系列辞典即是如此。这类辞典往往过几年就会修订再版一次，以便尽可能把最近的研究成果吸纳进来。以1987年版的帕尔格雷夫发展经济学词典为例，撰写劳动力过剩词条的是 Gustav Ranis。他仅用了8个页码，就极为简洁地阐明劳动力过剩和二元经济之间的联系。首先，单刀直入地说明李嘉图如何建立静态劳动力过剩经济模型；其次，展示 Lewis、Fei 和他自己的动态劳动力过剩经济模型；最后，在此基础上论述发展中国家实现整个经济现代化转型的条件。在词条末尾，他只列出4篇文献，发表时间最早的是1954年，最晚的是1984年。这几篇文献的作者分别是 H. Binswanger 和 M. Rosenzweig，J. Fei 和 G. Ranis，S. Kuznets，以及 W. A. Lewis。从那精悍的文献目录中，熟悉发展经济学的人一眼便可看出，篇篇都是名家名著。[①] 对于最初涉足这一领域的经济学人来说，Ranis 创作的词条不啻是茫茫书海中一座熠熠发光的航标。

第二，从经济学专业手册（handbook）中找线索。例如，发展经济学手册、健康经济学手册和收入分配手册中的文章，大多是精品，篇尾的文献目录一般也不会漏掉特定专题的经典。

第三，浏览相关专著中的文献综述及目录。此外，还可以阅读

---

① Ranis, G., 1987, Labor Surplus Economy, in Economic *Development* (*The New Palgrave: A Dictionary of Economics*) Edited by Eatwell, J., Milgrate, M. and P. Newman, Published by The Macmillan Press Limited, London: pp. 191 – 198.

书评。这与前两种方法相似，目的都好比"顺藤摸瓜"，减少文献搜寻中的盲目性。

第四，借助期刊数据库或图书馆的目录索引，从名刊中寻名作。我曾有一个博士生，从国家图书馆收藏近50年的几种著名国外经济学期刊中，搜寻到上百篇健康经济学文献。其中有一篇为Arrow于1963年发表在《美国经济评论》第53卷上的论文《不确定性和医疗服务的福利经济学》(Uncertainty and the Welfare Economics of Medical Care)。这篇论文对经济学的贡献，在于揭示了医疗服务的供求信息不对称和市场失灵。对于我当时带领的"贫困人口健康风险管理研究"课题组而言，它不仅有广开视野之效，而且还引导我们避开了许多可能遭遇的弯路。需要注意的是，搜寻期刊文章无疑离不开"关键词"这把钥匙，浏览时最好多用几个同义词探查。例如，我们课题组一位成员在寻找药业文献时，用"medicine"上下求索而不得，改用"pharmaceutical"以及与之词根相同的字或词组搜索，则大获丰收。

第五，请专家介绍或借助与同事交流获取名家名著信息。这正是借阅前述《西康札记》的路径。我从四川省社科院的专家那里，获悉任乃强先生的康藏考察成就。于是请经济所图书馆的同志用作者姓名搜寻，很快拿到与任先生相关的馆藏书目，然后从他的几部著作中选取了这一本。

有些学生为收集文献之后用不上而苦恼，感到白费了工夫。其实，寻找对自己有用的文献，犹如"淘尽黄沙始见金"的过程。这个比喻并不一定恰当，这一是因为名著未必都对自己有用；二是因为对自己用处不大的文献，很可能对别人就是"金子"。这里只是试图形象地说明，不付出搜寻、浏览和筛选的代价，就不可能获得期望的信息和知识宝藏。进一步讲，找到启发自己思想或对研究有用的文献，还需要文献识别能力。否则很可能会对有用的信息听而不闻，对急需的文献视而不见。然而这种识别能力正是在大量阅读中培养起来的。这好比古玩行当里的"鉴宝"，哪一个"高手"

不是见识过无数的器件，才练就"慧眼识珠"的功力，哪一件宝物不曾经历过千挑万选，才被识货者收入囊中。

此外，与自己需要的精品文献擦肩而过，或者精品到手却还用不上，既可能是因为读者尚未找到连接作者的思想与自己的需要之间的"红线"，也可能是因为读者还没有把自己的思想碎片串联起来形成思路，因而不大清楚自己需要什么。

三 文献研读和综述

这里之所以用"研读"二字来对待文献，主要是想强调，学习文献是一个包含着去粗取精、去伪存真、融会贯通和为我所用诸环节在内的研究阶段。一个研究者在搜集到与自己的专题相关的文献后，必定首先浏览标题、提要、目录、序言、导言和结语；其次决定是否精读全篇或者某个章节。我认为，对筛选出来的文献，特别是精品文献，阅读时最好在要点处做上记号，或者将自己的归纳、评论、感想和相关页码，写在附有不干胶的纸条上，粘在读物上充当活动书签，以便做笔记或文献综述的时候用。这如同在深山老林里勘探，边走边留下路标，才不至于迷失回返的路程。

专业文献阅读更多的不是为了享受，而是服务于提取精华和推进研究的目的。对此，读书笔记可以说是一种有效的工具。它并无定式。针对单篇文献，读者既可写出三言两语的纪要，例如前面对几篇经济学文献的介绍；也能根据个人偏好构建提纲，例如对《西康札记》所做的文摘；还可以写成书评，等等。如果文献对自己用处微小，就对那微小的收获加以简短的记录；如果文献令自己茅塞顿开，那就把其中曾经启发个人心智的"钥匙"绘制出来。无论何种形式的读书笔记，都可作为专题文献综述的构件。针对特定领域的多种读物，还可以写作以专题文献研究为特征的读书笔记。例如我们藏区发展研究课题组的一位成员，从几个外文资料库搜寻到大量文献，阅读后选取国际政治与西藏研究的关系这一角度，写出"西藏研究百年"。虽然它并非是任何一个子课题的文献综述，但也使整个课题组受益匪浅。

文献综述，可谓通往专题研究的桥梁。① 对于此类写作，有的博士生左右为难，不知从何下手；有的虽在篇首堆积千言万语，但那些综述却与随后展开的专题研究欠缺内在联系。为此，日前我曾求教于赵人伟先生。他提出，一篇成功的文献综述，应当足以使读者从中看出作者即将展开的专题研究逻辑。由此我体会到，要做到这一点，至少需要在文献大海里潜泳几个来回，甚至还必须如制作塑像一般，在完成整个专题研究之后再回头雕琢一番。简单说来，如下几个步骤是必不可少的。当然，步骤之间的排序并无定数：

首先，通过学习已经收集到手的文献，形成自己的专题分析框架。在这一阶段，最低限度应形成一个粗略的提纲，或者制定出路线图，明确自己的研究从哪里来到哪里去。

其次，沿着提纲的脉络进一步搜寻和学习文献，用新增的信息修正、填补或细化已有的思路，反思乃至调整论文题目和所要研究的问题。这一步骤的最低限度，是把学习过的文献分门别类，按照提炼出的问题附加小标题，选择和串联阅读笔记，分别填入不同的标题之下。计算机的使用，无疑为这种写作方式提供了方便。

再次，针对所要研究的问题或领域，说明别人已经完成哪些工作，留下哪些问题。或者说，从现有文献中引申出自己的研究领域，提出即将回答的问题，叙述处理的方法。这就顺理成章地形成专题文献综述的初稿。当注意到别人不曾涉及，而自己的研究却不能回避的问题时，那就表明创新的机遇正在来临。

最后，在后续研究过程中阅读补充文献，留下思想记录或随时将所得添加在文献综述中。在完成论文其他部分的写作后，重

---

① 参见朱玲《经验研究的关键细节》，《经济研究》2002 年第 11 期。

新审视和修订综述，仅保留那些真正帮助过自己思想形成的材料。如此这般，才有可能借助文献综述，展现整个专题研究的分析框架。

事实上，搜寻、鉴别和阅读精品文献都不难，难的是深入思考，汲取文献的营养，将所学知识用于铺设自己的专题研究轨道。为了克服其中的困难，可以借助团队的智慧和由此而产生的激励。例如，写出提纲式文献简介，向同学、指导教师或课题组报告文献学习心得，在交流中升华自己的思想。当然，如果懒于思考，怯于动笔，那么包括文献综述在内的整个专题研究，则都无从谈起。

（原载《经济研究》2006 年第 2 期）

编选者手记

　　本文集收录了朱玲研究员发表于 1989—2018 年的部分代表性研究成果。朱玲研究员亲自为本文集的内容与结构作了精心的设计。本文集没有简单地按发表时间顺序排列各文章，而是按发展研究、农业与食品保障、社会保护与公共服务、减贫政策、研究方法的内在逻辑选择并排列文章。从而，全书构成一个系统化的集合作品，各文章间不是简单的并列关系。朱玲研究员的一些重要成果，仅是由于本书篇幅限制的原因而未列入本书，故而未列入的成果不意味着没有重要的学术价值。此外，本着精益求精、为读者服务的精神，本文集中各文章在朱玲研究员的建议下作了微小调整，特别是标题部分。这样，其中各文章未必与原发表版本完全相同。本文集可以为深入而集中地了解朱玲研究员学术生涯中的重要贡献提供精华资料。

金成武
2018 年 10 月

《经济所人文库》第一辑总目(40种)

(按作者出生年月排序)

《陶孟和集》　　《戴园晨集》
《陈翰笙集》　　《董辅礽集》
《巫宝三集》　　《吴敬琏集》
《许涤新集》　　《孙尚清集》
《梁方仲集》　　《黄范章集》
《骆耕漠集》　　《乌家培集》
《孙冶方集》　　《经君健集》
《严中平集》　　《于祖尧集》
《李文治集》　　《陈廷煊集》
《狄超白集》　　《赵人伟集》
《杨坚白集》　　《张卓元集》
《朱绍文集》　　《桂世镛集》
《顾　准集》　　《冒天启集》
《吴承明集》　　《董志凯集》
《汪敬虞集》　　《刘树成集》
《聂宝璋集》　　《吴太昌集》
《刘国光集》　　《朱　玲集》
《宓汝成集》　　《樊　纲集》
《项启源集》　　《裴长洪集》
《何建章集》　　《高培勇集》